COLLECTION DE MÉMOIRES, ÉTUDES ET DOCUMENTS
POUR SERVIR
A L'HISTOIRE DE LA GUERRE MONDIALE

LAURANCE LYON

ANCIEN MEMBRE DE LA CHAMBRE DES COMMUNES

LE PRESTIGE
DU POUVOIR

« Mon fils, vous serez étonné de voir
comme le monde est gouverné avec
peu de sagesse. »

Comte OXENSTIERN.

PAYOT, PARIS
106, BOULEVARD St-GERMAIN

1923

COLLECTION DE MÉMOIRES, ÉTUDES ET DOCUMENTS
POUR SERVIR
A L'HISTOIRE DE LA GUERRE MONDIALE

LAURANCE LYON

ANCIEN MEMBRE DE LA CHAMBRE DES COMMUNES

LE PRESTIGE DU POUVOIR

> « Mon fils, vous serez étonné de voir comme le monde est gouverné avec peu de sagesse. »
>
> Comte OXENSTIERN.

PAYOT, PARIS

LE PRESTIGE DU POUVOIR

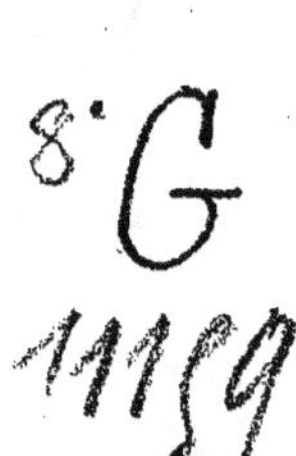

PRÉFACE

Comment expliquer le succès retentissant, phénoménal, de ce livre dont les éditions se succèdent sans interruption en Angleterre et aux États-Unis ?

Faut-il l'attribuer au fait que l'auteur (cet Anglais anonyme, dont l'identité, si discutée, est restée longtemps un mystère) témoigne d'une connaissance intime, approfondie, des milieux politiques anglais et français, et dévoile l'envers de l'histoire contemporaine ?

N'est-ce pas plutôt, n'est-ce pas surtout parce qu'il envisage les problèmes angoissants de la politique actuelle, non pas du point de vue insulaire, mais du point de vue européen ?

Il voit clairement qu'aujourd'hui la frontière de l'Angleterre n'est plus la Manche, mais le Rhin.

Il voit que si l'Angleterre continue à favoriser l'émiettement du Traité de Versailles, si la politique lloydgeorgienne reste en vigueur, — il voit prophétiquement dans un avenir bien proche cette frontière envahie de nouveau par l'Allemagne, par une Allemagne sortant, formidable, de derrière son camouflage actuel, assoiffée de revanche, toujours ivre de domination mondiale, et la France, affaiblie non seulement par les blessures de ses ennemis, mais par l'inconscience de ses Alliés, incapable de résister.

Il voit alors les canons allemands, à Anvers, à Calais, braqués contre l'Angleterre.

C'est un portrait saisissant que nous donne l'auteur de M. Lloyd George pendant la Conférence de la Paix, de ce Lloyd George qui, les questions relatives à l'Angleterre tranchées, se désintéressait de tout le reste, ayant l'air de penser que toutes autres discussions étaient de piètre importance et que s'en occuper n'était que perte de temps et d'énergie.

Mais c'est surtout le caractère funeste de la politique du grand ministre anglais depuis la signature du Traité de Paix qui est franchement critiqué. M. Lloyd George, déclare-t-il, tout en veillant à ce que les clauses du Traité favorables à l'Angleterre fussent exécutées jusqu'à la dernière lettre, s'est rendu responsable de toutes les modifications qui ont été faites au profit de l'Allemagne et au détriment de la France.

L'auteur résume dans une large synthèse les conséquences de cette politique néfaste :

On a dit que les Anglais ont l'habitude d'oublier qu'ils sont aussi des Européens. Pour les générations antérieures cela a pu être une erreur. *Aujourd'hui c'est presque un crime.* Car avec les nouvelles méthodes de combat et le développement des engins militaires, l'Angleterre, en période de conflit, ne jouit guère de son insularité, et, par contre, en subit tous les désavantages, et notamment celui-ci, qu'une île ne peut se nourrir elle-même.

Notre unique sécurité en cas de guerre est une alliance continentale. Je suis convaincu que la prospérité de la Grande Bretagne dépend d'une prompte exécution du Traité et de la conclusion d'une alliance avec la France.

La seule politique de sécurité pour la Grande-Bretagne est une forte alliance défensive. Si M. Lloyd George mine l'entente avec la France, il court le risque de conduire son pays à une

destinée qui, aux yeux de la postérité, obscurcira les grands
services qu'il a rendus pendant la guerre. Par malheur on
ne peut nier que, à l'heure actuelle, au lieu de marcher vers une
plus étroite et plus positive entente avec la France, il travaille
à rendre cette entente plus précaire, sinon à la détruire complètement. » (PP. 339-343.)

Il ne paraît pas que la chute de M. Lloyd George ait
changé la politique anglaise. Nous en voyons les conséquences dans la Ruhr, où les Allemands sentent leur
résistance appuyée par l'Angleterre. Et ils rient cyni-
quement.

Le *Simplicissimus* publiait récemment une carica-
ture qui illustre ce cynisme. Un poilu et son camarade
sont en train de fouiller (avec quelque brutalité, naturellement !) un travailleur allemand. Dans un coin, une
sentinelle anglaise assiste à ce spectacle. « Je blâme
votre conduite, s'écrie Tommy, je la réprouve au nom
de la morale ; — mais regardez bien dans les poches
de cet individu : s'il y a de l'argent, nous le partage-
rons. »

Victor Hugo, faisant allusion à une Conférence de
la Paix, écrivait jadis :

« Le Congrès, c'est l'Angleterre serrant la main à la
France, c'est l'Amérique serrant la main à l'Europe. »

Hélas ! où sont-elles aujourd'hui ces mains, — ces
mains qui, en 1918, se serraient fraternellement dans
l'élan de la Victoire !

Walter Berry.

Mai 1923.

PREMIÈRE PARTIE

CHAPITRE PREMIER

« L'ENTENTE »

L'Entente, conclue en 1904 entre la Grande-Bretagne et la France par Lord Lansdowne et M. Delcassé, fut l'origine de cette coopération des deux pays destinée à sauver le monde civilisé.

Ce pacte fut la conséquence logique de la politique allemande et de la résolution de l'Allemagne d'imposer sa volonté à l'Europe. L'emploi qu'elle fit de sa victoire en 1870 devait forcément amener ce résultat, qui devrait rappeler à tous les vainqueurs que leurs petits-fils sont appelés à expier leurs fautes. Bismarck fut le seul parmi les chefs politiques de son pays à prévoir le danger ; mais de Moltke et ses partisans surent l'écarter et il fut forcé de suivre le courant. C'est en 1875 que la Grande-Bretagne fut, pour la première fois, frappée de l'étendue des ambitions allemandes. Le célèbre de Blowitz, correspondant du *Times* à Paris, put démasquer le dessein, qui se tramait alors, d'attaquer la France de nouveau, uniquement parce qu'elle se relevait trop vite des suites de sa défaite. Il fallut l'intervention de l'Angleterre et de la Russie pour empêcher cet outrage et aussi peut-être pour ouvrir les yeux de l'Empereur Guillaume Ier sur les machinations de son chancelier. Bismarck n'oublia et ne pardonna jamais la lettre que la reine Victoria écrivit alors à son souverain.

Dans ses *Pensées et Souvenirs*, il déclare que le prince Gortchakoff inventa toute cette histoire afin de s'attirer la gloire d'avoir sauvegardé la paix. Gortchakoff, déjà jaloux de la grande renommée d'un rival plus jeune que lui, ne fut pas fâché de pouvoir expédier, le

10 mai 1875, de Berlin (où il avait accompagné le Tzar)
le fameux télégramme : « Maintenant la paix est assurée ». Cette assertion et cette déduction étaient basées sur
des faits, quoique Bismarck ait pu critiquer les termes
dans lesquels elles furent communiquées au monde. Le
réel motif des reproches amers dont il assaillit Gortchakoff alors et plus tard provenait de son ressentiment contre la Russie qui avait sonné l'alarme. Lorsque, deux mois plus tard, son Empereur lui envoya la
lettre de la Reine Victoria, Bismarck n'y répondit que
sur un ton très faible. A peine tenta-t-il de se justifier,
mais, autant que ce lui fut possible, il changea habile-
ment de terrain, selon l'un de ses procédés favoris quand
il avait affaire à l'esprit quelque peu lent de Guillaume.

En 1879, par son traité avec l'Autriche-Hongrie,
l'Allemagne posa la base des Puissances Centrales. Trois
ans après, l'Italie fut absorbée par l'Allemagne. Cette
consommation de la Triple-Alliance plaça l'Allemagne
à la tête de la Coalition avec une population totale
de 170 millions. La Triple-Alliance avait, à tout point
de vue, un caractère offensif. Elle obligea l'Europe —
en plus d'une circonstance — à accepter ses décisions
par un clair avertissement que la seule alternative
serait la guerre.

Il est évident qu'une telle politique ne pouvait que
produire la guerre.

Une connaissance suffisante de l'histoire, une compréhension normale de la nature humaine auraient dû
amener à conclure que, — malgré les obstacles géogra-
phiques —, cette alliance offensive était indubitablement destinée à faire naître une alliance défensive des
autres grandes Puissances et que le résultat final serait
une mesure des forces respectives.

En 1892 seulement la France sortit d'un isolement
qui avait duré plus de vingt années. Et même ce traité
qui fut alors conclu avec la Russie stipulait bien qu'il
dépendait du maintien de la situation territoriale
existante, car la Russie fit clairement comprendre

qu'elle ne soutiendrait la France dans aucun effort pour reconquérir l'Alsace et la Lorraine.

Mais l'Allemagne pouvait encore user de contrainte. En 1905, elle demanda et obtint la démission de M. Delcassé, à qui elle n'avait pas pardonné certaines conversations avec l'Angleterre [1].

Cependant, il est juste d'ajouter que le résultat aurait été autre si M. Rouvier, alors Président du Conseil, — éminent financier international, mais homme politique de moindre envergure —, avait soutenu son collègue. Le résultat aurait été tout différent s'il avait refusé de laisser humilier son pays et s'il avait agi comme le fit trois ans plus tard M. Clemenceau à propos des déserteurs de Casablanca.

En 1906, advint l'affaire d'Algésiras. Et, en 1908, lorsque l'Autriche-Hongrie annexa la Bosnie et l'Herzégovine, le Kaiser, dans un discours d'une impudence rare, défia la Russie d'intervenir.

Avec ce dernier incident, la domination allemande en Europe atteignait son faîte.

Probablement le principal motif de l'envoi du *Panther* à Agadir fut-il d'éprouver la solidité de l'entente de la Grande-Bretagne et de la France, — question toutefois qui ne saurait être élucidée avant la mise au jour de certains documents.

En tout cas, depuis lors, le gouvernement allemand comprit qu'à moins de revenir sur sa propre politique (et jamais il n'y songea) le lien entre la Grande-Bretagne et la France tendrait à s'affermir d'année en année. En dernier lieu cette considération ne fut pas sans influencer la date du conflit — date choisie par l'Allemagne comme convenant à ses propres intérêts. En attendant, la Wilhelmstrasse fit ce qu'elle put pour

---

1. Depuis que ceci fut écrit, M. Maurice Paléologue, dans une lettre au *Temps* le 15 mars 1922, a divulgué comment M. Rouvier sacrifia délibérément M. Delcassé. Les révélations faites par M. Paléologue font plus que confirmer les critiques que je me suis permis de faire sur la conduite de M. Rouvier en cette affaire.

calmer les appréhensions britanniques principalement par l'intermédiaire de son instrument inconscient : Lord Haldane.

D'autre part, Agadir détermina en France un nouveau courant. Tous ceux qui suivirent la marche du sentiment national dans ce pays furent frappés du changement significatif apparu pendant les années immédiatement antérieures à 1914. La catastrophe de 1870 avait laissé une race déprimée, peu confiante en son propre gouvernement et désireuse seulement d'éviter, à tout prix, un autre choc avec l'Allemagne.

Quand ce danger devenait menaçant, ou bien l'on faisait un appel aux autres puissances, ou l'on consentait à des concessions qui n'auraient jamais été arrachées à la France avant 1870 et après 1910.

M. André Tardieu a dit fort justement que les hommes de sa génération, ceux qui atteignirent leur maturité vers 1900, étaient trop enclins à exercer un patriotisme de résignation.

Cette révulsion fut une réaction naturelle. Agadir servit simplement à démontrer aux observateurs qu'un nouveau sentiment s'était emparé de la nation. Le regretté comte Albert de Mun, dans un livre écrit à cette époque, parlait du changement que l'on pouvait remarquer dans tout le pays. Ce cri de la paix à tout prix n'existait plus. Certes, on n'avait pas soif d'aventures militaires. Mais l'idée prédominante était que l'Allemagne en avait trop souvent imposé en faisant *sonner son épée*, que le moment était venu de régler les comptes une fois pour toutes, — qu'il valait mieux se battre que de céder continuellement aux fanfaronnades de Berlin.

Le pays tout entier était convaincu que la guerre serait à bref délai inévitable et qu'elle était rendue inévitable par l'impérialisme de l'Allemagne.

Sur ce point, le jugement du peuple coïncidait avec celui de ses chefs politiques. M. Poincaré et M. Clemenceau se seraient sans doute plus cordialement entendus sur cette question qu'ils ne l'avaient jamais fait jusque-là et qu'ils ne le firent depuis ; et pourtant Clemenceau, soutenu par feu C. Pelletan, fit son possible pour vaincre Poincaré aux élections présidentielles de 1913. De même auraient été unanimes Paul Déroulède et M. Briand. M. Barthou exprima son opinion d'une façon publique quand il eut le courage de sacrifier sa popularité afin de garantir la loi de trois ans. M. Léon Daudet fut lui-même d'accord sur ce point avec des hommes qu'il aurait combattus sur tout autre sujet.

Tous jugeaient la guerre probable, et la majorité la croyait certaine. Aussi une entente avec la Grande-Bretagne était-elle de la première importance.

Malheureusement les chefs politiques en Angleterre envisageaient l'avenir d'une tout autre façon. Ils ne croyaient pas à une attaque de l'Allemagne contre la France ; ils admettaient toutefois que si l'improbable arrivait, les troupes allemandes chercheraient sans doute à passer par la Belgique.

Au commencement de 1914, ils ne prirent pas au sérieux l'idée que, si l'Allemagne s'imposait des charges à outrance pour maintenir une armée et une marine, c'était qu'elle comptait les employer le jour où elle ne pourrait plus agir à sa guise sans avoir recours aux armes.

Pour rendre justice à ces hommes politiques anglais, il faut avouer qu'ils étaient absolument sincères ; sinon jamais ils ne se seraient exprimés avec tant de franchise. En janvier 1914, M. Lloyd George tourna publiquement en dérision l'idée d'une guerre possible et fit instamment valoir que c'était le moment propice de réduire la marine. Il aurait prononcé des paroles bien différentes s'il avait imaginé que l'Allemagne nourrissait des desseins agressifs. Car en une précédente occasion, — au moment de l'affaire d'Agadir en 1911, — il n'avait pas hésité à prévenir ce pays du danger qui le menaçait en des termes si nets et si énergiques que le gouvernement du Kaiser en avait été à la fois effrayé et retenu. Mais, en 1914, les libéraux croyaient la situation en Europe plus claire et plus tranquille et plusieurs hommes politiques de moindre importance parlaient et pensaient comme Lloyd George . Telles étant les diverses opinions tenues en Angleterre et en France, il est curieux d'examiner ce qu'était en fait l'entente ou l'arrangement qui existait alors entre les deux pays.

En novembre 1912, Sir Edward Grey écrivit comme suit à l'ambassadeur de France, M. Paul Cambon : « En différentes occasions, durant ces dernières années, les États-Majors militaires et navals français et britanniques ont échangé des vues. Il a toujours été entendu que ces échanges de vues n'affectent en rien la liberté de décision de l'un ou de l'autre gouvernement, à un moment quelconque dans l'avenir, de se soutenir mutuellement ou non par la force des armes.

« Nous avons reconnu que nos échanges de considérations techniques ne constituaient point et ne devraient pas être regardés comme constituant un engagement qui obligerait l'un ou l'autre des gouvernements à intervenir dans une éventualité qui ne s'est pas encore présentée et ne se produira peut-être jamais. Par exemple la répartition actuelle des flottes françaises et anglaises ne repose pas sur un engagement de collaboration en cas de guerre.

« Vous avez toutefois fait remarquer que, si l'un ou l'autre gouvernement avait des raisons sérieuses de craindre une attaque non provoquée de la part d'une troisième puissance, il serait essentiel de savoir si en ce cas une puissance pourrait compter sur l'appui militaire de l'autre.

« Je suis d'accord que si l'un ou l'autre gouvernement a raison de craindre une attaque non provoquée d'une troisième puissance ou tout autre événement qui menacerait la paix générale, ce gouvernement aurait à examiner immédiatement avec l'autre s'ils devraient ou non agir ensemble pour empêcher l'agression et maintenir la paix et, dans ce cas, chercher les mesures à prendre en commun. Si ces mesures nécessitent une action militaire, les plans des États-Majors généraux seront tout de suite pris en considération et les deux gouvernements décideront alors de la suite qu'il serait désirable de leur donner. »

Voilà toute l'affaire. Il n'y eut pas d'entente diplomatique ultérieure ou différente. La lettre de Sir Edward Grey ne demande qu'un seul commentaire : elle stipulait que la répartition des flottes anglaises et françaises (par laquelle la dernière était presque dans sa totalité placée en faction dans la Méditerranée afin de permettre à la première de se concentrer dans la mer du Nord) n'astreignait la Grande-Bretagne à aucune obligation. Mais il est pourtant évident que le résultat pouvait être de mettre la France en état d'infériorité dans le cas d'une déclaration de guerre subite. C'est exactement ce qui arriva en août 1914, quand la côte française de la Manche se trouva dépourvue de toute protection navale. Le général Lanrezac[1] a écrit que l'Angleterre avait promis son appui à la France dans la double éventualité où l'Allemagne attaquerait la France et violerait la neutralité de la Belgique, mais que cet engagement était fait sous de telles réserves qu'il était possible qu'il devînt effectif trop tard. Ce compte-rendu ne s'accorde pas avec les faits. M. André Tardieu a plus clairement et plus justement exposé la situation quand il a dit : « Même durant les années précédant la guerre, malgré le danger allemand qu'on sentait grandir, il n'y avait pour la Grande-Bretagne aucune obligation. Le 2 août 1914, elle était libre et pouvait en toute indépendance choisir sa voie. »

Or, en 1919, le gouvernement français, dans un mémoire sur la frontière du Rhin qu'il soumit à la Conférence de la Paix, faisait allusion à « l'engagement

---

1. *Le plan de campagne français* (Payot, Paris), p. 17, note : Une pareille déclaration fut faite à la Chambre des Députés durant le débat sur le traité de Versailles en 1919.

militaire défensif très limité qui, en 1914, liait la France à la Grande-Bretagne [1]. »

La vérité est qu'en plusieurs occasions durant les années précédant 1914, (et notamment en 1911 au moment de la crise d'Agadir) les États-Majors des deux pays avaient dressé des plans, qui avaient été modifiés de temps à autre en vue de la participation possible des troupes britanniques dans une guerre entre la France et l'Allemagne.

Mais il n'était nullement certain que ces plans ne serviraient jamais, car l'on ne pouvait placer une entière confiance dans le secours anglais. Le Quai d'Orsay et l'État-Major français envisageaient cette question d'une façon identique. Ils croyaient — et ils espéraient — que dans toute violation allemande de la neutralité belge, la Grande-Bretagne verrait un *casus belli* inévitable. Mais l'État-Major français était forcé de dresser ses plans sans tenir compte entièrement de l'aide qu'elle lui apporterait ou tout au plus en n'y comptant que d'une manière alternative.

Le témoignage donné par le général de Castelnau et le maréchal Joffre devant la Commission d'Enquête sur le Rôle et la Situation de la Métallurgie en France, confirme d'une façon absolue ce rapport.

Le général de Castelnau a dit :

« Mettez-vous à la place d'une personne qui en 1912-13 établissait le plan de guerre. Un prophète avait-il prédit que l'Angleterre se joindrait à nous ainsi que l'Amérique ? L'Allemagne avait en ce moment toute l'Angleterre et toute l'Amérique pour la nourrir.

« Le Président de la Commission. — Notre État-Major a-t-il dressé son plan avec l'idée que, dans le cas d'une guerre, l'Allemagne pourrait être alimentée par l'Angleterre et par l'Amérique ?

« Le général de Castelnau. — C'était une idée courante.

1. Voyez *Rapport général sur le Traité de Paix*, p. 75.

« Le Président. — Néanmoins, il y avait un accord entre la France et l'Angleterre.

« Le général de Castelnau. — Accord. ?Je ne le crois pas. Qu'est-ce que vous voulez dire par Angleterre ?

« Le Président. — L'Empire britannique pris dans son ensemble. Il y avait une entente.

« Le général de Castelnau. — Quelle entente ?

« Le Président. — Une entente qui aurait dû assurer au moins une neutralité bienveillante dans le cas d'une déclaration de guerre.

« Le général de Castelnau. — Je ne sais rien à ce sujet. Il y avait eu des entrevues, il y avait eu conversation avec l'état-major général, oui. Mais jamais avec le Gouvernement anglais, au moins pas à ma connaissance [1]. »

Quelques jours plus tard, le Président de la Commission demanda au Maréchal Joffre :

« Comment le général de Castelnau put-il dire qu'il ne savait rien de l'accord fait avec l'État-Major général anglais au sujet d'une participation éventuelle de l'armée anglaise ? [2] »

Joffre répondit : « Je ne puis vous dire ce que le général de Castelnau a dit. Il est certain que cet accord existait conditionnellement, c'est-à-dire que l'Angleterre n'avait fait aucun engagement. Donc les mesures à prendre si l'Angleterre se joignait ou si elle ne se joignait pas à nous furent également considérées. Il y avait des accords entre les États-Majors généraux, il n'y avait pas d'accords diplomatiques, des accords

1. De Castelnau, comme le président de la Commission, M. Maurice Violette l'a fait remarquer, était si scrupuleux qu'ayant employé le mot « Entente » dans son témoignage, il le changea pour le mot « Entrevues » en corrigeant les épreuves sténographiques.

2. Comme question de fait de Castelnau n'a pas dit exactement qu'il ne connaissait aucun accord entre les états-majors généraux. Il déclara qu'il ne connaissait aucun accord entre les deux pays ; mais comme il est démontré plus haut, il parle spécifiquement d'entrevues entre les États-Majors généraux.

seulement entre les états-majors généraux. Vous savez que l'Angleterre n'intervint que quelques jours après la déclaration de la guerre. Personnellement, j'étais convaincu qu'elle se joindrait à nous, mais après tout, il n'y avait pas d'engagement de sa part. Seuls existaient les plans ayant rapport aux moyens d'embarquement et de débarquement et aux places qui devaient être réservées aux troupes. »

Le reste du témoignage de Joffre sur ce point fut comme sur tant d'autres confus et contradictoire. Mais en somme, tout en admettant que l'aide britannique n'était pas une chose certaine, il chercha à s'excuser de ne pas avoir étendu son aile gauche plus loin en insinuant qu'il comptait sur le secours de six divisions anglaises [1].

De plus, l'État-Major français était fort gêné par son ignorance de l'attitude qu'adopterait la Belgique dans le cas où son territoire serait envahi par des troupes allemandes.

Cette question demeura une énigme jusqu'au dernier moment. Lord French a dit avec raison qu'il est regrettable que la Belgique ne se fût pas décidée plus tôt sur sa ligne de conduite dans l'hypothèse d'une guerre générale. Joffre a déclaré qu'il comptait sur la collaboration de l'Armée Belge, étant donné qu'il était raisonnable de croire que certains forts n'avaient été bâtis que dans le but de repousser toute attaque allemande. Mais tout au plus ceci pouvait-il n'être qu'une supposition fondée sur des probabilités. Et cette supposition avait toujours semblé tellement douteuse que, parmi les affaires importantes que l'État-Major français avait spécialement signalées pour enquête en toute période de tension politique précédant une guerre possible avec l'Allemagne, revenait celle de savoir si les Belges faisaient des préparatifs dans leurs forteresses de la Meuse. C'est la meilleure réfutation du mensonge allemand que

---

1. Il n'y eut finalement que quatre divisions d'envoyées.

la Belgique n'avait pas loyalement observé le traité
garantissant son indépendance. Mais le résultat de cette
incertitude fut d'entraver l'État-Major français.

En effet, ce n'est qu'en juillet 1914 que le chef d'État-
Major, le général de Selliers de Moranville [1], soumit au
Ministre de la Guerre les plans de mobilisation de
l'armée belge dans le cas d'une invasion allemande et
ces plans envisageaient non la défense de la Meuse, mais
la position de Géthale.

L'attitude de la Belgique ne fut définitivement connue que lorsque l'Allemagne fit savoir qu'elle comptait
ignorer les droits neutres qu'elle avait garantis.

La décision du gouvernement britannique reposait
sur des motifs plus complexes. La question de savoir
si l'Angleterre soutiendrait la France ou non donna
lieu à un certain partage d'opinions dans tout le pays,
mais la scission qu'elle a causé dans le Ministère fut
beaucoup plus aiguë et plus dangereuse.

Depuis le début, M. Asquith prévit le danger qu'il
y aurait à permettre que la France fût écrasée, mais,
parlementaire plutôt qu'un homme d'État, il n'imposa
par alors son opinion à ses collègues et il est douteux
qu'il l'eût fait en aucun cas. M. Winston Churchill
était entièrement favorable à l'idée d'assister la
France. M. Lloyd George (alors Ministre des Finances)
fut d'abord indécis, bien, qu'en somme, il semble probable qu'il se laissât gagner par les arguments de
M. Churchill. Mais le jeudi 30 juillet, une députation
de banquiers et de financiers lui représenta que les
intérêts des deux pays et du monde entier exigeaient
que la Grande-Bretagne se tînt à l'écart et ne se mêlât
à aucun conflit [2]. Une opinion tellement arrêtée, venant
d'un tel milieu, influença naturellement M. Lloyd
George. Pendant les jours difficiles qui suivirent, il

---

1. Lettre du général de Selliers de Moranville dans : *Pourquoi pas ?*
8 août 1919.

2. Une liste de ceux qui faisaient partie de cette députation, compo-
serait avec leurs explications d'aujourd'hui, un sujet de lecture intéressant.

hésita encore, mais avec une tendance pourtant à soutenir la politique de la non-intervention. C'était s'accorder avec l'opinion de la majorité régnant alors dans le Cabinet.

Sir Edward Gray semblait espérer contre tout espoir que la guerre pourrait être évitée. Ce fut un vrai drame pour cet homme d'État sincère de voir s'écrouler devant ses yeux l'édifice qu'il avait construit pour maintenir la paix. M. Paul Cambon [1] a dit que durant cette terrible semaine, il y avait eu en Sir Edward Grey deux hommes luttant l'un contre l'autre : d'un côté, le Ministre des Affaires Étrangères qui se rendait bien compte, d'après les rapports de toutes les Ambassades, qu'une guerre semblait inévitable et, de l'autre côté, l'Idéaliste qui ne pouvait se décider à prendre aucune mesure ressemblant à une menace de peur d'entraîner par là l'Angleterre dans le conflit.

Le rôle que joua Lord Haldane n'est pas aussi net. Quelques années auparavant, étant secrétaire d'État pour la Guerre (il était « lord chancellor » en 1914) il avait été l'instigateur de certains changements très importants opérés dans l'armée et dans le système militaire du pays. L'opinion de ceux qui sont qualifiés pour se prononcer sur ces sujets diffère en ce qui concerne son œuvre au Ministère de la Guerre. D'autres, qui, après 1914, critiquèrent Lord Haldane pour différentes causes, furent peut-être trop empressés à prononcer sa condamnation. Mais jusqu'à un certain point, il est seul responsable de cette censure. Car bien que la valeur de ses réformes soit discutable, c'est un fait prouvé (par ses propres paroles) qu'il fut la dupe de l'Empereur et de son entourage. Étant censé connaître à fond la mentalité allemande et à cause de son intimité avec plusieurs hommes politiques d'Allemagne, Lord Haldane inspirait confiance à Downing Street qui comptait sur lui pour être tenu au courant des véri-

1. *La Revue de France*, 1ᵉʳ juillet 1921, page 34.

tables intentions de la Wilhelmstrasse et de l'état de l'opinion publique dans un pays qu'il avait une fois nommé sa patrie spirituelle. Ne déclara-t-il pas que l'Allemagne n'avait aucun dessein belliqueux et qu'il n'y avait pas lieu de s'effrayer ? Plus tard, mais après l'ouverture des hostilités, il affirma qu'il avait toujours été inquiet depuis sa dernière visite à Berlin.

Qu'il ait fait part de ses craintes à ses collègues, c'est moins sûr mais c'est de moindre importance, puisqu'il ne s'agit ici que de la sincérité de Lord Haldane. Or, s'il parla de même au Ministère et au pays, cela signifie qu'il fut trompé à Berlin. Cette explication est la plus probable, la plus charitable et en somme la plus agréable qu'on puisse lui offrir, mais aussi, c'en est une que la vanité de Lord Haldane ne lui permettra jamais de fournir. Si, au contraire, il dévoila le danger au Ministère, et si, en même temps, il berça le public d'un faux sentiment de sécurité, sa faute est alors plus grande et ses responsabilités plus graves.

L'attitude prise par les chefs de l'opposition, M. Bonar Law et Lord Lansdowne en promettant volontairement leur soutien au gouvernement s'il faisait la guerre, eut indubitablement son effet sur certains membres du Ministère. Néanmoins, le dissentiment qui existait empêchait qu'on n'arrivât à une décision définitive : car M. John Burns et Lord Beauchamp s'opposaient inaltérablement à toute intervention énergique.

Le 27 juillet, M. de Fleuriau, alors chargé d'Affaires à Londres, télégraphia à Paris que les Ambassades d'Allemagne et d'Autriche donnaient à entendre qu'elles étaient « sûres » de la neutralité anglaise. Et même le samedi 1er août, Sir Edward Grey faisait savoir à M. Cambon que le gouvernement n'avait pu se décider à participer à une guerre européenne.

L'Ambassadeur de France, en protestant, insista longuement sur la gravité d'une telle ligne de conduite et attira surtout l'attention sur ce fait que, si la côte française de la Manche était en ce moment exposée aux attaques allemandes, cela résultait des arrangements pris par les États-Majors des deux pays. Le Ministère se réunit encore le dimanche matin 2 août. Il y a lieu de croire (quoiqu'on n'en ait aucune confirmation absolue) que Sir Edward Grey, tout en réitérant que, comme ministre des Affaires Étrangères, il n'avait pas lié le pays ; et bien qu'il n'engageât le Ministère dans aucune voie, laissa entendre que, si le Gouvernement décidait de ne pas intervenir en cas de violation de la neutralité belge, son utilité à Downing Street n'existait plus.

Il y a aussi certaines raisons de croire que M. Lloyd George était moins que jamais disposé à soutenir ceux qui favorisaient un accord étroit avec la France. Mais, en fin de compte, la réunion se termina sans que l'on fût plus avancé sur les décisions à prendre. Un ministre me raconta plus tard que Lord Beauchamp et d'autres partisans avec lui de la neutralité anglaise, quittèrent la réunion convaincus que leur opinion prédominerait [1].

Mais plus tard, dans la journée, il y eut une autre convocation. L'affaire aboutit alors à une conclusion et le Ministère décida qu'une attaque allemande contre le littoral de France serait considérée comme un *casus belli* et que la flotte britannique contribuerait à la repousser.

Dans le courant de la soirée, cette décision fut com-

---

1. Dans une interview récente *(La Revue de France,* 1er juillet 1921, p. 40), M. Cambon a dit qu'un grand financier, lord X, fut convoqué à cette réunion du matin et appelé à donner son opinion. M. Cambon ajoute que depuis, lord X lui a souvent dit qu'il avait alors conseillé l'intervention, mais que lui, M. Cambon, a tout lieu de croire le contraire. On penserait sans doute que par lord X. M. Cambon voulait indiquer feu lord Cunliffe, alors gouverneur de la Banque d'Angleterre et en cette qualité conseiller financier du gouvernement. Mais les paroles de M. Cambon semblent plutôt se référer, sans que ce soit très clair, à un pair qui vit encore aujourd'hui. M. Mermeix a récemment affirmé que c'était lord Rothschild, quoique le compte-rendu qu'il fait de l'opinion exprimée par ce dernier diffère quelque peu de celui de M. Cambon. (Voir *Le Combat des Trois*, p. 70.)

muniquée à l'Ambassadeur de France. Durant les
20 années qu'il passa à Londres, le plus cher espoir de
M. Cambon avait été d'effectuer une alliance avec la
Grande-Bretagne, et sa plus grande crainte était qu'elle
ne fût pas conclue avant le moment suprême. Le soir de
ce dimanche-là, il jugea la situation avec sa prudence et
sa pénétration ordinaires. Il savait que sa cause était
gagnée, qu'une grande nation ne faisait pas la guerre à
demi. Du moment qu'elle décidait une coopération
navale, il allait de soi que la Grande-Bretagne soutiendrait également la France sur terre. Et les doutes qu'on
eût pu entretenir sur ce sujet s'évanouirent lorsque
l'Allemagne, ignorant sa garantie, viola la neutralité
de la Belgique et que Sir Edward Goschen demanda ses
passeports.

Malheureusement les autorités militaires n'étaient
pas unanimes sur l'emploi du corps expéditionnaire. On
perdit du temps à attendre l'arrivée d'une mission
militaire française. Et alors, il semble que Sir Douglas
Haig aurait voulu retarder l'envoi des troupes britanniques jusqu'à ce que les événements aient démontré
s'il valait mieux les expédier en Belgique ou en France.
Lord Kitchener (qui était devenu ministre de la Guerre)
crut qu'il serait plus sage de les concentrer près
d'Amiens. Mais Sir John French, le général Wilson et la
majorité convinrent avec le colonel Huguet, représentant de l'État-Major français, qu'il serait préférable
de s'en tenir aux plans initiaux dressés avant la guerre
et suivant lesquels les Anglais devaient prendre position derrière Maubeuge dans la zone de Cambrai-le
Cateau.

Ces hésitations prouvèrent, dans les tous premiers
jours de la guerre, que la grande faiblesse des Alliés
était de n'avoir pas conçu un plan complet pour une
action d'ensemble. Ce fut l'erreur capitale, destinée à
prolonger la guerre et à en compromettre par moments
l'issue.

L'Allemagne commença la lutte en ayant l'avantage

d'être l'agresseur : elle savait exactement ce qu'elle comptait faire et comment elle le ferait.

Pendant les années qui suivirent 1870, Moltke (demeuré chef d'État-Major jusqu'en 1888) croyait que l'Allemagne serait assez forte pour prendre l'offensive à la fois contre la France et la Russie dans le cas d'une guerre simultanée contre ces deux pays. C'est avec une frayeur croissante qu'il vit combien le rapide relèvement de la France rendait ce plan dangereux et c'est pourquoi il chercha une autre querelle à ce pays en 1875. Quand ce complot fut dévoilé, Moltke échangea son dessein contre celui qui, dénué de tous détails techniques, comprenait une campagne défensive contre la France et une offensive contre la Russie.

En 1888, Moltke fut remplacé par le comte Waldersee qui, comme quartier-maître général, avait été depuis 1882 son actif collaborateur. Celui-ci, à un moment donné, optait pour une offensive contre la France. Mais finalement, il garda le plan de Moltke en y ajoutant cette restriction, que, si les hostilités éclataient à un moment de l'année qui rendrait une grande offensive impraticable en Russie, la France serait attaquée entre Toul et Épernay.

Trois ans plus tard, Schlieffen (le plus grand stratégiste allemand depuis Moltke) succéda à Waldersee. Il fut bientôt appelé à examiner toute la situation en vue du fait qu'une alliance entre la France et la Russie avait été effectivement conclue. Pendant quelques années, il maintint, lui aussi, le plan de Moltke, plutôt par nécessité, d'ailleurs, que par conviction. Mais finalement, il en adopta un qui, en résumé, envisageait une attaque contre le centre français en même temps qu'un mouvement enveloppant de la gauche française. Ceci entraînait forcément l'invasion de la Belgique.

Plus tard, Schlieffen développa un deuxième plan. A mesure que les années s'écoulaient, il fortifia constamment sa droite, l'idée dominante de son projet consistant à envelopper la gauche française. Peu à peu,

il en vint à l'idée de lancer presque les quatre cin-
quièmes de ses forces mobilisées contre l'aile gauche
française, tandis que l'invasion de la Hollande n'était
pas entièrement éliminée de ses projets.

Moltke (le cadet), qui devint chef d'État-Major
en 1906, hérita de ce plan. Quoiqu'il n'en changeât
pas son caractère, il ne l'adopta pas, semble-t-il, avec
beaucoup d'enthousiasme. Il n'avait ni assez de courage ni assez de décision pour l'écarter complètement,
mais plutôt il y mordilla. Schlieffen avait continuellement harcelé ceux qui lui étaient adjoints pour les
obliger à fortifier la droite, mais Moltke renforça sa
gauche aux dépens de sa droite.

Le plan de Schlieffen, sans aucun doute, était un plan
audacieux et cela demandait pour le mettre à exécution
un homme énergique et hardi ; Moltke était d'un caractère faible et vacillant [1].

Un pays qui ne s'assure pas d'un commun accord
entre ses autorités militaires et diplomatiques recherche
le désastre. Des mesures militaires prises sans égards
aux résultats diplomatiques (qui peuvent aussi entraîner des conséquences militaires) sont également
aussi dangereuses que des conventions diplomatiques
faites sans une délibération suffisante sur leur répercussion militaire. Il est peut-être impossible de toujours
maintenir un équilibre parfait, mais c'est à cela que
devraient tendre tous les efforts d'un pays. Bismarck
n'oubliait jamais cette nécessité nationale. Le fait
d'avoir corrigé, en présence même de Moltke, le télégramme envoyé d'Ems par le kaiser (qui dans la forme
primitive anéantissait tout espoir d'une guerre pour
laquelle tous les deux avaient travaillé et intrigué) est

1. Il est à remarquer que, pendant que Tirpitz et, à un moment, von der
Goltz poussaient à la prise de Calais et de Boulogne, afin de couper les
troupes anglaises de leur base, cette idée ne fut jamais en faveur auprès de
l'État-Major allemand : ce qui, en effet, animait son plan, c'était la conviction que le succès du formidable choc qu'il avait préparé entraînerait
la chute de tous les autres objectifs.

un exemple frappant, quoique peu honorable, d'un ministère des Affaires Étrangères et d'un ministère de la Guerre, collaborant en fait. Dans le règlement de la paix, Bismarck et Moltke se firent mutuellement des concessions. C'est néanmoins sous réserve que l'on peut croire que Bismarck s'opposait fortement à la rétention de l'Alsace et de la Lorraine. Mais il est certain que le chancelier et le chef d'État-Major étaient pleinement d'accord en 1875 lorsqu'ils auraient à la légère attaqué la France sans l'intervention de la Grande-Bretagne et de la Russie.

Dès que la guerre fut déclarée, l'Allemagne s'éloigna à deux reprises de cette politique sensée. Elle agit selon la théorie de Bernhardi qui proclamait que les diplomates devaient régler leur conduite de façon à seconder et à exécuter pour le mieux les desseins du Haut Commandement. Chaque fois, le résultat en fut désastreux. L'invasion de la Belgique eut pour effet immédiat de faire participer l'Angleterre à la guerre. Et bien qu'au début un avantage considérable s'obtînt en entrant en France du côté de la Meuse, il fut plus que contre-balancé par le fait d'avoir l'Empire Britannique comme adversaire actif depuis le premier jour de la guerre. Ce que les diplomates purent faire après ne servit qu'à aggraver la situation et à accroître le bilan final.

La méfiance avec laquelle le monde en général considère l'Allemagne est le juste paiement qu'elle doit pour ces malheureuses déclarations : « qu'un traité n'est qu'un chiffon de papier et que nécessité ne connaît pas de loi ». Bismarck, toujours plus capable que ses successeurs, fut plus convaincant lorsqu'il dit : « Tous contrats entre grands États cessent d'être d'une absolue obligation dès que la « lutte pour l'existence » les met à l'épreuve. Une grande nation ne sacrifiera jamais son existence pour rester fidèle à un contrat lorsqu'elle sera forcée de choisir. » La guerre fit voir plus d'une fois combien ces paroles étaient fondées.

Mais c'est une chose que de désavouer un traité
parce qu'il touche à la sécurité de l'État et une autre
que de se préparer délibérément pendant des années
à sa violation.

La décision militaire de pousser à outrance la guerre
sous-marine sans se préoccuper des conséquences diplomatiques, fut également fatale ; parce qu'elle amena les
États-Unis à s'aligner avec les adversaires de l'Allemagne.

Ces exemples sont éclatants. Mais le gouvernement
britannique commit (et paraît capable de commettre
encore) une faute exactement du même genre.

La lacune qui existait entre le Ministère des Affaires
Étrangères et celui de la Guerre mettait sensiblement
la Grande-Bretagne en état d'infériorité par rapport à
l'Allemagne. Puisqu'il n'y avait pas d'alliance défensive entre l'Angleterre et la France, celle-ci fut obligée
de dresser ses plans de campagne, non seulement en
ignorant quelle serait l'attitude éventuelle de la Belgique (ce qui était peut-être impossible à éviter) mais
en ne sachant pas non plus — même jusqu'après la
déclaration de la guerre — s'il y aurait des troupes
anglaises dans les lignes françaises, ignorant, par conséquent, jusqu'à quel point il serait nécessaire d'étendre
la gauche française. Les témoignages de Joffre et de
Castelnau et, par-dessus tout, la lettre de Sir Edward
Grey à M. Paul Cambon, prouvent que, bien qu'il y
eût des conversations entre les États-Majors généraux,
il n'existait aucune convention diplomatique. Même
les entrevues entre les États-Majors engageaient à si
peu de chose qu'après la guerre commencée, la question
de savoir à quel endroit les troupes anglaises devaient
faire leur jonction avec l'armée française devint de
nouveau un sujet de discussion qui aboutit, en fin de
compte, à l'envoi de quatre divisions au lieu de six sur
lesquelles l'État-Major français avait en partie compté.

Il semblerait, à première vue, que le résultat de cette
politique boîteuse eût pesé lourdement sur la France,

mais forcément l'Angleterre en subit les effets avec non moins de violence. Les troupes anglaises furent appelées à exécuter un plan de campagne sans l'assistance ni l'assentiment d'un homme d'État anglais qui en eût sa responsabilité engagée.

Un plan qui ne prévoyait rien de ce qui arriva et qui fit peu ou point de préparatifs pour ce qui devait forcément arriver ; un tel plan de campagne, selon les mots d'un critique français [1] capable d'en parler avec quelque autorité, était : « humainement impossible. »

1. M. Fernand Engerand, député du Calvados. Voir son œuvre : *Le Secret de la Frontière.*

CHAPITRE II

LE PLAN XVII

Trente jours de guerre suffirent pour prouver que la stratégie du grand État-Major français était défectueuse sur bien des points. Quand ceci devint apparent, Joffre essaya, d'une façon injuste et peu généreuse, d'en rejeter le blâme sur ses lieutenants et leurs hommes. Mais les faits sont contre lui. Le général Bonnal a succinctement défini la stratégie comme étant l'art de la conception. Il est maintenant admis par tous, sauf par ceux qui en furent responsables, que toute la conception du plan de campagne était fausse.

En déclarant la guerre, l'Allemagne ne prit pas la France au dépourvu. Depuis plus d'une génération, la France s'était préparée pour la lutte. Il est vrai que durant les 43 années qui s'écoulèrent entre 1871 et 1914 il y eut 41 Ministres de la Guerre et indubitablement des changements aussi fréquents ne furent pas favorables au développement des plans militaires. Néanmoins, malgré ce flot constant d'arrivées et de départs, rue Saint-Dominique, le grand État-Major poursuivit son travail sans grande interruption. Durant la période précédant immédiatement la guerre, il n'y eut pas en effet, — ou il y eut peu — de la part des hommes politiques, d'intervention excessive. La France dépensa plus pour son armée qu'aucun autre pays, sauf l'Allemagne. De 1872 à 1895 les dépenses de chacune furent d'environ 14 milliards de francs. De 1896 à 1912, l'Allemagne dépensa 16.875.000.000 et la France 11.418.000.000. Quand on considére la différence qu'il y a entre leur population et leur richesse, ces chiffres montrent quel effort extraordinaire fit la France pour marcher de pair avec son ennemie traditionnelle.

Malheureusement l'argent des contribuables français produisit moins que celui des Allemands. Le système des bureaux au Ministère de la Guerre était compliqué, lourd et manquait d'unité. Le Ministère de la Guerre, en Allemagne, n'avait que quatre départements immédiatement subordonnés. Le Ministère de la Guerre en France n'en avait pas moins de 14, chacun indépendant de l'autre. Pour tenter de réprimer la confusion qui en résultait, une autre succursale, la Direction du Contrôle fut créée. Mais ceci ne diminue en rien le mal.

Il est pourtant évident que la guerre ne prit pas la France par surprise. Si elle n'était pas préparée, ce n'est que dans le sens de ce plan « humainement impossible » sur le succès duquel l'État-Major avait tout risqué en négligeant de prendre même les précautions ordinaires pour faire face à la situation qui résulterait d'un revers.

En 1911, le général Michel était vice-président du Conseil Supérieur de la Guerre, commandant en chef désigné des armées françaises en temps de guerre. Au mois de février de cette année, il soumit à Messimy, alors Ministre de la Guerre (et lui-même soldat) un plan de campagne basé sur la théorie que les Allemands envahiraient la France par la rive gauche de la Meuse et exécuteraient un mouvement tournant sur une si grande étendue qu'il serait nécessaire de mettre les réserves en première ligne dès le début. Michel s'apprêtait, par conséquent, à prendre des mesures de protection stratégique contre ce mouvement et aussi à faire des réserves françaises un usage beaucoup plus grand qu'on ne l'eût d'abord projeté. Un mois plus tard, Michel donna une conférence dans laquelle il critiqua l'idée d'une offensive à outrance alors en grande faveur dans certains milieux militaires français, et s'y opposa. Il s'attira par là l'hostilité des plus jeunes membres de son État-Major aussi bien que de certains parmi ses propres collègues et on entendit Pétain lui-même, alors colonel, dire que Michel avait perdu la confiance de l'armée.

En juillet, Messimy obligea Michel à soumettre une partie de son projet au Conseil Supérieur de Guerre. Il n'obtint aucun appui : aussi Messimy le força-t-il à donner sa démission de vice-président et de directeur des opérations en cas de guerre. Il est pourtant juste d'ajouter (comme il apparut plus tard) que le rapport de Michel ne fut jamais soumis en entier au Conseil Supérieur de la Guerre [1] et cette Assemblée ne délibéra que sur la question de l'emploi des réserves.

Il est douteux que Michel ait été un homme de premier ordre. Messimy n'eut jamais aucune foi en sa compétence. Plus tard, quand la guerre éclata, il était Gouverneur militaire de Paris. Messimy déclara franchement qu'il le croyait incapable de remplir ces fonctions et exigea de lui qu'il démissionnât. Michel hésitait, Messimy le menaça de l'envoyer incontinent comme prisonnier au Cherche-Midi. Mais quelle que pût être la hauteur des talents de Michel, les événements ultérieurs prouvèrent qu'il avait eu de justes prévisions. Il prévit à la fois ce que ferait l'Allemagne et ce qui serait nécessaire à la protection de la France.

Messimy songea à nommer Pau ou Galliéni comme successeur de Michel. Mais le fait que tous deux auraient atteint l'âge de leur retraite en 1912 ne leur fut pas favorable : et pourtant Galliéni fut plus tard, par un décret spécial, maintenu en activité sans limite d'âge parce qu'il avait déjà commandé en chef devant l'ennemi. Et Pau, vétéran de 1870, posa comme condition qu'il aurait seul le droit de nommer aux hauts commandements.

---

1. C'était naturellement l'État-Major général, non le Conseil supérieur de la Guerre qui était chargé de dresser les plans de campagne.

Messimy finit donc par offrir le poste à Joffre, déjà membre du Conseil Supérieur de la Guerre et dont l'âge de la retraite ne sonnerait pas avant plusieurs années. De cette décision il devait se repentir. En janvier 1916, il écrivit à Galliéni qu'il regrettait de ne pas l'avoir nommé de préférence à Joffre, et son témoignage, devant un comité parlementaire, confirme l'idée que ceci ne fut pas un compliment banal, mais bien l'expression à la fois de son regret sincère et de ses réels sentiments.

Joffre était un officier du génie. Il avait servi à Madagascar sous Galliéni et avait eu, en outre, d'autres occasions d'acquérir une expérience coloniale. Mais il savait peu de choses du fonctionnement intérieur de l'État-Major Général, il n'en savait presque rien et aurait refusé la situation qu'on lui offrait, si Pau ne l'eût encouragé à l'accepter. Ce fut Pau qui lui suggéra qu'avec l'aide de Castelnau, il saurait surmonter les difficultés de la routine qu'il redoutait. Joffre, alors, accepta à la condition que Castelnau lui serait officiellement adjoint. Messimy, après 24 heures de réflexion, y consentit.

Par la naissance et par le caractère, Joffre est Catalan. Son assurance tranquille, inébranlable le portait à regarder des collègues (dans le vrai sens du mot) comme inutiles et son goût du secret les lui rendait insupportables. En sa qualité de vice-président du Conseil Supérieur de la Guerre, il semble avoir été tout puissant. Aux réunions, il exposait et le sujet de discussion et sa décision propre, et il ne rencontra que rarement quelque opposition.

Jamais il n'avait commandé de troupes directement, il était incapable de diriger en campagne une opération quelconque. Dans sa déposition après la guerre, Messimy dit que, au su de tout le monde, c'était le général Berthelot et non Joffre, qui avait commandé les opérations. Il est d'ailleurs très invraisemblable que Joffre eût été capable de dresser ou de développer un plan de campagne. Ni sa carrière, ni ses expériences antérieures ne donnent lieu de croire qu'il possédait de telles capacités. Son propre témoignage devant la Commission sur la Métallurgie prouve qu'il ne comprenait rien de tout ce qui s'était passé.

Tout de même, il pouvait prendre une décision sur l'avis donné par les subordonnés qu'il savait lui être attachés et maintenir ensuite cette décision avec une grande ténacité. Le seul fait qu'il avait peu d'idées originales, mais un extérieur imposant et massif, fit qu'il était exactement l'homme dont l'État-Major avait besoin pour représenter les théories dont il le fournissait. Le général Lanrezac a dit, avec à propos, que Joffre, en réalité, n'était pas un être individuel mais une raison sociale. C'était, en somme, une société qui portait son nom, mais dans laquelle il n'était pas l'associé le plus actif. Car l'État-Major était dominé par un groupe d'officiers relativement jeunes, extrêmement ambitieux, et foncièrement convaincus que, seule, une offensive à outrance gagnerait la prochaine guerre avec l'Allemagne ; que le conflit serait de courte durée [1], que les premières batailles seraient décisives. Von Schlieffen partageait aussi cette dernière opinion.

Le principal protagoniste de cette doctrine fut un homme brillant et résolu dont le nom est peu connu du public, mais qui joua un rôle important dans la formation des plans du Grand État-Major français : le colonel (plus tard général) Loyseau de Grandmaison, qui fut tué à Soissons [2].

1. Les banquiers et les économistes étaient également d'avis qu'une guerre générale en Europe, faite dans les conditions modernes, serait si onéreuse, si coûteuse, que le monde ne pourrait la supporter plus de quelques mois. Ces machines à calcul ne tinrent pas compte de certains éléments qui apparaissent dans l'agitation de la nature humaine. Le meilleur prophète de la future guerre fut Bloch, un banquier polonais qui, vers 1890, prédit, en réalité, la guerre de tranchées et plusieurs autres choses qui eurent lieu. Mais ni l'ouvrage où il exposa ses théories ni le musée qu'il établit à Lucerne pour les illustrer ne furent pris au sérieux.

2. L'auteur anonyme du *Plan XVII* (Payot, Paris), favorable au grand État-Major, dit (pp. 38-39) que rien ne contribua plus à mettre la

Les théories de cet officier héroïque, mais dans l'erreur, sont aujourd'hui singulières à lire, avec l'enseignement que nous a donné la guerre. Il semble qu'il y ait un ton presque hystérique dans des phrases telles que : « La moindre prudence dans l'offensive en détruit toute l'efficacité et en fait perdre tous les avantages. Dans l'offensive, l'imprudence est la meilleure sauvegarde. Seule, le méthode de l'offensive peut forcer la victoire. Il est nécessaire de la préparer et d'y préparer les autres en cultivant avec passion, avec exagération et jusque dans les plus petits détails d'instruction tout ce qui est animé de l'esprit d'offensive. Allons jusqu'à l'excès, peut-être ne sera-ce pas encore assez. »

Les instructions, émises de temps à autre dans l'Armée avant 1914, pendant que Joffre était chef de l'État-Major, soutenaient cet enseignement. Il fut déclaré, par exemple, en décembre 1913, que l'artillerie ne devrait pas ouvrir la voie aux attaques d'infanterie, mais qu'elle devrait les soutenir. Car, ainsi que le général Ruffey le dit plus tard dans sa déposition devant la Commission sur la Métallurgie, Joffre était entièrement subjugué par des jeunes gens de son entourage et écoutait avec complaisance leurs idées, — des idées souvent puériles.

Dans un sens, il est vrai que seule une offensive peut amener un résultat décisif. Mais ce propos ne veut pas dire qu'une offensive réussira toujours. Il faut tenir compte du temps, des forces adverses jusqu'à un certain point et surtout, aujourd'hui, de la force relative de l'artillerie. Mais pendant que le Grand État-Major français embrassait cette doctrine avec enthousiasme, il perdait entièrement de vue ces considérations. Il aurait mieux valu se souvenir des paroles que prononça

doctrine de « l'offensive à outrance » en vogue dans l'armée que deux conférences faites par le lieutenant-colonel de Grandmaison au printemps de 1911. Il assure qu'il n'y a pas de doute que ces conférences eurent un tel effet sur le Haut Commandement que celui-ci en incorpora dans le plan XVII les principes que Grandmaison avait posés.

de Moltke après 1870 : « Les Français ne m'ayant jamais attaqué, je fus forcé de prendre l'offensive moi-même. Mais je ne le fis que contre mon gré, car, selon moi, j'obtins ainsi un succès moins décisif et plus chèrement payé que je n'aurais eu en suivant une méthode plus en rapport avec mes idées. » Ailleurs, après avoir fait remarquer comme une offensive à outrance avait toujours coûté cher, de Moltke ajoute : « Je préfère le procédé qui consiste à passer à l'offensive après avoir repoussé plusieurs attaques ». Ceci, comme le dit le lieutenant-colonel Thomasson, est la méthode même par laquelle Foch a finalement gagné la victoire.

Bernhardi lui-même, le grand apôtre de l'offensive, a écrit : « Si nous voulons compter sur des succès militaires, nous ne devons pas oublier que l'attaque est infiniment plus difficile qu'elle ne l'a jamais été et que, pour obtenir la victoire, il faut que l'assaillant ait une supériorité très marquée. La tâche de la stratégie est d'assurer cette supériorité. » La faute capitale du Grand État-Major français, avant 1914, fut d'avoir entièrement négligé ou ignoré cette tâche, croyant, évidemment, que les désavantages matériels pourraient être surmontés en engendrant un esprit d'agression par des ordres et des enseignements continuels.

Plusieurs autorités militaires de la Grande-Bretagne ne partageaient pas la foi aveugle du Grand État-Major français en une offensive à outrance comme étant le plus sûr chemin à une victoire rapide. En août 1914, Lord Kitchener, non seulement avertit la mission militaire française que la guerre serait d'une longue durée, mais émit aussi l'opinion que le plan français était dangereux. L'attaché militaire français à Londres écrivit à la rue Saint-Dominique que Kitchener était « tout à fait ennemi de l'offensive ; si nous l'écoutions nous resterions sur la défensive et attendrions trois attaques successives des forces allemandes ; il est imbu des principes de la guerre coloniale et ne connaît rien aux avantages matériels et moraux de l'offensive [1]. »

En 1913, apparut une brochure intitulée *La Concentration allemande*, qui exposa, effectivement, les opinions et les plans du Grand État-Major. Bien qu'elle fut publiée sous l'anonymat, les milieux militaires, en général, connaissaient l'identité de l'auteur. Mais ce n'est qu'en 1915 que *Le Temps* informa le public que c'était le lieutenant-colonel (maintenant général) Buat, ancien professeur à l'École Supérieure de Guerre, attaché alors au Grand État-Major et qui ensuite servit avec grande distinction pendant toute la guerre comme Major Général des Armées françaises au moment où l'armistice fut signé. Afin de frapper l'imagination, Buat prétendit qu'en voyageant en Allemagne, il avait trouvé une copie du plan de campagne allemand dans un wagon de chemin de fer. D'après ce plan, les Allemands pénétreraient en France avec 22 corps d'armée, c'est-à-dire un million trois cent mille hommes, dont neuf cent mille appartiendraient à l'armée active et quatre cent mille seraient des réservistes à qui on ne confierait que des missions secondaires telles que l'occupation du territoire conquis. Une partie de ces armées devait arriver par la rive droite de la Meuse. Buat, par conséquent, estimait que les armées françaises devraient se tourner du côté du nord-est sur une ligne allant de Belfort à Mézières. Il dévoilait ainsi fortuitement le plan de concentration français aux Allemands. De fait, le Plan XVI *bis*, alors en existence, pourvoyait à une concentration exactement de Belfort à Mézières, quoique celui qui lui succéda, le plus célèbre Plan XVII, étendît la ligne jusqu'à Hirson [2].

D'autre part, Buat se trompait entièrement, à la fois,

1. Voir le *Rapport de la Commission sur la métallurgie en France*, p. 57.

2. Le Plan XVII fut approuvé du Gouvernement au printemps de 1913 et devint efficace en avril 1914.

sur le plan allemand et sur le nombre d'hommes qu'il comptait employer [1].

Il est vrai que les autorités allemandes avaient écrit auparavant que leurs forces seraient divisées en une armée de choc et une armée d'occupation. Évidemment, Buat (ainsi que le Grand État-Major) accepta sans hésiter cette déclaration. Il est impossible de dire aujourd'hui s'il fut fait avec sincérité ou simplement pour amener le peuple allemand à subir plus volontiers les charges et les impôts militaires qu'on lui imposait. Il semble probable que jusqu'en 1912 ce plan fut le véritable. Mais il y a plusieurs indications qu'à partir de ce moment l'on avait l'intention d'utiliser les réservistes dès le début en première ligne. Toutefois, le Grand État-Major français accueillit les déclarations allemandes avec d'autant plus de facilité qu'elles s'accordaient avec sa propre conviction que les réservistes français seraient inutiles en première ligne.

Mais dans l'ouvrage *Quatre mois de guerre*, publié par le Grand État-Major français à la fin de 1914, pour servir aux représentants français à l'étranger, il est calculé que le total des forces allemandes mobilisées et effectivement employées contre les armées françaises durant les premières semaines, se monta à un million quatre cent mille hommes. La différence (cent mille) qui existe entre ce chiffre et le chiffre publié par Buat n'est pas énorme. Mais la vraie distinction consiste dans l'emploi que l'on fit de ces troupes. Buat calculait que l'armée de choc compterait environ neuf cent mille hommes. De fait, il y eut 34 corps en première ligne, car les réserves y furent employées dès le début et le travail que le Grand État-Major leur attribuait fut surtout accompli par les troupes du Landwehr ou par d'autres corps.

---

1. L'auteur du *Plan XVII* avoue, tout en soutenant le grand État-Major, que ce calcul erroné au sujet des forces allemandes fut la cause de l'état imparfait des forteresses françaises et de la préparation insuffisante à la guerre de l'armée et du pays entier.

La différence, ainsi que l'a fait remarquer [1] le lieutenant-colonel Thomasson, fut exactement égale aux deux armées de von Klück et de Bülow, destinées à passer par la rive gauche de la Meuse. En somme, le Grand État-Major français fit une erreur de 50 °/₀ en évaluant les effectifs de choc allemands [2].

De plus, le Grand État-Major ne croyait pas que les Allemands viendraient par la rive gauche de la Meuse, précisément parce qu'il était convaincu que les Allemands ne mettraient pas leurs réserves en première ligne. De cette façon, une première erreur en produisit une deuxième. « Le commandement français ne pensait pas que le mouvement débordant à travers la Belgique dût s'étendre sur la rive nord de la Meuse, parce qu'il ne croyait pas que les Allemands emploieraient leurs divisions de réserve en première ligne dès le début des opérations. » Ce sont les paroles du général Mangin, un critique qui, à tout prendre, est plutôt enclin à favoriser Joffre.

En vain, par conséquent, Galliéni avertit le Grand État-Major que Maubeuge devait être davantage fortifié, et bien qu'il lui fût accordé un peu plus d'attention lorsqu'il conseilla de pourvoir plus amplement à la défense de la rive gauche de la Meuse entre Verdun et Mézières, l'État-Major, cependant, entreprit si tard d'étudier cette question que rien n'avait été effectivement accompli lorsque la guerre éclata.

C'est la même histoire qui se répète au sujet de l'artillerie lourde. Les archives du Conseil Supérieur de la Guerre démontrent que Galliéni attira l'attention sur cette nécessité urgente (comme le firent aussi le

----

1. Voir *Le Revers de 1914 et ses causes*, par le lieutenant-colonel Thomasson, pp. 114 et 126. Voir aussi le *Plan XVII*, qui donne une évaluation légèrement différente.

2. Selon le témoignage du général Percin devant la Commission sur la Métallurgie, le total des forces allemandes fut de deux millions comparé à celui d'un million trois cent mille qu'avait évalué Buat. Mais on ne voit pas bien clairement ce que Percin a fait entrer en ligne de compte pour arriver à ce chiffre.

général Ruffey et le général Dubail) en octobre 1913, et, de nouveau, en mars 1914, comme il l'avait fait déjà en 1911 dans un rapport au Ministère de la Guerre. On ne fit aucune attention à ces remontrances ; on croyait que le plus léger 75 suffirait à tout [1]. Il a fallu une guerre pour faire triompher l'opinion de Galliéni. Aux premiers jours du conflit, rien ne fut plus cruellement ressenti et aucune négligence ne coûta plus cher que cette pénurie d'artillerie lourde. Ce n'est qu'en 1915 qu'il y fut finalement remédié et que des officiers et les hommes nécessaires furent instruits en vue de ce service [2].

En 1913, Joffre fit une conférence aux anciens élèves de l'École Polytechnique. Le sujet de son discours, qui ne traitait guère de stratégie, portait sur la nécessité de se préparer en temps de paix. « De nos jours, « être prêt » a un sens que comprendraient difficilement ceux qui ont autrefois dirigé une guerre. Tout doit être organisé, tout doit être prévu. Une fois que les hostilités ont commencé, aucune improvisation ne servira. Ce qui manque alors manquera toujours. La moindre omission peut causer un désastre. » Ce sont là d'excellentes paroles, mais, en fait de préparation matérielle, Joffre et le Grand État-Major s'étaient rendus franchement coupables parce qu'ils avaient négligé l'artillerie lourde ainsi que l'armement aérien et beaucoup d'autres matières moins importantes. On a prétendu que le Grand État-Major avait eu son action restreinte par les gouvernements successifs qui lui auraient refusé les

1. Le 75 fut adopté quand feu le général de Galliffet était Ministre de la Guerre.

2. Le colonel de Thomasson n'attribue pas une « bien grande influence » sur le résultat des batailles des frontières à l'écrasante supériorité allemande de l'artillerie lourde. Mais il admet que les troupes françaises étaient souvent bien ébranlées par ces grands canons auxquels elles ne pouvaient répondre. Voir *Le Revers de 1914 et ses causes*, page 38. Cette faiblesse de l'armée française était connue en Allemagne. Tirpitz a même déclaré que, le 6 juillet 1914, l'Empereur a prédit que la France restreindrait la Russie à cause de son propre manque d'artillerie lourde.

subsides demandés. Naturellement, cette question a toujours été et sera toujours un sujet de controverse entre le Ministère des Finances et les chefs de l'institution militaire ; ce serait un mauvais signe s'il en était autrement. Mais les chiffres ne témoignent pas que la Chambre française ait été avare. Ce qui est plus évident c'est que l'argent fut souvent mal employé. En dernière analyse, le devoir du Grand État-Major n'est-il pas de se conformer à ses ressources et de ne pas tenter d'accomplir ce qu'il sait ou devrait savoir être impossible faute de moyens.

Mais un des auteurs, qui a soutenu la justification de Joffre et de l'État-Major, a écrit, autre part, dans le même ouvrage, qu'en 1914, les soldats français étaient « encore habillés comme on l'était en 1830 au temps où les fusils portaient à deux cents pas, et Dieu sait quelles pertes nous furent imposées par les képis et pantalons rouges ; nous n'avions pas de mitrailleuses, nous avions peu de gros canons, nous n'avions presque pas d'avions ; notre cavalerie ne songeait qu'aux charges brillantes et ses chefs agissaient comme s'ils eussent ignoré que les chevaux doivent boire le jour et se reposer la nuit dans des écuries ; la masse de nos officiers d'infanterie était mal dressée ; l'instruction tactique de leurs unités, laissée au bon plaisir de chacun quand elle était faite, manquait de méthode et d'entraînement intensif. La progression dans l'engagement pour le combat, la durée nécessaire de l'infanterie, l'usage permanent du couvert, la liaison intime des fantassins avec les artilleurs, les formations diluées à l'extrême sous les obus, les assauts mûris et non prématurés, etc., etc. ; autant de pratiques oubliées parce qu'on les négligeait aux manœuvres du temps de paix. »

Il est certain que la responsabilité des erreurs énumérées dans la dernière partie de cette condamnation générale n'incomba à aucun Gouvernement, mais au

1. Voir *Le Plan XVII*, par XXX (Payot, Paris, pp. 184-185).

Grand État-Major et à ses subordonnés directs. Le Plan XVII était défectueux parce qu'il éliminait toute idée de manœuvre ; et pourtant, c'est la manœuvre qui gagna la bataille de la Marne après que la théorie du Grand État-Major sur l'offensive brutale et à outrance eut été complètement anéantie à la première épreuve.

Peut-être aurait-elle eu quelque chance de succès contre un ennemi plus faible, mais elle n'en avait aucune contre un ennemi supérieur en nombre et mieux préparé sous tous les rapports matériels.

Cette foi aveugle dans une guerre courte et une prompte victoire par une offensive à outrance et la négligence provenant d'une préparation nulle à une guerre défensive conduisit à une erreur dont l'importance fut presqu'incalculable.

La France tirait de la région de Briey 90 $^o/_o$ de sa production de minerai et 86 $^o/_o$ de sa fonte. Et pourtant, aussi invraisemblable que cela paraisse, le plan de concentration ne prévoyait aucune défense de cette région [1]. Cette contrée était laissée en dehors du territoire qu'on devait protéger. Joffre lui-même, en faisant sa déposition sur ce sujet, dit : que le Plan XVII, comme les plans précédents, laissa le district de Briey en dehors de la zone destinée à être occupée par les armées de couverture. L'excuse donnée fut que Briey était presque sous les canons de Metz et que sa protection aurait nécessité l'investissement de cette place fortifiée — opération difficile et dangereuse. Mais cette réponse ne révèle pas toute l'affaire. Le rapport de la Commission sur la Métallurgie en France déclare que « Le problème de Briey ne fut envisagé par notre État-Major qu'au point de vue exclusivement stratégique dans l'hypothèse d'une guerre de courte durée avec la foi absolue dans la victoire et sans qu'ait même été envisagée la possibilité d'un revers [2].

1. Les plans précédents avaient été coupables de la même omission.
2. Voir *Rapport de la Commission sur la Métallurgie en France*. Part. II, p. 11.

Si le Grand État-Major avait prévu une guerre de quatre ans, certainement il n'aurait jamais abandonné à l'ennemi le métal dont la France avait si grand besoin ; mais il ne pouvait envisager qu'une chose : la nécessité d'une offensive. Il ne sut même pas prendre les précautions élémentaires pour se garder contre un échec ou une défaite temporaire. En conséquence, la France fut obligée d'aller chercher ses métaux au delà des mers pour remplacer ceux qui avaient été ainsi cédés à l'ennemi, tandis que l'Allemagne put, de son propre aveu, prolonger le conflit parce qu'elle possédait ces mines. M. Loucheur a dit avec raison que la perte de Briey pendant la durée de la guerre fut une catastrophe.

La Commission parlementaire, nommée pour examiner pourquoi Briey fut laissé sans protection, s'égara quelque peu dans le courant de son enquête. C'est ainsi que fut accordée à Joffre, à Messimy et à d'autres l'occasion de donner l'explication qu'ils pouvaient ou voulaient sur leurs erreurs de jugement ou d'exécution.

Pour rendre justice à Messimy, il ne chercha pas à diminuer sa propre responsabilité comme Ministre de la Guerre pendant une partie de la période précédant 1914. Il déclara à la Commission qu'à partir de 1911, on considérait comme certaine la violation de la neutralité belge, mais qu'on croyait qu'elle serait seulement partielle et n'affecterait pas le centre de la Belgique [1].

Il reconnut que ce fut une erreur de n'avoir pas fait un plus grand usage des réserves. Mais il refusa d'accepter la responsabilité des circulaires de 1913 et 1914 par lesquelles Joffre avait autorisé les officiers de troupes à réduire selon leur discrétion le nombre de réservistes attachés à chaque régiment actif et établis-

---

1. La raison, obscure, semble-t-il, qui donna lieu à cette opinion dut être d'un caractère tout à fait militaire, car à nul autre point de vue il ne pouvait y avoir une différence que la violation de la neutralité soit entière ou partielle.

sait que les réservistes ne seraient employés qu'à des fonctions secondaires telles que le maintien des voies de communication et la garde des prisonniers [1].

Finalement, Messimy dit qu'il croyait inutile de discuter. Si cela était à refaire, il « imposerait » à Galliéni le poste que celui-ci avait « noblement refusé » en 1911. Il avoua qu'il n'avait pas une admiration excessive pour Joffre, incapable, en août 1914, de comprendre que la droite allemande enveloppait sa gauche, et obstiné, après la bataille de la Marne, à faire des attaques inutiles et partielles ; mais il le peignit comme ayant une mentalité sûre, quoique lente, et possédant plusieurs qualités d'un grand chef.

Le témoignage de Joffre, sur les mêmes points, différa quelque peu de celui de Messimy ; il ne fut d'ailleurs ni aussi clair ni aussi convaincant. Les questions et les réponses valent d'être citées, ne serait-ce que pour démontrer que sa principale inquiétude semble plutôt avoir été de ne pas admettre une erreur que d'aider la Commission en jetant quelque lumière sur le passé.

En rappelant à Joffre comment, avant 1914, il avait ignoré certains avertissements, le président de la Commission dit :

M. LE PRÉSIDENT. — Il nous a été expliqué que le plan de concentration tel qu'il était organisé et tel qu'il avait vu le jour, avait soulevé les critiques de plusieurs membres du Conseil supérieur de la Guerre et notamment des généraux Ruffey et Galliéni, parce que ce plan ne prévoyait pas l'hypothèse de l'invasion par la rive gauche de la Meuse, spécialement par Lille.

M. LE MARÉCHAL JOFFRE. — Cela m'étonne beaucoup, étant donné qu'à l'État-Major nous avons toujours eu cette idée de l'attaque par là.

---

1. C'est à dessein que je ne touche pas à l'allégation qu'une augmentation des réserves aurait rendu inutile la loi de trois ans.
Voir général Percin, *1914*.

M. le Président. — Je n'ai pas eu cette impression à la lecture de votre note puisque, même en faisant état de la variante, le plan 17 situe l'extrême gauche de l'armée française à Hirson. Cela ne répond donc pas aux idées qui avaient été soutenues par le général Maitrot et par le général Michel, qui donnaient un rôle extrêmement actif non seulement à la place de Maubeuge, mais à celle de Lille, voire même à la place de Dunkerque.

Il nous a été expliqué précisément qu'au moment où vous avez soumis ce plan au Conseil supérieur de la Guerre, le général Ruffey et le général Galliéni avaient fait observer qu'il était inquiétant, parce que, de façon indiscutable à leur sens, l'invasion de la France se ferait par un mouvement tournant à très large envergure de l'armée allemande, mouvement tournant intéressant Lille, peut-être Dunkerque.

Vous rappelez-vous les observations des généraux Ruffey et Galliéni ?

M. le maréchal Joffre. — Je n'en ai pas le souvenir, mais je ne dis pas qu'ils ne les aient pas faites.

M. le Président. — Au moment même de la discussion de la loi de trois ans, et j'en ai très bien le souvenir, des observations vous ont été présentées sur l'hypothèse de l'invasion par la Belgique, sur le grand mouvement qui, en fait, a été exécuté. Est-ce que cela ne vous a pas amené à certaines réflexions sur le plan 17, peut-être insuffisamment prudent ?

M. le maréchal Joffre. — Tout cela est tellement vague que je ne puis vous répondre.

Le témoignage de Joffre à l'égard des réserves manqua également de précision. Il fut, en effet, forcé d'avouer qu'il avait donné des ordres permettant une réduction. Mais lorsqu'il donna à entendre que toutes les réserves furent utilisées, on lui présenta les chiffres, preuve irréfutable qu'au début de la guerre les dépôts étaient encombrés de réservistes et que, de plus, il n'y avait aucune provision de fusils pour eux, la seule réponse de Joffre fut : « Je n'oserai pas vous contredire : Je ne dis ni oui ni non. »

Les efforts de la Commission pour découvrir les auteurs du plan d'opérations furent également infructueux. Personne ne semblait vouloir prétendre à cette distinction. Le témoignage de Joffre, s'il ne nous éclaire pas, est tout au moins curieux :

M. LE PRÉSIDENT. — Le plan d'opérations a-t-il été discuté au Conseil Supérieur de la Guerre ?

M. LE MARÉCHAL JOFFRE. — Non, ce n'est pas l'affaire du Conseil Supérieur de la Guerre.

M. LE PRÉSIDENT. — Comment alors était élaboré ce plan d'opérations ?

M. LE MARÉCHAL JOFFRE. — Le plan de concentration est fonction du plan d'opérations.

M. LE PRÉSIDENT. — Par qui était élaboré le plan d'opérations ?

M. LE MARÉCHAL JOFFRE. — Par l'État-Major de l'armée, sous ma direction.

M. LE PRÉSIDENT. — Le général de Castelnau a déposé que comme sous-chef d'État-Major il avait ignoré ce plan d'opérations.

M. LE MARÉCHAL JOFFRE. — Je ne puis pas vous le dire.

M. LE PRÉSIDENT. — Qui élaborait le plan d'opérations et qui collaborait avec vous à ce travail si le premier sous-chef d'État-Major n'y participait pas ?

M. LE MARÉCHAL JOFFRE. — Mes souvenirs sont trop imprécis pour vous répondre. Si le général de Castelnau vous a dit qu'il l'ignorait, c'est qu'il en était ainsi.

M. LE PRÉSIDENT. — J'ai revu ce matin sa déposition, parce que ce détail m'avait frappé et je tenais à vous poser la question.

M. LE MARÉCHAL JOFFRE. — Je ne me souviens pas.

M. LE PRÉSIDENT. — Qui donc a participé à l'élaboration du plan d'opérations ?

M. LE MARÉCHAL JOFFRE. — Je ne me souviens pas.

M. LE PRÉSIDENT. — Il semble que vous pourriez

vous souvenir des officiers avec lesquels vous avez travaillé : c'est là en effet quelque chose qui a dû vous demander beaucoup de soucis.

M. LE MARÉCHAL JOFFRE. — Mais tout l'État-Major y a participé. Un plan d'opérations, c'est une idée qu'on a dans la tête, mais qu'on ne met pas sur du papier.

L'examen se poursuivit pendant quelque temps sur ce point sans plus de résultat jusqu'à ce que Joffre eut finalement déclaré : « Vous me demandez là un tas de choses auxquelles je ne peux répondre. Je ne sais rien. »

Mais ce qui arriva effectivement est beaucoup plus clair. Quand la guerre survint, le grand État-Major adhérait toujours fermement à la doctrine proclamant qu'il fallait persister dans une offensive, même si elle était basée sur des renseignements incomplets. Une avance mal conseillée fut faite et le premier résultat pratique de ces enseignements commença à paraître. Selon Hanotaux (qui peut être considéré comme l'historiographe officiel du G. Q. G.)[1] des charges insensées à la baïonnette furent lancées contre l'ennemi à une distance d'un mille sans préparation d'artillerie et l'esprit mal réglé de l'offensive fut une des causes des revers français.

Mais le Grand État-Major, malgré les faits qui convainquaient tout le monde, se cramponnait néanmoins à sa fausse prévention.

En avril 1914, le général Lanrezac avait été nommé à la succession de Galliéni (atteint par la limite d'âge) au Conseil Supérieur de la Guerre et, le mois suivant, il reçut un ordre lui donnant le commandement de la Ve armée en cas de guerre. C'était cette armée qui, selon le Plan XVII, formait la gauche française.

---

1. Voir *Rapport de la Commission sur la Métallurgie en France*, IIe partie, p. 41, note 2.

Lanrezac fit tout son possible pour amener Joffre à lui donner le commandement de la Ire armée (l'armée des Vosges) en motivant que, comme il en avait été le chef d'État-Major pendant cinq ans, il connaissait à fond ce théâtre d'opérations. Quand Joffre refusa, il se mit à étudier la situation dans le Nord. Il arriva bientôt à la conclusion que les Allemands violeraient effrontément la neutralité belge et, tirant parti de cet acte, arriveraient par la rive gauche de la Meuse.

Après que Lanrezac eut pris le commandement de la Ve armée en août 1914, il découvrit certaines indications qui confirmèrent son jugement. Il était persuadé que la droite allemande était plus forte que ne le prévoyait le Plan XVII et qu'elle comptait exécuter un mouvement tournant par la rive gauche de la Meuse. Le 7 août il envoya son chef d'État-Major communiquer cette opinion à Joffre, mais la seule réponse qu'il reçut fut que la responsabilité d'arrêter un mouvement tournant contre sa gauche ne lui incombait pas. Le 8 août, Joffre donna effectivement l'ordre d'une offensive de toutes les forces unies avec le flanc droit appuyé au Rhin. Le rôle de la Ve armée ne fut pas décidé, mais elle devait se tenir prête, soit pour une offensive, soit pour une défensive vers l'est.

Un autre ordre issu du G. Q. G., le 13 août, montra que Joffre croyait toujours que le danger se trouvait à l'est. Le jour suivant, Lanrezac alla lui-même voir le général en chef pour faire valoir sa conviction qu'une écrasante attaque allemande viendrait de la rive gauche de la Meuse. Joffre répondit : « Nous avons le sentiment que les Allemands n'ont rien de prêt de ce côté-là. » Son chef d'État-Major exprima la même opinion.

Durant toute cette période, l'avis de Lanrezac fut toujours accueilli avec un pareil scepticisme, soit qu'il le fît savoir par quelqu'un de son État-Major, soit qu'il le donnât lui-même à Joffre.

Divers incidents démontrent que le grand État-

Major trouvait que Lanrezac était gênant, tandis que ce dernier trouvait l'État-Major imbécile et que ni l'un ni l'autre ne cachaient leurs sentiments respectifs.

Le 15 août, enfin, Lanrezac obtint la permission de se préparer pour l'exécution possible du mouvement vers le Nord sur lequel il avait insisté comme étant une mesure de sécurité nécessaire. Or, même le 16 août, Joffre fut l'auteur d'une proclamation déclarant que l'attaque allemande à travers la Belgique avait lamentablement échoué [1].

Et le général Berthelot, le vrai chef des opérations, téléphonait encore le 18 ou le 19 août à Messimy, Ministre de la Guerre, (qui commençait à s'inquiéter de la gauche) : « Plus nous aurons contre notre gauche, mieux ça vaudra, car ainsi nous aurons plus de chances d'enfoncer leur centre. » Car, ainsi que le découvrit Galliéni, lorsque le 14 août il passa quelques heures au G. Q. G., Joffre et ses subordonnés étaient obsédés par l'idée qu'ils enfonceraient le centre allemand et exécuteraient après un mouvement tournant contre la droite allemande. C'était une idée napoléonienne, mais par sa conception seulement, car elle était basée sur l'ignorance et des renseignements faux concernant les forces et les projets de l'ennemi. La bataille de Charleroi acheva de démolir la stratégie du Grand État-Major et força Joffre à abandonner le Plan XVII. Comme l'a trouvé Sir John French, Joffre fut incapable tout de suite de substituer un autre plan. Il a été dit qu'après ce combat, les Anglais se retirèrent avant les Français, mais maintenant il a été établi définitivement que le contraire arriva.

M. Hanotaux a écrit en effet que l'ordre anglais fut donné le 23 août à cinq heures de l'après-midi et celui de Lanrezac à neuf heures du soir seulement. Mais il a

---

1. En faisant sa déposition devant la Commission sur la Métallurgie, Joffre fut questionné sur cette proclamation. Il donna sa réponse favorite : « Je ne me rappelle pas. » Mais lorsqu'il sembla mettre en doute l'authenticité du document, le Président de la Commission le plaça sous ses yeux.

négligé d'ajouter que, quoique Joffre télégraphiât au Commandant en chef anglais l'avertissant de l'étendue de l'action de von Klück et lui annonçant la retraite française, celle-ci avait déjà commencé à cette heure ; tandis que la retraite anglaise n'eut lieu que le matin du 24 août, après un combat qui dura toute la nuit.

French fut si déconcerté de ce procédé que, lors de la réunion à Compiègne, le 29 août, quand on le sollicita de coopérer à un certain mouvement, il rappela avec chaleur que, quelques jours auparavant, la Ve armée avait commencé à reculer plusieurs heures avant que Joffre ne lui eût annoncé qu'il avait été forcé d'abandonner son plan.

M. Fernand Engerand a écrit, au contraire, que « la retraite des Anglais ne précéda pas la nôtre mais la suivit. La loyauté nous commande de le dire et d'admettre aussi que dans les batailles de la frontière, l'armée britannique que son chef avait mise sur la défense fut la seule, sauf la 1re armée française, qui put retenir l'ennemi. »[1]

M. Hanotaux a néanmoins répété ces rapports inexacts en dépit de diverses corrections. Mais l'éminent académicien ne peut plus être maintenant considéré comme une autorité impartiale sur ce sujet. La Commission de la Métallurgie fit remarquer[2], dans son rapport, qu'il peut être regardé comme l'historiographe officiel du Grand Quartier Général. En cette qualité, il aurait fait un meilleur usage de son temps, s'il avait tenté d'expliquer pourquoi Joffre, qui avertit les Anglais du danger et de la retraite française alors en marche, télégraphia presqu'au même moment (à 4 h. 40 du soir) à Lanrezac en ces termes : « Je vous prie de me faire connaître votre opinion sur la situation et ce que vous comptez faire. Vous êtes d'autre part en relation avec le maréchal French. Comment appréciez-vous

1. Voir *Le Secret des frontières*, par Fernand Engerand, député du Calvados.
2. Voir *Rapport de la Commission sur la Métallurgie*, IIe partie, p. 47.

la situation et quel appui est-il en mesure de vous donner ? »

La Commission sur la Métallurgie[1] conclut avec raison que ces deux messages sont absolument contradictoires et qu'ils donnent lieu à « un point obscur que l'histoire aura à élucider ».

Le grand État-Major reprocha plus tard à Lanrezac d'avoir ordonné la retraite (ce qu'il fit de son propre chef) et d'avoir arrêté la lutte à Charleroi. On peut écarter cette critique en remarquant qu'elle a donné lieu à une controverse qui apparemment ne sera jamais réglée. Les partisans de Lanrezac soutiennent que, par cette action, il évita un autre Sedan, tandis que le Rapport de la Commission sur la Métallurgie déclare sans ambages que « la bataille dite de Charleroi était perdue avant que d'être engagée ; le grand mérite du chef de la Ve armée fut d'avoir osé empêcher qu'elle ne tournât à la catastrophe et d'avoir pris sur lui de rompre le combat à temps pour empêcher l'enveloppement de toute l'aile gauche des Alliés. »

D'autre part, les adversaires de Lanrezac prétendent que la bataille ne fut jamais réellement engagée et qu'il l'évita. Avant la guerre, Lanrezac avait acquis de la notoriété comme professeur d'art militaire. Il était un des oracles de l'armée française, bien que ses théories fussent en contradiction avec la doctrine de l'offensive à outrance à laquelle le Grand État-Major était si attaché. Du reste, comme il a déjà été démontré, il était également en désaccord avec les idées du Grand État-Major au sujet du plan de campagne allemand. Les événements prouvèrent qu'il avait raison et que le Grand État-Major avait tort.

Le 3 septembre, Lanrezac fut relevé de son commandement. La raison donnée par quelqu'un, qui évidemment parlait pour Joffre, fut qu'il n'adhérait pas aux sentiments du grand État-Major, tandis que M. Hano-

1. Voir *Rapport de la Commission sur la Métallurgie*, IIe partie, p. 108.

taux a écrit que ce fut à cause de son manque de liaison avec les Anglais. Il est certain que Lanrezac fit mauvaise impression sur Sir John French avec qui il eut plusieurs conflits fâcheux ; son exclamation, le 29 août, lorsque Haig (agissant sous les ordres de French) ne lui donna pas l'appui qu'il lui avait conditionnellement offert, fut plus qu'irréfléchie [1]. Bien qu'une antipathie existât entre les caractères de Lanrezac et de French, la racine du mal (comme Lanrezac l'a reconnu depuis) fut qu'à son insu French était tenu par ses instructions de ne jamais se placer sous les ordres d'aucun général allié et retenu par l'avertissement qu'il ne pouvait compter sur aucun renfort important ou rapide.

En considérant la cause de Lanrezac, il ne faut pas oublier que M. Hanotaux, lui-même l'apologiste du Grand État-Major, a écrit que depuis le début, le général Lanrezac signala avec insistance le danger d'un mouvement tournant à travers la basse Belgique, mais que le Commandement était déterminé à maintenir sa conception d'une avance contre le centre ennemi.

Or, même si un commandant en chef se trompe dans sa stratégie, il ne peut garder un lieutenant qui tend à discuter plutôt qu'à exécuter ses ordres. Quoique Lanrezac soit un grand et brillant théoricien militaire, il est au moins douteux qu'il ait la capacité voulue pour commander en campagne. Feu le général de Maud'huy a rigoureusement proclamé que Lanrezac avait fait ses preuves à cet égard lorsqu'il commandait la Ve armée en 1914. Il est certain qu'en rompant la bataille de Charleroi, il se montra prêt à accepter des responsabilités. Cette action évita peut-être un grand désastre. Mais il est aussi évident qu'en agissant de

---

1. Quand on lui apporta la nouvelle, Lanrezac s'écria : « C'est une félonie ! » Sans citer ses paroles, Lanrezac avoue lui-même qu'il manifesta sa colère et ajoute : « Naturellement je n'ai jamais pensé que le général Haig, un parfait gentilhomme et un vrai soldat, fût responsable. » Voir *Le plan de campagne français*, p. 231.

cette façon Lanrezac fit preuve de plus de prudence
qu'il n'en avait jamais montrée pendant les premiers
jours de la campagne lorsqu'il pressait Joffre de lui
laisser faire une sortie dans le Nord. Mais il faut ajouter
qu'un membre de son État-Major avec qui j'ai eu
l'occasion de discuter la chose m'a explicitement déclaré
un détail que, bien que les théories préconçues de
Lanrezac fussent certainement justes, il lui donna
l'impression, après les premiers jours de la guerre, d'être
d'un tempérament peu propre à commander en campagne durant une guerre [1].

Le 25 août, Joffre reconnut l'insuccès de son plan et
publia une Instruction générale annonçant qu'il avait
été impossible d'exécuter l'offensive projetée. Il est
regrettable pour sa propre renommée qu'il ait tenté
alors et plus tard d'en rejeter la faute sur ceux qui
avaient fait tant d'efforts pour remplir ses ordres et
qui s'étaient sacrifiés ou avaient été sacrifiés en s'ef-
forçant de mettre le plan du grand État-Major à
exécution.

Tous les généraux en chef et leurs subordonnés ne
furent pas incompétents et on n'eut rien de sérieux à
reprocher aux troupes ; mais la stratégie du Grand
État-Major avait échoué sur tous les points. Et les
efforts faits depuis pour la réhabiliter ont été des plus
faibles.

La majorité des critiques militaires français reconnaissent plus ou moins franchement les principales
erreurs vitales du Plan XVII. Ils trouvent avec raison
que l'Armée française a acquis suffisamment de gloire
par les grands succès stratégiques de la dernière partie
de la guerre. Néanmoins, de temps à autre, des partisans
de Joffre s'efforcent en vain de prouver que le Grand

---

1. En répondant à une question formelle, son chef d'État-Major, le
général Hély d'Oissel écrivit à Lanrezac en décembre 1916, niant qu'il
ait jamais dit que Lanrezac avait perdu la tête et disant que c'était grâce
à ses dispositions stratégiques que la Ve armée fut encore intacte au jour
de la bataille de la Marne.

État-Major ne fut coupable d'aucune disposition défectueuse. Un exemple récent de ce genre fut un article écrit par le général Dupont dans la *Revue Militaire française* [1]. Le résumé de son excuse est que le grand État-Major croyait que la Belgique ferait quelque compromis avec l'Allemagne et que la violation du territoire ne serait que partielle. Il émet plusieurs raisons intéressantes qui maintenaient le Grand État-Major dans cette croyance. Mais il semble ignorer que par là même il confirme au lieu de réfuter l'accusation de l'erreur fondamentale. Le jugement prononcé par le lieutenant-colonel Grouard est beaucoup plus exact lorsqu'il déclare catégoriquement, dans le même numéro de la *Revue militaire française* [2], que « le haut commandement français avait fait preuve d'un défaut absolu de sens stratégique. »

En déposant devant la Commission sur la Métallurgie, Joffre affirma que la bataille de la Marne fut le résultat d'un plan qu'il avait conçu le 25 août. Le rapport du témoignage donné devant la Commission démontre que le Président ne fut pas disposé à accepter cette déclaration. Elle ne semble pas d'ailleurs s'accorder avec les faits connus. Il est incontestable qu'après Charleroi, alors que Joffre avait admis l'abandon forcé de son offensive, Sir John French chercha et chercha en vain à découvrir de lui quel était son nouveau plan. La réponse énigmatique de Joffre à Saint-Quentin, le 26 août, n'était certes pas ce que French avait le droit d'attendre. Tandis que c'est French lui-même, en effet, qui fut le premier à émettre l'idée de prendre position sur la Marne. Le 1er septembre, il soumit une note en y incorporant ce plan qui fut le lendemain rejeté par Joffre sous prétexte qu'il était impraticable vu les conditions à cette date. Dans tous les cas, le précédent nécessaire à la Marne fut la bataille de

1. La *Revue Militaire française*, juillet 1921.
2. La *Revue Militaire française*, juillet 1921.

l'Ourcq, engagée par Galliéni et les troupes qui défendaient Paris.

Ce fut précisément le 25 août, à onze heures trente du matin, que Joffre reçut du Ministre de la Guerre (Messimy) un ordre impératif de détacher trois corps pour la défense de Paris dans le cas où il serait forcé de reculer. Car le Gouvernement, qui avait eu soin jusqu'alors de ne pas intervenir auprès du Généralissime et avait été tenu dans une ignorance complète par celui-ci, commença à craindre pour la sûreté de la capitale.

Cette crainte s'était précisée quand Galliéni eut passé un jour au Grand Quartier Général et que le chef d'État-Major de Joffre lui fit entendre avec mépris que le sort de Paris était de peu d'importance[1] : « Une ville comme toutes les autres. »

M. Maurice Violette, président de la Commission sur la Métallurgie, semblait croire que Joffre n'avait agi que par contrainte en répartissant des troupes pour la défense de Paris, quoique ce dernier persistât à affirmer que cet ordre n'avait en aucune façon influencé sa conduite.

Cette affirmation est en désaccord complet avec le rapport du général Hirschauer (envoyé à ce moment pour rendre visite au Grand État-Major) et qui prétend que l'ordre fut mal accueilli : ce que confirme Messimy. Bien que l'opinion ne soit pas unanime, l'on ne croit pas généralement dans les milieux militaires en France ou ailleurs que la retraite fît partie d'un plan stratégique aboutissant à la bataille de la Marne. Ni la version quelque peu extatique de M. Hanotaux, ni le récit plus sobre publié quelques mois après par le Grand État-Major n'apporte de conviction. Ce récit est un exemple éclatant d'un ouvrage écrit en vue de la postérité[2]. Une autorité française sans préjugé — le lieu-

1. Voir l'article du général Messimy dans *La Revue de Paris*, le 15 septembre 1921.

2. *Quatre mois de guerre*, écrit par l'État-Major français en décembre 1914, à l'usage des représentants de la France à l'étranger.

tenant-colonel Thomasson — a déclaré qu'il n'était
intéressant qu'après le récit de la bataille de la Marne,
le compte-rendu du premier plan de campagne et des
batailles de la frontière étant presque inintelligible et
manifestement prévenu.

Mais dans la période qui s'étendit entre l'écroulement
du Plan XVII et la bataille de la Marne la grande valeur
de Joffre comme généralissime des Armées françaises
fut clairement démontrée. Car si ses erreurs premières
et son entêtement postérieur furent la cause des
désastres qui livrèrent à l'ennemi neuf des plus riches
départements de la France et affectèrent tout le cours
de la guerre, cependant son calme imperturbable
empêcha effectivement une retraite difficile et dangereuse de se changer en quelque chose de plus funeste.

Le général Mangin a écrit que la bataille de la Marne
pouvait fournir assez de gloire pour qu'il en rejaillît
à la fois sur Joffre et sur Galliéni.

Évidemment Joffre ne partageait pas cette opinion.
Car un an plus tard, en 1915, irrité au contraire par le
fait que maintes personnes persistaient encore à en
attribuer le plus grand mérite à Galliéni, il chercha à
fixer le rôle de celui-ci en lui faisant la citation suivante :

« Galliéni, Général, Gouverneur Militaire et Commandant des Armées de Paris :

« Commandant du Camp Retranché et des Armées
de Paris, et placé le 2 septembre sous les ordres du
Commandant en Chef, a fait preuve des plus hautes
qualités militaires :

« En contribuant, par les renseignements qu'il avait
recueillis à déterminer la direction de marche prise par
l'aile droite allemande.

« En orientant judicieusement pour participer à la
bataille les forces mobiles à sa disposition.

« En facilitant par tous les moyens en son pouvoir
l'accomplissement de la mission assignée par le Commandant en Chef à ces forces mobiles. »

Il y a incontestablement peu de générosité dans les termes de cette citation. Mais l'opinion générale va encore plus loin et prétend qu'elle ne dit pas avec justice ou exactitude le rôle joué par Galliéni et que ce fut une tentative avisée de déprécier ce qu'il avait fait. Le seul résultat permanent a été de donner l'impression fâcheuse que Joffre était indûment jaloux de quiconque pouvait partager sa gloire.

Galliéni avait une lettre de service le désignant pour succéder éventuellement à Joffre comme Généralissime. Mais Joffre dit au Ministre de la Guerre qu'il ne voulait pas avoir Galliéni au Grand Quartier Général. Ce dernier fut, par conséquent, laissé à Paris où il n'eut rien à faire ou à peu près. Plus tard, la défense de Paris lui fut confiée et, d'après une conversation téléphonique qu'il eut le 30 août avec Joffre, il conclut que le Commandant en Chef croyait la capitale condamnée.

Galliéni fut indubitablement le premier à apercevoir l'occasion d'arrêter l'ennemi. En 1920, M. Poincaré révéla que Galliéni, le 3 septembre 1914, le soir, avant de donner à Maunoury l'ordre d'attaquer le flanc allemand, avait télégraphié au Gouvernement à Bordeaux qu'il pensait avoir trouvé une brèche. M. Poincaré ajoute qu'il était, par conséquent, certain que dès le début le Général en Chef des Armées de Paris avait eu une vision nette de la bataille qui s'engagerait [1].

D'autre part, l'Ordre général n° 48 de Joffre (qui arriva à Verdun le 4 septembre) faisait mention d'une reprise de l'offensive générale qui devait s'accomplir « dans quelques jours ». Ceci coïncide avec une plainte attribuée à Joffre disant que l'action de Galliéni l'avait obligé à se battre avant qu'il n'y fût préparé. D'ailleurs, en rejetant la proposition de Sir John French de prendre position sur la Marne, Joffre avait écrit le 2 septembre que, à cause des événements qui s'étaient déroulés pendant ces deux derniers jours il ne croyait

1. Voir *le Matin*, 6 septembre 1920.

pas possible de projeter pour le moment une manœuvre générale sur la Marne avec la totalité des forces [1].

Il est certain que si la bataille de la Marne avait été perdue, Joffre et le Grand État-Major en auraient été blâmés. Aussi est-il manifestement injuste de chercher à les priver du crédit de cette victoire. Mais sans Galliéni, il n'y aurait pas eu de bataille de l'Ourcq ; et sans bataille de l'Ourcq il n'y aurait pas eu de bataille de la Marne [2]. Les faits justifient Clemenceau qui, le 11 novembre 1918, en annonçant l'armistice à la Chambre des Députés, déclara : « Sans Galliéni la victoire aurait été impossible ».

Mais les vrais vainqueurs de la bataille de la Marne furent les soldats français et anglais [3] qui, après avoir pendant des semaines terribles, subi les effets de la fausse stratégie, des préparatifs défectueux, des renseignements imparfaits du Grand État-Major, accomplirent néanmoins tout ce qu'on leur demandait et même davantage.

Von Klück, en expliquant pourquoi il changea la direction de son Armée, fait ressortir cette vérité d'une façon beaucoup plus saisissante que ne le fait aucun écrivain français [4].

Il avait suivi la théorie de Moltke (le cadet),

1. Dans une publication, la lettre dit « Deux jours », dans une autre « Deux heures », mais il me semble que « Deux jours » est la bonne version.

2. Si Joffre et le grand État-Major avaient un plan défini pour livrer bataille en d'autres lieux et qu'il ait été bouleversé par la précipitation de Galliéni, ils ne l'ont, en tout cas, jamais révélé, bien qu'ils aient eu l'occasion officielle de le faire lorsqu'ils donnèrent leur témoignage devant la Commission sur la Métallurgie.

3. A peu d'exceptions près, les critiques français exposent avec justice la part que prit le corps expéditionnaire britannique à la bataille de la Marne.

4. Ni von Klück ni les autres généraux allemands ne semblent avoir une grande considération pour les capacités stratégiques d'aucun général français, sauf Foch. Quant à savoir qui fut responsable de la retraite allemande et à en déterminer la nécessité, voir l'article par le capitaine Kœltz dans la *Revue de Paris*, 15 sept. 1921, où le résumé des témoignages est en faveur de Von Klück contre Von Bülow.

approuvée en effet à un « Kriegspiel » quelques années
auparavant et selon laquelle un camp retranché ne
devait pas être attaqué avant l'écrasement des armées
en campagne. Cependant Galliéni alla contre toutes les
règles du jeu et se hasarda au dehors avant d'avoir été
attaqué. Mais tout en tenant compte de cette surprise,
von Klück dit : « Si vous voulez les raisons matérielles
de notre échec, lisez les journaux du jour ; ils vous
parleront du manque de munitions, d'un commissariat
défectueux : tout cela est exact. Mais il y a une raison
qui surpasse toutes les autres ; une raison qui, à mon
avis, est absolument décisive : c'est l'aptitude extraordinaire du soldat français, aptitude qui lui est
spéciale, de se relever rapidement. Voilà un facteur
qu'il est difficile de traduire en chiffres et qui, par
conséquent, renverse les calculs les plus précis et les
plus clairvoyants. Que des hommes puissent tenir
ferme et être tués, c'est chose entendue, et l'on en tient
compte dans tout plan de campagne ; mais, que des
hommes qui ont reculé pendant dix jours, dormant
sur la terre nue, et à moitié morts de fatigue, soient
capables de saisir leur fusil et d'attaquer quand sonne
le clairon, est une chose sur laquelle nous n'avions
jamais compté. C'était une possibilité dont il ne fut
jamais question dans nos écoles de guerre. »

CHAPITRE III

LA CHUTE DE JOFFRE

Peu après la bataille de la Marne, le Grand Quartier Général fut installé à Chantilly et y demeura tant que Joffre fut général en chef. Le premier de ses nombreux déplacements s'effectua peu de temps après l'arrivée de Nivelle. Joffre fut remplacé en décembre 1916 et cet événement eut des suites qui affectèrent non seulement la conduite de la guerre, mais aussi, d'une façon indirecte, les relations des Alliés. Il serait donc à propos d'examiner les causes qui provoquèrent ce changement ainsi que les incidents qui l'accompagnèrent.

La bataille de la Marne fit oublier pour un moment l'insuccès de la stratégie de l'État-Major Général, et l'on ne se souvint plus de la malheureuse obstination de Joffre dans son erreur sur le plan allemand. La plus fatale des erreurs est de se tromper sur les desseins de l'ennemi, mais c'est aussi celle qui est la plus habituellement commise, et tout autre que Joffre aurait pu en être dupe également. Or, Joffre fit ce que lui seul pouvait accomplir pendant la longue et désastreuse retraite. Un de ses officiers disait de lui « qu'il distillait la confiance et la tranquillité comme d'autres distillaient l'inquiétude et l'agitation ». Et c'est cette qualité qui soutint le moral des soldats de la ligne, lequel étonna si fort von Klück. Mais l'habitude qu'avait Joffre de ne rien dévoiler et son refus de discuter quoi que ce fût étaient encore plus accentués en temps de guerre qu'en temps de paix.

Le matin du 3 août 1914, les généraux des diverses armées françaises furent appelés à la rue Saint-Dominique par le Général en Chef. Après les salutations d'usage, le général Dubail, qui commandait la première armée, se leva et fit remarquer que, pendant l'offensive de son armée contre Strasbourg, il lui faudrait des renforts importants pour couvrir sa droite et son arrière, le long de la rive gauche du Haut-Rhin. Joffre répondit simplement : « Ce plan est le vôtre, non le mien ». Dubail, croyant que Joffre n'avait pas compris, expliqua de nouveau son point. Mais, selon Lanrezac, Joffre, « la figure illuminée par son habituel sourire bienveillant », répondit exactement dans les mêmes termes. Il y eut un moment d'embarras général et la conférence se termina. « Un de mes collègues visiblement ému, raconte Lanrezac, me demanda confidentiellement si je croyais que le général Joffre avait une idée. — Je répondis « Oui » sans hésiter, mais j'étais troublé par des doutes. »

A Chantilly, Joffre était également taciturne et renfermé. Mais les désastres des premières semaines avaient produit leurs effets et on n'entendit plus parler de l'offensive à outrance. Cette doctrine fut définitivement abandonnée et désormais il ne fut plus question de faire précéder l'artillerie par l'infanterie. Au contraire, il fut même spécifiquement déclaré que l'artillerie devrait désormais ouvrir la voie aux attaques d'infanterie. Dans son idée d'ensemble, Joffre paraissait aller d'un extrême à un autre. A Chantilly il ne voulut prendre aucun risque et n'avait foi que dans la guerre d'usure. Il gaspilla un temps précieux et des vies encore plus précieuses à faire de nombreuses attaques partielles et inutiles. Car Joffre était convaincu que la guerre était déjà gagnée et que, pour assurer l'écroulement de l'Allemagne, il n'y avait qu'à laisser le temps faire son œuvre. Quand un certain plan fut proposé, demandant la construction de fabriques de munitions ou d'artillerie, Joffre protesta, disant que, vu que ce travail prendrait près d'un an, il était inutile de l'entreprendre alors que la guerre serait gagnée avant la fin de cette période.

Joffre, dans son attitude vis-à-vis de Galliéni, prouva qu'il n'était pas généreux et peut-être même injuste. Il était jaloux de quiconque pouvait devenir un rival possible et toujours inquiet de se voir supplanter. Quand Castelnau fut nommé major général, Joffre exigea, avant qu'il ne fût envoyé à Chantilly, que ses pouvoirs fussent plus restreints que le gouvernement ne l'avait d'abord proposé. Et, lorsque Castelnau arriva au G. Q. G., effectivement il fut isolé, n'ayant pour ainsi dire rien à faire. Joffre n'accordait même pas au Gouvernement toute sa confiance, et, pendant les opérations de septembre 1914, il écrivit à Galliéni, l'avertissant qu'il ne fallait rien communiquer au Gouvernement, alors à Bordeaux. D'un autre côté il s'arrogeait le droit de correspondre avec les gouvernements alliés indépendemment du gouvernement français, et cette façon d'agir faillit une fois causer de graves difficultés avec l'Italie. Dans la plénitude de son pouvoir, il infligeait des punitions et accordait des récompenses, et ne fut certes pas avare des premières. Le nombre des généraux qu'il a « limogés » est presque incroyable. Mais il est juste d'ajouter qu'il fut toujours impartial, que seules les considérations militaires l'influencèrent, et que jamais il ne tint compte des opinions politiques.

Il était lui-même un républicain déclaré et un franc-maçon que le Grand-Orient félicita lors de sa promotion en 1911. Un Français haut placé dans le monde politique, ami intime de Joffre, qui allait le voir fréquemment à Chantilly, me fit une fois les louanges du Général en Chef en terminant par ces mots : « Et surtout il est bon républicain ». Mais si les amis de Joffre lui savaient gré de cette qualité, lui-même ne s'en souciait guère dans ses rapports avec qui que ce fût, — bien qu'une des chroniques de Chantilly rapporte qu'il se mit en colère un Vendredi-Saint parce qu'il n'y avait pas de viande sur sa table. Il ne chercha pas non plus, comme Sarrail, à exploiter son républicanisme.

Quoiqu'il ne se mêlât jamais de politique, il était,

comme le dit André Tardieu, et comme le découvrirent
à plus d'une reprise ceux qui intriguèrent contre lui,
« un député-né ». Il sut se créer des amis dans le monde
politique et les conserver pour sa protection personnelle. Probablement le plus puissant et le plus actif
de ces amis fut M. Huc, directeur de la *Dépêche de
Toulouse*. Ce journal, par suite de l'étendue de son
influence électorale dans plusieurs départements,
exerce plus de pouvoir sur le Gouvernement du jour
que la plupart des journaux parisiens.

Les membres de l'État-Major de Joffre lui étaient
profondément attachés. Cet attachement fut même
trop ardent et finit par faire du tort à celui qui en
était l'objet. Joffre lui-même ne fut jamais indifférent
à sa renommée. Pendant les mois passés à Chantilly
après la bataille de la Marne, il fut inondé de cadeaux
provenant de tous les coins du globe, tandis que les
lettres de ceux qui le proclamaient le sauveur du monde
ou de ceux qui n'avaient qu'une requête insignifiante
à lui faire arrivaient par milliers. M. de Pierrefeu
raconte que Joffre s'enfermait des heures entières pour
lire ces missives, ce qui semble presqu'incroyable.

Tant que Millerand fut Ministre de la Guerre, Joffre
fut en sécurité. Aucune réclamation contre lui ne reçut
la moindre considération ! Mais, en octobre 1915, Galliéni succéda à Millerand dans le ministère Briand.
Quelques semaines auparavant (le 25 septembre)
Joffre avait fait paraître à l'Ordre de l'Armée la citation peu généreuse et quelque peu déroutante de la
conduite de Galliéni en septembre 1914. Cette citation
fut publiée un an après la bataille de la Marne afin de
réprimer les éloges sur la prévoyance de Galliéni qui
continuaient à se répandre au grand mécontentement
de Joffre. Mais, parvenu au Ministère, Galliéni ne fit
jamais preuve de rancune personnelle. Au contraire :
chaque fois qu'il eut l'occasion de parler de Joffre
à la Chambre, ce fut pour le défendre ou le louer. La
première divergence d'opinions entre le Ministre de la

Guerre et le Général en Chef eut lieu en décembre 1915, au moment où le colonel Driant fut, sur sa propre demande, entendu par la Commission des Armées de la Chambre des Députés. Driant était à la fois soldat de carrière et député de Nancy. Il était de plus le gendre du général Boulanger. Il fit savoir à la Commission que la région de Verdun, où il commandait un secteur, n'était aucunement préparée pour résister à la moindre attaque. La Commission communiqua cette étonnante déclaration à Galliéni qui en fut d'autant plus ému qu'il connaissait la valeur de Driant. Le 16 décembre, il écrivit à Joffre, disant que le Gouvernement avait été prévenu que dans certaines régions, entre autres Verdun, les travaux de défense n'avaient pas encore été accomplis. Il demanda d'être assuré que, sur tout le front, deux lignes au moins avaient été complétées en même temps que renforcées de fil barbelé et d'autres obstacles. Le 18 décembre, Joffre répondit que les ordres avaient été donnés le 22 octobre, que leur exécution avait été constamment surveillée, et qu'aux endroits indiqués il y avait trois ou quatre lignes successives de défense déjà terminées ou en voie d'achèvement. Ayant donné cette assurance, Joffre se plaignit de ce que le gouvernement attachât foi à de tels rapports, voulut savoir qui les lui avait faits et menaça de démissionner s'il était encore importuné de cette façon. Galliéni écrivit une lettre dont le ton seul aurait dû donner satisfaction à Joffre et l'incident semblait clos. Mais Driant avait raison et Joffre avait tort. Quand, en janvier 1916, Castelnau revint de Salonique, Joffre l'envoya en inspection à Verdun. Il trouva les défenses tout à fait insuffisantes et donna l'ordre qu'un régiment du génie y fût envoyé afin d'y effectuer les travaux nécessaires. Malheureusement les Allemands n'attendirent point, ils attaquèrent le 21 février, et emportèrent tout devant eux. C'est au cours de ce combat que Driant fut tué, pendant qu'il s'efforçait de couvrir la retraite de ses hommes.

Je ne fais allusion à la bataille de Verdun que pour démontrer jusqu'à quel point Joffre en fut affecté.

Par conséquent, il suffit de rappeler ici que le 24 février, après que Joffre, selon son habitude, se fût couché de bonne heure, les nouvelles devinrent de plus en plus graves. Castelnau tenta de voir Joffre, mais l'officier de service refusa de réveiller le Général en Chef. Néanmoins, comme les nouvelles devenaient toujours plus inquiétantes, Castelnau retourna à la villa de Joffre et insista pour le voir. Quand celui-ci eut lu les dépêches, il fut d'accord que Castelnau devait aller immédiatement à Verdun et le revêtit de pleins pouvoirs. Castelnau y arriva le lendemain matin après avoir traversé des scènes qui témoignaient que le désastre grandissant menaçait de devenir une panique, et, après avoir essayé de ranimer la confiance, fit appeler Pétain.

Lorsque les détails arrivèrent de Verdun, le Gouvernement se rendit compte que l'assurance de Joffre, exprimée dans sa lettre, n'avait pas de fondement. Verdun n'était pas fortifié comme il l'avait déclaré. Cette découverte affecta particulièrement Galliéni. Il y trouva confirmée l'opinion qu'il soutenait depuis longtemps : qu'il devrait y avoir un contrôle déterminé sur le Haut Commandement. Le 7 mars, il lut un mémoire à une réunion des Ministres dans lequel il maintenait que des mesures devraient être prises pour restreindre le pouvoir de Joffre et l'empêcher d'usurper les fonctions du Ministre de la Guerre. Briand qui, pour des raisons nationales, désirait retenir Joffre, aurait voulu que Galliéni retirât ce document. Mais celui-ci persista à réclamer qu'on tînt compte de sa recommandation. Quand Galliéni vit qu'il ne pouvait obtenir satisfaction, il donna sa démission. Son successeur fut le général Roques, connu pour être favorable à Joffre.

Il y avait déjà eu nombre d'attaques contre Joffre et toujours ses adversaires poussaient le Gouvernement à limiter ses pouvoirs, sinon à le dépouiller du Commandement suprême. Durant les mois de mars et d'avril 1915, des mémoires anonymes avaient été envoyés à divers députés et à d'autres personnes. Évidemment c'était là un effort concerté pour semer le grain de mécontentement en sol fertile. Mais parfois le jugement des auteurs fut en défaut et leurs compilations tombèrent en mauvaises mains. Ces rapports accusatoires critiquaient Joffre d'une façon injuste à la fois pour ce qu'il avait fait et ce qu'il avait négligé de faire. Ils se plaignaient, en outre, qu'il pût nommer aux hauts commandements sans aucun contrôle du Gouvernement et alléguaient que la plupart de ceux à qui il avait donné des armées n'étaient pas de bons républicains. Ces documents tendaient à affirmer que pour des raisons militaires et politiques il n'y avait qu'un général à qui la République pouvait confier en toute sécurité la direction de la guerre : c'était Sarrail. Le témoignage indirect prouve clairement que ces rapports provenaient de quelqu'un faisant partie de l'État-Major de Sarrail ou qui y était étroitement attaché, bien que M. Mirmeix ait fait remarquer, avec raison, qu'il serait injuste de présumer, en l'absence de preuve, qu'ils furent écrits ou distribués avec la connaissance ou l'assentiment de ce général. Mais ce que les uns répandaient ainsi en secret, d'autres le disaient plus ouvertement. Enfin, dans une lettre à Briand, datée du 18 novembre 1915, M. Léon Accambray, député de Laon, émit les mêmes accusations en y ajoutant un éloge direct à l'égard de Sarrail, ce qu'il répéta plus tard en parlant à la Chambre des Députés. Mais Briand, qui n'a pas son égal en France comme parlementaire persuasif, était résolu à maintenir Joffre. Il usa de son influence sur la Chambre, et accorda, en même temps, quelque satisfaction illusoire en procédant à certains changements dans la composition, non pas du Conseil Supérieur de la Guerre, mais du Conseil Supérieur de la Défense Nationale.

En réalité, ceci ne changea rien à la position de

Joffre dont l'autorité avait été même récemment augmentée. En juillet 1915, il avait relevé Sarrail de son commandement de la troisième Armée. Cette destitution eut lieu après la mise en circulation des mémoires secrets (mars-avril 1915), mais avant la lettre d'Accambray à Briand. Les amis politiques de Sarrail (et celui-ci s'était toujours activement mêlé à la politique) avaient fait tous leurs efforts pour le faire réintégrer, mais Joffre avait tenu bon. Le Gouvernement avait donc décerné à Sarrail, en août 1915, le Commandement de l'Armée d'Orient dont la formation commençait alors. Joffre n'était pas disposé à diminuer ses forces pour envoyer des troupes à Salonique. Selon lui, il était bien imprudent de risquer d'affaiblir le front occidental en envoyant des troupes pour renforcer une telle expédition. En outre, Lord Kitchener, alors Ministre de la Guerre, s'était, à son retour de Grèce, en novembre 1915, positivement prononcé contre le projet de constitution de cette armée. La question devait enfin se décider lors d'une conférence des Alliés le 4 décembre. Briand, à qui l'histoire fera entièrement crédit pour l'expédition de Salonique, fit preuve de son habileté ordinaire. D'un seul et même coup, il s'assura le soutien actif de Joffre à Calais (ce qui l'emporta, sans convaincre Kitchener) tout en calmant ses susceptibilités à l'égard d'une armée indépendante en Orient, car, à la veille de la Conférence, Joffre avait été nommé Généralissime de toutes les Armées françaises, ce qui de nouveau lui subordonnait Sarrail.

Briand put contrôler la situation tant que ce fut une affaire de manœuvre politique contre les amis de Sarrail et contre ceux qui jugeaient les pouvoirs de Joffre trop étendus et sa conduite trop arbitraire. Cependant la position de celui-ci n'était plus la même. Galliéni avait été d'une force invincible, car son témoignage en faveur du généralissime fut celui d'un soldat dont les services imminents et les brillantes qualités étaient hors de doute, qui ne se mêlait jamais de poli-

tique, et qui, on le sait, n'avait guère de raisons pour être
favorable à Joffre ou au Grand Quartier Général. Mais
précisément le fait d'avoir finalement réclamé la réduction des pouvoirs de Joffre et d'avoir démissionné parce que Briand ne le soutenait pas sur ce point, fut ce
qui mina la position de Joffre ; et encore plus qu'il ne
le sembla. Roques n'avait pas une réputation militaire
égale à celle de Galliéni, tandis que son amitié pour
Joffre fut plutôt une source de faiblesse à la Chambre
jusqu'au moment où le rapport favorable qu'il fit de
Sarrail (dont il avait inspecté l'armée à la demande
des Alliés en novembre 1916) fit taire les amis de ce
dernier.

Néanmoins, il est probable que Briand aurait pu
maintenir Joffre, si la bataille de la Somme n'était pas
survenue. Car c'est un fait curieux que les effets accu-
mulés de Verdun et de la Somme furent (quoique pour
des raisons bien différentes), d'un côté la relève de Joffre,
de l'autre, celle de Falkenhayn, remplacé par Hindenburg et Ludendorf.

Le désappointement causé en France par le résultat
de la bataille de la Somme servit à raffermir le sentiment que le pays ne pouvait continuer à soutenir la
guerre mortelle, mais inefficace dont Joffre était le
protagoniste reconnu. On le blâmait aussi dans certains
milieux du fiasco roumain. L'irritation, soulevée par
l'absence de contrôle effectif sur les opérations militaires d'un pays aidé par les Alliés par des provisions et
des missions techniques, était naturelle. Mais les raisons
qui faisaient agir les Roumains à leur guise étaient
claires sinon évidentes au premier abord, d'autant plus
qu'ils avaient le droit de compter sur l'assistance de
la Russie : or, elle faillit à sa promesse. Dans tous les
cas, il était injuste de tenir Joffre responsable des
événements simplement parce qu'il commandait toutes
les Armées françaises et qu'il avait envoyé en Rouma-
nie le général Berthelot, son bras droit à la bataille de
la Marne.

Cependant, Briand n'avait plus à affronter que des accusations secrètes ou légères. Il devait faire face à des faits et à un courant d'opinion publique soutenu par des hommes tels que Paul Doumer que ses relations intimes avec Galliéni durant le siège de Paris ne rendaient pas favorable à Joffre.

Si Briand avait pu agir comme il avait voulu, il aurait gardé Joffre, tout en diminuant ses pouvoirs, ce qu'il avait toujours été disposé à faire autant que possible. Il est douteux qu'il ait eu, à cette époque, grande foi dans le génie militaire du Généralissime ou dans sa méthode stratégique. Mais il comprenait comme toujours que Joffre avait une valeur sans prix en raison de l'effet que son nom et sa personnalité produisaient sur les Alliés. Il croyait surtout que, si jamais l'unité de commandement était chose praticable, il serait plus facile de le faire accepter aux Alliés avec Joffre qu'avec aucun autre général français. La preuve que cette croyance était bien fondée fut donnée dix-huit mois plus tard, quand la question du commandant unique fut activement discutée. Le Colonel House, représentant le Président Wilson, proposa immédiatement Joffre, bien que celui-ci n'eut pris aucune part à la direction de la guerre durant la campagne précédente. Mais Briand, avec son flair politique, sentit que, cette fois, il ne pourrait couvrir Joffre entièrement. Par conséquent, avant la séance secrète du 28 novembre 1916, il fit son possible pour persuader celui-ci de consentir à abandonner le commandement direct des Armées et d'accepter un autre poste plus ou moins défini. Or, même envers Briand, le plus séduisant des hommes d'État, Joffre fut récalcitrant. Il tenait à garder ce qu'il avait ou n'avoir rien du tout. Il refusa donc de démissionner. Que Briand le destituât s'il le désirait ! Ces entrevues stériles se succédaient de jour en jour, quelques-unes ayant lieu à l'Élysée en présence de Poincaré. Pendant ce temps, la séance secrète continuait. mais il était impossible de faire aucun progrès avant que l'avenir de Joffre eût été fixé. Finalement, le 3 décembre 1916, le général céda. Le jour suivant, Briand annonça à la Chambre des députés que Joffre allait quitter Chantilly pour Paris, qu'un nouveau chef des Armées du Nord et du Nord-Est serait nommé (qui n'aurait pas de contrôle sur l'Armée d'Orient) et que les pouvoirs du Grand Quartier Général allaient être restreints.

Sur cette déclaration, la Chambre accorda au Gouvernement le vote de confiance que demandait Briand.

Un décret présidentiel du 13 décembre détermina, mais d'une façon assez vague, les devoirs futurs de Joffre : « Le général Joffre, commandant en chef des Armées françaises, remplit auprès du Gouvernement le rôle de conseiller technique en ce qui concerne la direction de la guerre. »

D'après ce projet, Joffre conserverait la plus grande partie de son État-Major. Une maison assez vaste avait été retenue à Neuilly et on la préparait pour leur réception. Ceux qui devaient l'accompagner avaient déjà fixé le jour de leur départ de Chantilly. Mais, quoique Briand en vînt à un arrangement avec la Chambre, il avait encore à se procurer l'assentiment du Sénat. La nouvelle de l'installation projetée de Joffre avec son État-Major, contre lequel il y avait eu tant de plaintes, fut mal reçue par Paul Doumer et par ses amis. On crut que Neuilly, ce serait encore Chantilly ; que le Gouvernement n'exercerait pas ce contrôle voulu et que Nivelle, (nommé le 13 décembre pour remplacer Joffre au Commandement des Armées du Nord et du Nord-Est) n'aurait pas cette liberté d'action que le Parlement désirait. Les séances secrètes du Sénat furent tenues entre le 19 et le 23 décembre. Briand comprit la détermination de la majorité. Il assura, par conséquent, le Sénat que Joffre n'aurait plus de pouvoirs indépendants ; et qu'au lieu d'aller à Neuilly, il s'installerait à l'Hôtel des Invalides avec un secrétariat amoindri. Par cette déclaration, il obtint les suffrages.

Briand, dont la situation politique était déjà affaiblie, avait remis sa démission au Président, qui l'avait chargé de former un nouveau Gouvernement. Il composa donc un ministère peu nombreux le 11 décembre. Le général Lyautey fut nommé Ministre de la Guerre. Ce dernier revint du Maroc peu de temps après. Il refusa net de prendre possession de son ministère, parce que dans l'intervalle de sa nomination et de son arrivée, certaines mesures, dont il ne voulait pas se rendre responsable, avaient été prises. Il s'opposa, entre autres objections, à la nomination de Joffre comme conseiller technique du Gouvernement. C'était, selon lui, la fonction naturelle du Ministre de la Guerre ou de ceux qu'il pouvait appeler en consultation.

D'un autre côté, Joffre ne semblait pas satisfait de sa position anormale ; il fit indirectement quelques ouvertures pour s'assurer le bâton de Maréchal de France qui lui avait été tendu comme amorce quelques semaines auparavant par Briand lorsque celui-ci cherchait à obtenir sa démission. On profita de cette démarche et Joffre fut relevé de l'emploi qu'il avait tenu pendant moins de deux semaines. Une des seules choses qu'il eut accomplies fut de destituer Foch sous prétexte qu'il avait besoin de repos. Le 26 décembre, un décret présidentiel nomma Joffre Maréchal de France, le premier maréchal créé par la Troisième République Française.

A partir de ce jour, Joffre n'eut plus aucune part dans la conduite de la guerre.

Il est difficile de juger de l'étendue de ses capacités.

Son calme est aussi légendaire que sa taciturnité. Il dormait d'un sommeil profond pendant les moments les plus critiques. Le regretté M. Étienne, autrefois ministre de la Guerre, et toujours bienveillant envers Joffre, avait pris l'habitude pendant la bataille de Verdun de téléphoner tous les soirs à Chantilly vers onze heures. Inutile de dire que Joffre dormait déjà depuis quelques heures : cette réponse invariable donna toujours satisfaction à M. Étienne. On connaît également cette anecdote : un jour, en août 1914, il déjeunait au Grand Quartier Général britannique avec Sir John French (qui avait vainement tenté de faire causer Joffre sur ses plans), lorsque celui-ci fut soudainement rappelé par la nouvelle qu'une partie de son armée se trouvait dans une situation désespérée : Joffre ne bougea pas et acheva tranquillement son déjeuner.

Mais ces qualités de silence et d'impassibilité qui, à certains moments, furent sans doute précieuses, en d'autres occasions furent peut-être aussi funestes à sa réputation.

Non seulement Joffre était réticent, mais il semble que parler ait toujours été un véritable effort pour lui. Un des collègues de Kitchener au Ministère a rapporté que celui-ci était silencieux à un tel point qu'il semblait lourd sinon stupide, mais, très rarement, il faisait une remarque qui était comme un phare brillant illuminant tout. Le silence de Joffre était plus complet, plus consistant et encore plus lourd. Il est donc difficile de dire s'il renfermait aucune idée créatrice originale. D'après l'impression qu'il donna le 2 août 1914 à Lanrezac et aux autres chefs d'armée, c'est peu probable. Son propre témoignage, devant la Commission sur la Métallurgie, fut lamentable, surtout lorsqu'on essaya de découvrir jusqu'où il était responsable du plan de 1914 et comment il s'était préparé aux éventualités.

Joffre était certainement un personnage formidable. Mais il impressionnait, en partie, parce qu'il ne voulait ou ne pouvait parler, même lorsqu'il aurait pu le faire très raisonnablement. Son refus, ou peut-être son incapacité de le faire, dans ces dernières occasions parut quelquefois à son désavantage personnel ; et souleva un doute quant à l'origine de ce silence : provenait-il en réalité de sa tendance à tenir tout secret, ou du fait qu'il n'avait rien à révéler ?

Il est curieux de comparer avec la façon de parler qui caractérise Foch. Ce qu'il dit, le jour historique de l'assemblée de Doullens, est tout à fait typique : « Heu ! Vous connaissez ma méthode. Heu ! Je colle un pain à cacheter là, puis un là, puis un autre là — le Boche n'avance presque plus. J'en colle encore un. Et le Boche est fixé. On fixe toujours le Boche[1]. »

Cette différence, entre la façon de parler de Foch et celle de Joffre, éclaire aussi la diversité de leurs idées sur la manière de conduire la guerre. Les paroles de Foch décrivent graphiquement sa méthode de tourmenter l'ennemi jusqu'à ce qu'il puisse saisir le moment favorable de l'écraser. Joffre, au contraire, croyait à la guerre d'usure. Il avait une foi absolue dans le harcèlement des Allemands sur le front occidental. En quoi il ressemblait à Sir William Robertson. Mais Robertson était toujours d'avis que la guerre serait de longue durée et n'eut à aucun moment la foi que la victoire était proche — en raison peut-être du nombre de politiciens pervers dans le monde ; tandis qu'avec Joffre une de ses idées fixes était qu'il semblait toujours sur le point de gagner la guerre et que, par conséquent, il était inutile de prévoir ce qui pouvait arriver dans un an ou plus.

On s'aperçut avec le temps que le système de guerre de Joffre serait probablement plus fatal à son pays qu'à celui de l'ennemi et cette conviction amena la chute du vainqueur de la Marne.

1. Quiconque ayant entendu parler feu Sir Henry Wilson remarquera cette singulière ressemblance. Les paroles de Foch traduites en anglais courant sembleraient provenir de Wilson.

CHAPITRE IV

L'OFFENSIVE NIVELLE

« En 1915, nous avons marché comme des enfants, en 1916 comme des vieillards : il faut enfin marcher comme des hommes. »

C'était la phrase courante vers la fin de 1916. Mais pour agir ainsi, c'est-à-dire pour s'écarter de la guerre d'usure, il fallait trouver un successeur à Joffre.

Il fallait, avant de faire ce choix, considérer plusieurs choses dont quelques-unes ne présentaient pas un caractère militaire. En temps de guerre, la Législature française exerce un contrôle beaucoup plus étroit que ne le fait le Parlement britannique. La Chambre des Députés et le Sénat ont tous deux des Commissions aux Armées dont le travail actif ne peut guère être ignoré d'aucun Ministère. En 1916, on concéda des pouvoirs plus étendus à ces Commissions : ainsi quelques-uns des membres devenaient en réalité des inspecteurs ou des délégués aux Armées. Un tel régime est un accord direct avec l'usage qui prévalut pendant et après la Révolution. Il ne sied pas à un étranger de commenter ce système si ce n'est pour dire que les avantages en seraient manifestes, voire tout puissants, s'il pouvait amener les autorités civiles et militaires à s'entendre. Par malheur, c'est rarement le cas. Il en résulte plus souvent une méfiance de la part du soldat et des récriminations de la part des hommes politiques.

Au début de la guerre, Joffre avait tellement réduit les privilèges parlementaires que, plus tard, il y eut presqu'une révolte pour les recouvrer. C'est pourquoi le Gouvernement jugea nécessaire de tenir compte des

sentiments politiques en choisissant un nouveau généralissime.

Plusieurs noms furent ébruités pendant les mois qui
précédèrent la démission de Joffre.

Castelnau, ayant été major-général depuis décembre 1915, aurait dû prendre place dans l'ordre de la
succession. Il est vrai qu'il n'avait pas été l'actif collaborateur de Joffre comme il en avait été question lors
de sa nomination. Mais cela était entièrement dû à la
jalousie mesquine de Joffre qui le gardait désœuvré à
Chantilly ou l'envoyait en missions d'inspection à
Salonique ou à Verdun ; pourtant sa deuxième visite
à Verdun, afin de sauver la situation, fut d'une nature
plus importante. La réputation de Castelnau était des
plus élevées. On se souvenait de lui comme du défen-
seur de Nancy et du vainqueur du Grand Couronné.
Il était estimé dans l'Armée et son nom était devenu
populaire dans le pays. Mais quoiqu'il ne se fût jamais
mêlé activement à la politique (il est aujourd'hui
député), il ne passait pas pour un républicain très fer-
vent. On le savait un catholique pratiquant : et un jour,
faisant allusion à quelques commentaires de la Presse,
il se présenta en riant à Clemenceau sous le nom de
« Capucin botté ». Castelnau pouvait en effet se moquer
de tous propos insinuant que ses croyances religieuses
étaient capables de nuire à l'accomplissement de ses
devoirs militaires. La composition de son État-Major
à Chantilly prouva combien peu il était fanatique : un
chapelain (le Père Pierre de Castelnau, son neveu) et
trois officiers, dont un était Protestant, tandis qu'un
autre était un libre-penseur avancé. Mais la nomination
de Castelnau aurait été fort désagréable aux membres
de l'extrême-gauche, exception faite de Gustave Hervé
peut-être, qui, en une semblable occasion, l'avait
défendu d'une manière chevaleresque. S'ils ne pouvaient avoir Sarrail au Commandement suprême, ils
ne voulaient pas, tout au moins, du « capucin botté ».

Sarrail fut en tout temps une possibilité. Il commandait alors l'Armée d'Orient : mais ses amis politiques faisaient continuellement valoir que sa vraie place était à la tête de toutes les Armées de la République. Sarrail était un général de grand talent, une personnalité énergique mais turbulente. Il se glorifiait par-dessus tout d'être bon républicain. Painlevé a dit qu'il était, en réalité, le seul général républicain. L'on mit en mouvement pour lui plus d'intrigues que pour tout autre, ce qui finit par lui causer du tort.

Sa conduite à la bataille de la Marne, lorsque, pour sauver Verdun, il dépassa presque la mesure de prudence qu'on lui avait accordée, lui donne droit à beaucoup d'honneur et n'est pas assez connue. En Macédoine, il eut, somme toute, moins de succès dans ses opérations militaires. Mais aussi était-il l'un des derniers hommes qu'on aurait dû envoyer pour commander une armée composée de troupes d'Alliés divers. Il se brouilla avec eux bien avant d'attaquer l'ennemi. Sa façon de montrer son mépris pour la religion, ce qu'il se croyait obligé de faire en sa qualité de libre-penseur, offusquait les officiers anglais, qui, s'ils n'avaient pas eux-mêmes de profonds sentiments religieux, étaient cependant pénétrés du respect dû à la religion des autres. De même le continuel étalage de sentiments républicains par un général et son État-Major dont le premier devoir était de gagner des batailles leur fit une mauvaise impression. Sarrail se rendit également impopulaire auprès des Commandements italien et russe.

De plus, Sarrail semblait s'occuper d'intrigues politiques plutôt que de tout le reste. Il n'avait, certes, aucune foi en Constantin ni dans sa parole et était enclin à traiter ce personnage comme il le méritait. Mais de telles manœuvres politiques étaient déplacées chez un général commandant une Armée des Alliés et excitèrent d'autant plus d'appréhension que le caractère violent de Sarrail était bien connu.

Il réclamait sans cesse de nouvelles troupes, bien

qu'il ne semblât pas accomplir grand chose avec le nombre considérable d'hommes qu'il avait déjà sous ses ordres. Il donna ainsi lieu à des plaintes qui se déversèrent avec fureur sur Paris de la part des différents gouvernements alliés. Il fallut bien tenir compte de ces plaintes, car l'Italie et l'Angleterre refusèrent nettement de renforcer l'expédition de Salonique jusqu'à ce qu'ils eussent été complètement rassurés sur l'état réel de l'Armée d'Orient et qu'ils eussent reçu un rapport des actes de Sarrail. C'est alors que Briand convint avec les gouvernements anglais et italien d'envoyer Roques, alors Ministre de la Guerre, à Salonique, pour faire une enquête sur l'ensemble de la situation. Le rapport de Roques fut favorable, et son effet fut renforcé par la prise de Monastir quelques jours après, le 19 novembre 1916. L'Angleterre et l'Italie furent, ou du moins se déclarèrent, contentes ; stipulant seulement que désormais Sarrail devrait se borner à remplir ses devoirs militaires et laisser le soin des affaires politiques à ceux qui en étaient chargés.

Par malheur, les critiques recommencèrent avant qu'il fût longtemps. L'idée était maintenant répandue que Sarrail, se servant de son armée, voulait renverser la monarchie et établir une république en Grèce. Il est probable qu'il n'eut jamais de dessein aussi défini, mais sa conduite en général et ses fréquentes imprudences furent telles qu'il n'y a pas là un grand sujet d'étonnement si ce bruit fut retenu par plusieurs.

En décembre 1916, Lord Bertie qui, au nom du Gouvernement anglais, avait déjà exprimé des remontrances au sujet de Sarrail, fit comprendre à Briand qu'il fallait l'écarter de toute action politique, ajoutant que, quoique Sarrail fût un général français, il commandait une armée alliée.

Cette fois Briand décida de laisser à Sarrail le soin de se justifier. Les premiers ministres anglais, français et italien devaient se réunir en janvier à Rome. Briand somma Sarrail de venir, s'engageant de son côté à ce que son Gouvernement s'en tiendrait à la décision de Lloyd George et de Sonnino.

Sarrail remporta la victoire. Son apparence et sa merveilleuse clarté d'expression produisirent leur effet sur Lloyd George qui se déclara satisfait. Il est curieux que les deux généraux français qui firent le plus d'impression sur Lloyd George avant d'avoir effectivement réussi (car le Premier Ministre est aussi sensible que qui que ce soit au succès) furent Sarrail et Nivelle : tous deux pour la même raison, c'est-à-dire pour leur allure et pour la netteté avec laquelle ils exposaient leur cause et répondaient aux questions.

Quelques mois plus tard, les mêmes allégations étaient faites contre Sarrail et la satisfaction de Lloyd George avait disparu. Mais Painlevé était alors au pouvoir (d'abord comme Ministre de la Guerre dans le ministère Ribot, ensuite comme Président du Conseil) et pour Painlevé, Sarrail était sacré : le seul général républicain. A ce moment la situation était devenue critique en Macédoine, non seulement à cause des plaintes des Alliés, mais aussi en raison des séditions qui avaient éclaté parmi les troupes françaises. Foch voulait envoyer un questionnaire à Sarrail pour tâcher de découvrir la situation exacte. Mais tels étaient les égards de Painlevé pour Sarrail qu'il refusa d'autoriser cette démarche malgré les insistances urgentes de Foch.

Painlevé donna sa démission le 13 novembre, et, le 16 novembre, fut remplacé par Clemenceau. Le lendemain de la réunion du Conseil de Guerre interallié, qui eut lieu le 4 décembre (lorsque les plaintes contre Sarrail avaient été réitérées) Clemenceau se mit à étudier des documents qui se rapportaient à l'Armée d'Orient. Le 7 décembre, Sarrail reçut l'ordre de revenir en France. Aux questions qui lui furent posées à la Chambre, Clemenceau répondit nettement que la discipline avait disparu à un degré tel que l'armée était presqu'en état de dissolution et que, si l'unité du commandement ne pouvait être rendue acceptable aux Alliés en Orient, il y avait peu de chance de jamais les amener à l'agréer sur le Front occidental.

Sarrail possède des talents militaires (quoiqu'il ne les fît pas ressortir à son plus grand avantage en Macédoine), renforcés d'une vigoureuse personnalité. Il y avait tout lieu de croire qu'il serait un des grands chefs à la fin de la guerre. Mais l'impossibilité pour lui de se tenir éloigné de la politique et les intrigues que ses amis menèrent en sa faveur contre ses rivaux supposés, ruinèrent sa carrière.

Il eut néanmoins une autre chance. L'incident est curieux et typique. Pendant les jours sombres de mars 1918, Clemenceau songeait à nommer un Gouverneur de Paris qui, par son énergie, arriverait peut-être à inspirer confiance comme l'avait fait Galliéni en 1914. On lui donna à entendre que le seul général disponible ayant le caractère requis était Sarrail. Clemenceau hésitait. Mais finalement il ordonna que l'offre fût faite à Sarrail : il fut appelé et mis au courant de la proposition.

— Je n'accepterai qu'à une seule condition, fut sa réponse immédiate.

— Laquelle ?

— Que Caillaux soit mis en liberté.

On lui rappela qu'on lui demandait d'accomplir un devoir militaire et qu'il n'avait pas le droit d'exiger comme condition l'accomplissement d'un acte politique pour ne pas dire d'une intervention judiciaire. Mais Sarrail tint bon et, quand, le lendemain, il revint donner sa réponse définitive, il déclara qu'il n'avait rien à ajouter à ce qu'il avait dit la veille. Lorsque ceci fut rapporté à Clemenceau, il demanda combien de temps Sarrail avait à servir avant d'être mis à la retraite.

Le 14 avril 1918, Sarrail fut placé dans le Cadre de Réserve. Il n'avait à cette époque que 62 ans [1].

---

1. Je ne cite pas mon autorité pour cet incident, mais il me fut raconté par l'homme politique qui fit l'offre.

Mais au moment de la retraite de Joffre, Sarrail n'était pas considéré comme un successeur impossible. Toutefois son nom obtint plus de réclame que de réelle considération. Sa querelle avec Joffre et aussi la manière dont ses amis forcèrent plus tard le Ministère à lui donner un autre commandement, augmentèrent l'impression qu'il était d'un caractère difficile. Il y eut un soulagement général, excepté parmi l'extrême-gauche, lorsqu'il fut éloigné de Paris.

Foch fut naturellement considéré comme un successeur probable de Joffre, mais, pour des raisons qui demeurent obscures, des rumeurs persistantes circulèrent, en ce moment, que sa santé était minée et qu'il était trop fatigué pour qu'on lui confiât le haut commandement. La seule chose certaine est que ces bruits étaient mal fondés. Ils furent néanmoins répandus avec une telle persistance qu'ils nuisirent certainement à ses chances de succès. Ses adversaires de l'extrême-gauche n'eurent donc pas la peine de combattre sa nomination. Car pour certains de ces extrémistes Foch était inadmissible, parce que, comme Castelnau, il était un catholique pratiquant.

Pendant les quelques jours de décembre où Joffre fut Conseiller technique, il releva Foch de son commandement du groupe des Armées du Nord. Ceci n'avait d'ailleurs aucun rapport avec la question du commandant en chef, car le même jour, le 13 décembre 1916, le nom du nouveau généralissime fut annoncé. En réalité, la santé de Foch était si peu affectée qu'après avoir organisé la défense de la frontière suisse en janvier 1917, et avoir été en mission plus tard en Italie, il fut nommé par Painlevé, en mai 1917, chef du Grand État-Major. Il garda ce poste jusqu'à ce qu'il prît le commandement des Armées alliées.

La nomination de Pétain fut aussi envisagée comme plausible. En août 1914, Pétain était colonel, il approchait de l'âge de la retraite. Il avait été, à l'École de Guerre, un professeur réputé et passait pour un soldat dévoué à sa profession, s'intéressant à peu de choses en dehors de sa carrière.

Son avancement avait été lent pendant les années de paix, mais il fut remarquablement rapide en temps de guerre. En octobre 1914, il reçut le commandement d'un corps d'armée. Sa brillante action à Vimy, en juin 1915 (ce que les Français appellent la deuxième bataille d'Artois) attira encore sur lui l'attention bienveillante de Joffre qui lui donna plus tard, dans le même mois, le commandement de la IIe armée, où il succéda à de Castelnau, promu alors au commandement d'un groupe d'Armées. Il avait participé à l'offensive de l'automne de 1915 (la bataille de Champagne) mais, pendant l'hiver, son armée semble avoir été dispersée : il était seul avec son État-Major à Noailles, lorsqu'en février 1916 Castelnau le convoqua en toute hâte à Verdun. Là, Pétain ajouta encore à sa renommée. Ses états de services justifiaient donc ses droits au poste de généralissime et le rendaient le digne émule de Foch et de Castelnau.

Sarrail (dont l'esprit semblait sans cesse occupé à soupçonner d'autres généraux) avait quelques doutes sur le républicanisme de Pétain. On dit qu'il avertit Clemenceau contre lui :

— Il n'est pas des nôtres.

— Peu m'importe, pourvu qu'il puisse gagner une bataille, avait riposté Clemenceau.

En effet, Pétain n'était pas censé avoir des opinions religieuses prononcées ou extrêmes au point d'en blesser les susceptibilités de l'Extrême-Gauche. Pourtant, il présentait un autre trait caractéristique, très différent, mais à leurs yeux également répréhensible. Il se souciait peu des hommes politiques et tenait encore moins à leurs visites à son Armée. Lorsqu'ils venaient, il était froidement poli et ne cherchait même pas à leur dissimuler l'ennui que ces visites lui causaient. Également indépendant et réservé, il était incapable de cacher ses sentiments ou de commettre le moindre faux-semblant. Se faisant peu d'amis, il avait, par contre, l'habitude de dire des choses susceptibles de lui attirer des ennemis. Il fit, une fois, à Poincaré, l'observation suivante : « Personne n'est mieux placé que vous, Monsieur le Président, pour savoir que la France n'est ni gouvernée ni commandée. »

Poincaré, naturellement contrarié, répondit :

— Vous plaisantez, mon Général.

— Pas du tout, répondit Pétain.

Il est évident qu'un homme qui exprimait ainsi ses opinions aussi brutalement et d'une façon aussi mordante ne devait pas être apprécié des hommes politiques. Néanmoins, à défaut d'un autre, tout portait à croire qu'il serait choisi : quand soudain, un nouveau nom surgit.

En août 1914, Nivelle était, comme Pétain, colonel, mais colonel d'artillerie. A la bataille de la Marne, où il commandait l'artillerie du 6e Corps, il s'était distingué par la destruction de six batteries allemandes. Promu général de division (le plus haut rang de l'armée française, le titre de Maréchal de France étant une dignité, non un grade militaire), il remplaça ensuite Pétain, d'abord dans le commandement du 32e Corps et plus tard, dans celui de la IIe Armée. Ce fut dans ce dernier poste que son nom devint soudainement connu du public. Les Allemands s'étaient emparés du fort de Douaumont et l'Empereur avait annoncé cette prise au monde entier dans une des allocutions pompeuses qui lui étaient habituelles. Mais, le 15 novembre, ce fort fut repris par le général Mangin qui commandait sous Nivelle. L'exploit fut brillant et eut d'autant plus de renommée que Guillaume s'était vanté à l'extrême de faire entrer ses Brandebourgeois dans ce fort.

Ainsi fut attirée l'attention sur le chef de la IIe Armée. Les sénateurs et les députés qui lui rendirent visite trouvèrent en lui un soldat avec qui ils pouvaient causer. Il n'était ni silencieux comme Joffre ni mordant comme Pétain. Mais ils furent surtout frappés,

comme tout le monde d'ailleurs, de la clarté avec laquelle il expliquait toutes choses : qualité qui rend toujours un soldat cher aux civils. Comme il était protestant, l'extrême-gauche n'avait aucune objection à lui
faire sur le compte de la religion, de plus il s'était toujours tenu à l'écart de la politique. L'opinion parlementaire (de laquelle M. Briand dépendait de plus en plus
à mesure que son gouvernement s'affaiblissait) se con-
centra graduellement sur lui. Finalement, le 12 ou le
13 décembre 1916, Nivelle (dont la mère était anglaise
et dont le grand-père avait été colonel anglais) fut
nommé pour remplacer Joffre. Deux semaines plus
tard, Lyautey, alors ministre de la Guerre, releva
Joffre (comme cela a déjà été raconté) d'une position
mal définie d'où il aurait pu exercer quelque contrôle
sur les opérations. Nivelle était donc en possession du
commandement suprême et si ses pouvoirs n'étaient
pas aussi étendus que ceux de Joffre il n'en était néanmoins responsable qu'envers le Ministre de la Guerre.

Nivelle amena avec lui comme chef de Cabinet à
Chantilly (que le G. Q. G. quitta peu après pour
Beauvais) un officier dont le nom est encore aujourd'hui
peu connu du public, mais qui, derrière la scène, prit
une part importante à des événements d'une succession rapide : ce fut le lieutenant-colonel d'Alenson.
Remarquable par sa taille très élevée, brun au point
d'en être presque noir, maigre comme un squelette,
tel était son aspect frappant. Il était taciturne et dis-
trait dans ses manières, volontaire jusqu'à en être
obstiné, et plein d'un enthousiasme pour ses propres
croyances qui allait jusqu'au fanatisme. Ce fut d'Alenson, et probablement lui seul, qui fut responsable de
cette foi absolue que Nivelle manifesta toujours à
l'égard du résultat de ses opérations et de l'étendue de
leur succès ; aucun de ses généraux, pourtant, ne semble avoir partagé ses opinions sur ce dernier point.
D'Alenson était un mourant comme l'indiquait son
apparence. Il était convaincu qu'en suivant certaines

lignes la guerre serait gagnée et qu'il verrait la victoire avant sa mort. Au lieu de cela, il vit la chute de Nivelle à laquelle il ne survécut que quelques mois.

A Verdun, tout avait réussi à Nivelle : il n'est donc pas étonnant qu'il ait compté sur ceux qui l'avaient alors soutenu pour le seconder maintenant dans la tâche plus importante qu'il était en train d'entreprendre. Il comptait surtout sur Mangin, un des plus grands généraux combattants de la France et qui, bien des années auparavant, avait, avec Marchand, affronté Kitchener à Fachoda. Il lui confia le Commandement de la Sixième Armée, qui comptait 350.000 hommes.

Mais bien que Nivelle possédât le Commandement Suprême, il avait hérité d'un plan d'offensive dont les grandes lignes avaient été dessinées par un Conseil des Généraux Alliés tenu à Chantilly le 15 et le 16 novembre 1916. En conséquence, Joffre, peu avant sa retraite, avait préparé un plan où les Français devaient attaquer entre la Somme et Lassigny et les Anglais entre Bapaume et Vimy. Nivelle, cependant, modifia ce plan, en prolongeant le front de Soissons à Reims ; et ce fut sur cette extension, par une attaque sur le plateau de Craonne qu'il crut pouvoir en quelques heures forcer la position allemande.

Pour exécuter ce plan en entier, Nivelle essaya de persuader Haig d'étendre le front anglais jusqu'à Roye. Celui-ci fit plusieurs objections, et, finalement, Nivelle se rendit à Londres dans l'espoir d'arracher au Cabinet une décision qu'il n'avait pu obtenir de Haig.

Il y réussit pleinement. Lloyd George, ainsi que les autres membres du Conseil de Guerre, furent tous frappés par son apparence, sa confiance et surtout par sa netteté d'expression. Le fait aussi qu'il parlait anglais ne fut pas sans influencer, peut-être inconsciemment, des hommes politiques qui, alors, étaient plus ou moins las de toujours s'en rapporter à des interprètes. Ils citèrent Nivelle comme le premier général français qu'ils aient rencontré voulant bien leur dire franchement ce qu'il comptait faire et pouvant le dire d'une manière compréhensible. Un mois plus tard (le 15 février 1917), Lloyd George, entrant dans une chambre où Berthier de Sauvigny (un des attachés militaires français) s'entretenait avec le colonel Haubrey, leur dit « combien avait été profonde l'impression produite sur le War Committee par le général Nivelle. Sans doute le prestige dont jouissait le maréchal Haig auprès de l'armée et du peuple ne permettrait pas de le subordonner purement et simplement au Commandement français ; mais si le Comité de Guerre reconnaît que cette mesure est indispensable, il n'hésitera pas à donner des instructions secrètes, en ce sens, au maréchal Haig. »

Le 26 ou le 27 février, une Conférence des Alliés eut lieu à Calais. Lloyd George, Haig, Robertson, Briand, Lyautey et Nivelle furent parmi ceux qui y assistèrent. Le résultat de cette assemblée fut un document signé par lequel le Gouvernement britannique reconnaissait le fait que la direction de la campagne à venir devrait être entre les mains du Généralissime de l'Armée française et consentit, avec certaines limitations, à ce que Haig fût, mais pour ces opérations seulement, sous les ordres de Nivelle.

Cet arrangement se compliqua du fait que Haig était maintenant Maréchal (ce qui, dans l'armée anglaise, est un rang et pas simplement une dignité) tandis que Nivelle n'était que Général de Division, grade correspondant à celui de Lieutenant-Général en Angleterre. Toutefois, le document signé, Nivelle ne perdit pas grand temps pour en tirer tout le parti possible. Et le 27 février, il envoya (à l'instigation d'Alenson, paraît-il) une lettre d'instruction rédigée en des termes qui ne pourraient être employés que par un officier supérieur à son subordonné. Le ton de la communication mis à part, Haig n'était pas du tout d'accord sur certaines choses qu'elle contenait : par exemple, qu'il devrait augmenter l'importance de la Mission anglaise au Grand Quartier Général français ; et que Sir Henry Wilson à son retour de Russie (où il était alors en mission avec Castelnau, Lord Robertson et autres) devrait être placé à la tête de cette Mission.

Haig ne se donna pas la peine de discuter le contenu de cette lettre. Il l'envoya simplement au chef de l'État-Major Impérial, Sir William Robertson, en même temps qu'une lettre signée par lui (dont il envoya une copie à Nivelle) dans laquelle il entama de nouveau toute la question de sa subordination aux ordres du Généralissime français.

Il est possible que Haig eût gagné si Briand n'était intervenu ; car Lloyd George, tout en étant contre lui, ne tenait pas à l'exaspérer jusqu'à une rupture. Le Premier Ministre français (à qui Haig ne fut jamais très sympathique) envoya au Gouvernement anglais un message des plus énergiques exigeant que Haig fût contraint de respecter l'accord de Calais et ajoutant que « les tendances répétées du maréchal Haig à se dérober aux instructions qui lui sont données... rendraient illusoire la coopération des forces britanniques et impossible l'exercice d'un commandement unique ».

Les déclarations nettes de Briand provoquèrent la réunion d'un autre conseil, le 13 mars, à Londres, entre le Cabinet de guerre anglais, Ribot, Haig et Nivelle. Comme résultat, Haig signa une lettre disant qu'il acceptait l'accord de Calais, mais stipulant que, sauf pour la période de l'opération dont il s'agissait, l'Armée anglaise et son Généralissime devaient être considérés par Nivelle comme des Alliés et non comme des subordonnés. Les termes de cette lettre démontrent que Haig agissait plutôt par contrainte que selon sa volonté.

Le télégramme de Briand fut cependant involontairement injuste quand il donna à entendre que Haig avait coutume de se dérober à ce qu'il avait entrepris de faire. Il serait absurde de prétendre qu'il n'y eut jamais aucune divergence d'opinion entre Haig et le

Haut Commandement ou le Gouvernement Français. Il y en avait plusieurs. Les hommes d'État français trouvaient que Haig était indûment obstiné parfois parce qu'il persistait à suivre son propre point de vue plutôt que d'adopter le leur. Souvent, on entendit critiquer Haig. Je trouve dans mon journal de 1918 le récit d'une conversation avec un Ministre du Gouvernement français (inutile de dire que ce n'était pas le Ministre de la Guerre) dans laquelle il y avait des remarques énergiques sur le compte du généralissime anglais. Mais même ceux qui ne comptaient pas parmi les admirateurs de Haig ne doutèrent jamais de sa loyauté. Il ne voulait pas être sous les ordres de Nivelle, pas plus qu'il ne désirait l'unité de Commandement jusqu'en mars 1918. Mais il y a tout lieu de croire que, s'il s'opposa à la lettre de Nivelle c'était parce qu'il ne la croyait pas conforme à l'accord de Calais.

Ce service, cependant, fut le dernier que Briand devait rendre à Nivelle. Le 15 mars, Lyautey fit un discours à la Chambre des Députés qui amena la chute du Gouvernement. Il excita d'abord la colère d'un grand nombre de députés en faisant entendre qu'il ne désirait pas mettre en péril la sécurité nationale en révélant certaines choses ; et dans le tumulte qui suivit cette déclaration, il fit encore d'autres remarques qui augmentèrent la fureur de l'extrême-gauche. Incapable de continuer son discours, il quitta la Chambre accompagné de M. Briand. Celui-ci aurait voulu arranger les choses par une explication, mais Lyautey refusa absolument de s'y prêter et donna sa démission. Deux jours après, Briand lui-même démissionnait.

Le monde politique ne fut pas étonné lorsque Poincaré demanda à Ribot de former un Ministère. Ribot, qui fut, en son temps, un des plus grands orateurs parlementaires de la France, est de la même génération que Clemenceau. Sa carrière avait été distinguée ; et il n'y avait pas de parti à la Chambre qui n'eût du respect pour lui. On savait qu'il aimait peu les militaires.

Même on disait assez cruellement de lui qu'il avait encore plus de mépris pour eux qu'il n'en avait pour le reste du genre humain.

Le nouveau Ministre de la Guerre fut Paul Painlevé, dont l'administration est encore aujourd'hui plus discutée que celle d'aucun autre ministre français durant la guerre.

Painlevé[1], membre de l'Académie des Sciences, est le plus grand mathématicien de France, son seul rival ayant été feu Henri Poincaré. Mais personne n'a moins l'apparence d'un homme de science que Painlevé. Simple dans ses manières et dans sa conversation, impulsif, alerte, ardemment attaché à tout ce qu'il croit, il possède en outre quelque chose de quasi naïf dans sa nature. Non seulement il est un très honnête homme, mais il en donne aussi l'impression à un degré remarquable. Ce fut à propos de l'affaire Dreyfus qu'il fit sa première entrée dans le monde politique. La poursuite, ayant entendu parler d'une conversation qu'il aurait eue avec un cousin de Dreyfus, en fit dans le dossier un compte-rendu faux. Painlevé comparut à Rennes où il eut une confrontation dramatique avec l'auteur de cette machination. C'est par cet incident qu'il connut Clemenceau. Pendant des années, ils furent amis politiques. Mais quand Painlevé fut Président du Conseil, Clemenceau l'attaqua si violemment qu'aujourd'hui ils ne se parlent plus. La guerre avait déjà démontré la différence de leurs vues. Painlevé était fermement attaché à Sarrail qu'il considérait comme un général républicain. Ce point laissait Clemenceau indifférent. C'était Painlevé lui-même, je crois, qui avait dit amèrement de Clemenceau qu'il demanderait tout aussi bien l'aide du diable que celle de Dieu pour gagner la guerre : ce qui était vrai.

Mais Painlevé est d'une autre école. Il placerait

---

1. Évidemment il est le seul homme capable de donner une explication intelligible des théories d'Einstein.

probablement Jules Ferry aussi haut que Gambetta parmi les hommes d'État de la Troisième République. Il craint plutôt qu'il ne hait l'Église ; et cette crainte provient de ce qu'elle pourrait empiéter. Toutefois, il n'a rien de l'amertume qui, si souvent en France, caractérise les ennemis du catholicisme.

Painlevé avait été Ministre de l'Instruction publique et des Inventions dans le Ministère Briand d'octobre 1915. Mais quand Briand reconstitua son Cabinet en décembre 1916, il refusa d'y rester. A ce refus il y eut diverses raisons : Painlevé n'approuvait pas l'arrangement fait au sujet de Joffre parce qu'il croyait que ce dernier était encore dans une position où il pouvait intervenir. Mais il a écrit lui-même que la certitude que Briand ne devait pas nommer Pétain comme successeur de Joffre et nommerait sans doute Nivelle fut aussi une des raisons qui lui firent décliner l'offre de rester au Ministère.

Ce fait était bien connu et est en partie responsable de la controverse qui existe encore sur la conduite de Painlevé à l'égard de l'offensive Nivelle. En résumé, les amis de Nivelle allèguent que Painlevé, par ses entrevues avec divers généraux, ébranla la confiance en Nivelle ; qu'il arrêta l'offensive ; que ses rapports au sujet des pertes subies furent inexacts ; et finalement que, si on avait permis à Nivelle de continuer l'offensive, le succès en aurait été plus grand. Ses partisans, plus enthousiastes, vont encore plus loin et affirment que la guerre aurait été gagnée en 1917 au lieu de 1918.

Il est indéniable qu'il existe maintes objections contre un Ministre de la Guerre demandant, à la veille d'une grande offensive, aux lieutenants du Généralissime de faire la critique du plan de ce dernier. Mais il faut ajouter aussi qu'en cette circonstance ce ne fut pas Painlevé, mais Lyautey, — Lyautey, soldat et non civil —, qui avait commencé à questionner les généraux commandant sous Nivelle. Pétain, lorsqu'il fut interrogé, ne dissimula pas qu'il ne pouvait prévoir le grand succès que Nivelle escomptait avec tant de confiance. Lyautey fut tellement impressionné par cette déclaration qu'il la communiqua au Comité de la Guerre. Celui-ci convoqua Pétain qui répéta purement et simplement ce qu'il avait dit à Lyautey. Pétain n'était pas le seul non plus à ne pas partager la foi de Nivelle : Mazel, qui commandait la IIIe Armée, avait aussi dit à Lyautey (on ne sait s'il le fit de lui-même ou en réponse à des questions posées par le Ministre) qu'il ne croyait pas qu'il serait capable d'exécuter avec succès la partie de l'opération qui lui était assignée.

L'accusation suivant laquelle Painlevé aurait divisé le haut commandement est anéantie. La critique de Pétain, sur le plan de l'offensive, est celle qui eut le plus de poids et reçut le plus de considération : et cette critique avait été faite avant que Painlevé ne fût au Ministère. Lorsque Painlevé succéda à Lyautey, celui-ci lui raconta ce qui était arrivé et, selon Painlevé, ne lui cacha pas qu'il était lui-même inquiet.

En outre, immédiatement avant que Painlevé ne devînt Ministre de la Guerre, eurent lieu deux événements qu'il pouvait raisonnablement croire susceptibles d'influencer les plans du haut commandement.

La révolution en Russie ayant provoqué l'écroulement de l'armée russe, il était probable que l'Allemagne serait en état de renforcer le front occidental. De plus, une partie essentielle du plan original avait été que la Russie attaquerait en même temps que l'Angleterre et la France [1].

L'autre événement fut le recul sans entrave des Allemands. En effet, le 16 mars, eut lieu leur fameuse

1. On a dit (voir *Nivelle et Painlevé*, par M. Mermeix, pp. 67-68), et je le crois, que l'attention de Painlevé avait été attirée sur ce point par un mémoire établi par son Chef de Cabinet, le colonel Heilbronner. M. Jacques Heilbronner, qui est maître des requêtes au Conseil d'État, rendit de précieux services durant toute la guerre, surtout comme intermédiaire entre les chefs du pouvoir. On peut dire que, tout en se rappelant qu'il était Français, il n'oublia pas que son grand-père avait été sujet britannique.

retraite : ils quittèrent alors Roye, Lassigny et Bapaume, emportant avec eux toute leur artillerie lourde et le reste de leur matériel sans avoir été pressés de le faire par aucune attaque. En retour, ils laissaient aux Alliés une étendue de territoire dévastée et rendaient nulle d'avance une grande partie de l'offensive projetée.

Trois jours après son arrivée à la rue Saint-Dominique, le 22 mars, Painlevé eut une longue conversation avec Nivelle. Selon son propre récit, il déclara ouvertement à Nivelle (ce que celui-ci savait déjà) que, personnellement, il aurait préféré voir Pétain comme successeur de Joffre, mais que cela appartenait au passé, et que, comme Ministre de la Guerre, il soutiendrait Nivelle autant qu'il pouvait.

Quiconque connaît Painlevé croira facilement qu'il fut absolument franc dans son entrevue avec Nivelle.

Le Ministre demanda alors au Généralissime si, (en vue des deux événements auxquels j'ai déjà fait allusion), il ne serait pas nécessaire de modifier ses plans.

Nivelle répondit qu'il n'avait jamais sérieusement compté sur l'assistance que les Russes pouvaient apporter à l'offensive, en attaquant sur leur front. Et la possibilité que de nouvelles troupes allemandes fussent libérées de la Russie pour être envoyées au front occidental ne l'alarmait pas davantage. Au contraire, il dit à Painlevé : « Plus ils seront nombreux, plus la victoire sera éclatante. »

Nivelle n'attacha pas non plus une grande importance à la retraite allemande, bien qu'il eût, en conséquence, le 15 mars, étendu son front d'attaque au-delà de Reims jusqu'à Aubérive.

La vérité est que Nivelle avait été prévenu de cette retraite et n'en avait tenu aucun compte. Dans son rapport du 17 juillet 1917, à la Commission de l'Armée du Sénat, le sénateur Henry Béranger dit : « Le Généralissime était à Londres — les 13 et 14 mars — lorsque les premières indications sérieuses de la retraite vis-à-vis Roye-Lassigny furent signalées par le général Franchet d'Espérey. Lors de son retour à Beauvais, à quatre heures du matin, le 16 mars, le général Nivelle envoya chercher le général Franchet d'Espérey ; il le vit à 1 heure de l'après-midi et lui commanda alors de prendre l'offensive le soir même afin de reprendre contact avec l'ennemi sur tous les points. »

Or, Nivelle avait été averti de cette retraite, non comme ce rapport semblerait l'indiquer le 13 ou le 14 mars, mais dix jours auparavant.

Le 4 mars, après avoir donné une opinion verbale semblable, Franchet d'Espérey avait écrit à Nivelle en ces termes : « L'ensemble de l'information qui a été obtenue depuis quelque temps, démontre que l'ennemi a préparé une retraite vers une nouvelle position située à vingt kilomètres du front actuel. Il semble n'y avoir aucun doute sur l'existence de ce plan de retraite ; les renseignements concordants des prisonniers, la destruction systématique accomplie par l'ennemi dans la zone qu'il doit évacuer, la retraite déjà effectuée d'un nombre d'organisations (États-Majors, parcs d'aviation, etc.) révèlent clairement les desseins de notre adversaire. »

Dans la même lettre, du 4 mars, Franchet d'Espérey avertissait Nivelle que cette retraite s'effectuerait sur un front plus étendu qu'il ne l'avait d'abord pensé ; suggérait qu'il serait, par conséquent, nécessaire de modifier le plan d'offensive à venir ; indiquait que plus tôt une attaque serait lancée, plus il y aurait de chance de surprendre l'ennemi dans ses préparatifs et surtout de saisir son artillerie ; et ajoutait finalement que ses armées à lui (groupe des armées du Nord) pourraient faire l'attaque nécessaire, étant donnés 6 jours d'avis.

Nivelle ne répondit que le 7 mars : il écrivit qu'il ne voyait aucune raison de modifier le plan actuel, car il croyait très invraisemblable que l'ennemi abandonnât volontairement la ligne Roye-Soissons.

La variation est évidente. Le 7 mars Nivelle ne soutenait pas qu'une retraite allemande ne devait pas modifier son plan et ne contredisait pas Franchet d'Espérey sur ce point, déclarant simplement qu'il ne croyait pas qu'une telle retraite aurait lieu.

A Painlevé il déclara qu'il n'y avait pas de différence. Et on raconte (quoique je ne sois pas à même de le garantir) qu'il aurait dit à un groupe d'officiers que, s'il avait pu donner des ordres à Hindenburg, ces ordres auraient été d'accomplir exactement ce qu'il était en train de faire.

Mangin lui-même, qui n'est pas défavorable à Nivelle, mais qui est hostile à Painlevé, dit que Franchet d'Espérey avertit Nivelle le 4 mars et ajoute : « Sceptique, le général Nivelle décida d'abord de ne rien changer à son plan d'opérations. »

Ce ne fut pas la moindre des erreurs de Nivelle.

Au cours de son entrevue du 22 mars avec Painlevé et aux entrevues qui suivirent le 26 et le 31 mars, Nivelle témoigna la plus grande confiance dans son plan. Son but était de faire une rupture en atteignant les troisième et quatrième positions ennemies. Le plan, lui-même, dénué de tous détails techniques, consistait en ce que la VIe Armée (Mangin) attaquerait sur l'Aisne et que la Ve Armée (Mazel) s'emparerait de Brimont. Ces opérations exécutées, la VIe Armée pousserait vers la droite, laissant ainsi une trouée dans laquelle viendrait la Xe Armée (Duchesne), qui forcerait encore plus loin la retraite de l'ennemi.

Nivelle affirmait toujours que la rupture se ferait dans les 24 heures ou tout au plus dans les 48 heures. L'on insinua plus tard que ce temps exact n'avait été mentionné qu'au figuré et que Painlevé avait injustement essayé de clouer Nivelle à cette assertion. Mais à part ce que raconte Painlevé, concernant les diverses occasions où Nivelle déclara qu'une condition vitale de la rupture était le succès obtenu dans ce temps limité, il y a aussi le témoignage de ce que le Généralissime a dit sur ce sujet avant que Painlevé ne vînt au Ministère.

Le 1er mars 1917 (Painlevé devint Ministre le 19 mars), Albert Favre et Maurice Violette, membres de la Commission de l'Armée de la Chambre des Députés, firent un rapport à la Chambre sur les entrevues qu'ils avaient eues au front avec Nivelle et avec quelques-uns de ses généraux : ce rapport cite de Nivelle les paroles suivantes : « Si dans les 24 heures de l'attaque nous ne pouvons saisir tous les canons de l'ennemi, y compris ceux de lourd calibre, tout sera à recommencer et il n'y aura plus qu'à faire cesser la bataille. » Les rapporteurs ajoutent : « Il peut sans doute y avoir quelqu'exagération dans ce délai de 24 heures ; les circonstances, ainsi que nous l'avons fait observer au général Nivelle, peuvent imposer la nécessité d'arrêter avant la troisième position. On peut donc admettre un délai raisonnable de 48 heures ou tout au plus de 3 jours. Si au bout de ce temps la bataille n'est pas gagnée, on peut être sûr qu'elle ne le sera jamais. Tout le monde est d'accord sur ce point. »

Nivelle croyait également en toute confiance que ses troupes atteindraient les troisième et quatrième positions ennemies. Micheler en était moins sûr. Le 24 mars, il écrivit à Nivelle lui faisant part de ses doutes. Ne recevant pas de réponse, il prit sur lui, le 26 mars, de publier une instruction dans laquelle, prévoyant de la résistance sur les deux dernières positions allemandes, il recommandait certaines mesures de prudence. Mais ceci se trouvait si peu en accord avec les plans de Nivelle ou avec ses convictions, que le 1er avril, il ordonna à Micheler de changer son instruction en lui faisant remarquer que, pour obtenir une rupture, le succès des manœuvres dépendait de la surprise causée à l'ennemi par l'arrivée subite des troupes sur les troisième et quatrième positions.

Bref, tout indique que, quelles qu'aient été les erreurs de jugement de Painlevé, il n'eut jamais aucun motif (comme probablement il n'en eut jamais le désir) de forcer Nivelle à s'engager à quelque chose de défini. Aucun général ne fut jamais plus disposé que Nivelle à dire exactement ce qu'il était certain d'accomplir et à fixer le temps voulu pour le faire.

Pendant ce temps, Painlevé poursuivait ses conversations. Sa propre impression était si forte (et Painlevé est un homme dont on discerne facilement les impressions), son manque de confiance en Nivelle si bien connu, qu'il est possible que quelques-uns de ceux qu'il interrogea en eussent été influencés. Mais il va sans dire que les réponses de Pétain n'en furent aucunement affectées.

Le 28 mars, Painlevé eut une conversation avec Micheler qu'il avait prié de venir rue Saint-Dominique. Selon Painlevé lui-même, il fit cette démarche sur les instances répétées de feu M. Antonin Dubost (alors Président du Sénat) qui, à deux reprises, l'avait exhorté à voir Micheler parce que ce général pourrait lui donner des renseignements très importants. Il reste à savoir si ce fut Micheler qui fit le premier pas en demandant à Dubost de persuader Painlevé de le faire venir.

Micheler déclara à Painlevé que la situation était entièrement différente de ce qu'elle était en décembre lorsqu'il avait consenti à exécuter le plan : et il donna des raisons techniques pour soutenir cette opinion. Selon lui, une rupture était hors de question. Si tout allait bien, les troupes pourraient peut-être atteindre Laon, mais ce serait très difficile et coûteux. En réponse aux questions directes que lui posa Painlevé, Micheler dit qu'il lui semblerait dangereux de ne pas faire une attaque, car cela offrirait à l'ennemi une occasion de prendre l'initiative.

Le 1er avril, Painlevé eut une entrevue avec Pétain qu'il n'avait pas rencontré depuis le mois de novembre précédent. Pétain émit l'opinion définitive que l'offensive serait arrêtée à la seconde position ennemie ;

et qu'il était illusoire de s'imaginer qu'elle pourrait aller plus loin. Même pour ce motif, il serait essentiel que les conditions de température fussent favorables et que le bombardement de l'artillerie fût concentré sur les premières et secondes positions. L'opération serait coûteuse, mais elle en vaudrait la peine. Il était de l'avis de Micheler qu'il serait périlleux d'abandonner l'attaque complètement. Néanmoins, si tout allait bien sur le Trentin, il ne craindrait pas de la différer jusqu'à ce que la saison fût meilleure et les jours plus longs.

Le 2 avril, Painlevé vit Franchet d'Espérey à Paris ; ce général avait aussi ses doutes. Il était préoccupé au sujet de la ligne Hindenburg : quelle en était la force réelle ? Le G. Q. G. la croyait sans résistance aucune et susceptible de se rompre au premier choc. Franchet d'Espérey doutait de l'exactitude de cette opinion.

Painlevé avait déjà eu un entretien avec Haig le 24 mars. Il se rendit compte que tout le G. Q. G. anglais désirait faire une attaque aussitôt que possible.

A la suite de ces diverses entrevues, Painlevé convoqua Nivelle à une conférence qui fut tenue au Ministère de la Guerre le 3 avril. Le Président du Conseil, Ribot, Painlevé lui-même, l'amiral Lacaze, Albert Thomas et le Ministre des Colonies, Maginot, furent présents.

A cette conférence, Painlevé exposa à Nivelle les objections soulevées par ses subordonnés. La confiance de Nivelle demeura inébranlable. Il affirma aux Ministres que les deux premières positions seraient prises sans grandes pertes et que les autres seraient aussi enlevées. Il réitéra que la rupture était assurée.

Il est probable que Painlevé aurait été bien avisé, tant pour le bien du pays que pour sa propre renommée, s'il s'était contenté de laisser l'affaire où elle en était : à moins, en effet, qu'il ne fût prêt à prendre la responsabilité de passer outre au Généralissime, ce qui aurait entraîné forcément la démission de celui-ci.

Il avait soigneusement (peut-être trop soigneusement) réuni les opinions des généraux de Nivelle et les lui avait exposées, en présence de ses collègues. Nivelle avait tenu ferme. Donc, à moins que Painlevé ne voulût agir lui-même, il ne lui restait plus rien à faire.

Malheureusement, le colonel (maintenant général) Messimy, un député, qui avait été Ministre de la Guerre en août 1914, présenta à Ribot, le 5 avril, un mémoire qui, disait-il, exprimait fidèlement l'opinion de Micheler. Cette note s'opposait absolument à l'offensive, prétendant que tout en entraînant de grosses pertes elle ne donnerait que peu de résultat et que, dans tous les cas, la saison était peu propice à une telle opération.

Le Premier Ministre crut nécessaire de convoquer le Conseil de Guerre. Ce fut le fameux Conseil de Compiègne, tenu le 6 avril 1917. Poincaré lui-même fut présent, les autres étant : Nivelle, Pétain, Castelnau, Micheler, Franchet d'Espérey, Ribot, Painlevé, Lacaze et Albert Thomas. Il est à remarquer que cette assemblée présenta un caractère bien différent de celle qui avait été tenue trois jours auparavant et où Painlevé avait soumis à Nivelle les opinions de ces généraux. Celle-ci fut un Conseil de Guerre que présidait le Président de la République et où Nivelle et ses généraux furent confrontés.

Painlevé exposa les craintes du Gouvernement, Nivelle répéta ses assertions précédentes, c'est-à-dire, une rupture certaine dans les vingt-quatre heures. Castelnau, qui revenait justement de Russie, avoua qu'il n'avait pas eu l'occasion d'étudier la situation et ne pouvait donc formuler un avis. Franchet d'Espérey réitéra ses doutes.

La déclaration de Micheler provoqua un désaccord entre Nivelle et lui. Toutefois, Micheler ne se prononça pas avec autant de force que le faisait le mémoire de Messimy : il confia plus tard à Ribot que celui-ci avait exagéré ses sentiments.

Pétain, probablement ennuyé par tant de discours, déclara brièvement que c'était une illusion de croire

qu'on pourrait dépasser la seconde position ennemie :
et cela même ne serait possible que si l'attaque était
bien préparée et le temps favorable.

A un moment, Nivelle offrit de démissionner. Les
récits de cet incident varient. Il est probable que l'intention de Nivelle n'était pas sérieuse, certainement le
Gouvernement ne le prit pas au sérieux. La Conférence
se termina sans avoir rien changé, si ce n'est peut-être
d'avoir ébranlé la confiance de quelques généraux de
Nivelle.

A partir de ce moment, le Gouvernement ne fit plus
aucune démarche concernant la prochaine offensive.

L'incident projette une lueur instructive sur les
rapports entre un Gouvernement et un Généralissime
en temps de guerre. Un Gouvernement (et surtout peut-
être celui de la République française) devrait connaître
et approuver à l'avance une opération aussi importante
que l'opération dont il s'agit. Mais une situation délicate est créée, lorsque survient un changement de
Ministère avant l'exécution d'un plan qui a déjà été
accepté même en admettant que les événements extérieurs aient pu modifier la position. Faut-il entamer de
nouveau toute l'affaire ? ou est-ce un legs dont hérite
le Gouvernement ? Mais personne n'est forcé d'entrer
au Ministère si cela entraîne un legs inacceptable. Dans
ce cas, quoiqu'il n'y eût aucune intervention de l'Angleterre, cependant Haig (quelles qu'eussent été ses vues
primitives) et le Gouvernement anglais l'auraient certainement considéré comme un manque de loyauté si
l'offensive, qui avait été convenue en décembre 1916,
avait été abandonnée par le Ministère Ribot en mars
1917.

On peut bien affirmer que Painlevé aurait été plus
logique s'il avait décliné l'offre du Ministère de la Guerre.
Une des raisons qui lui fit refuser de rester dans le
Ministère Briand, reconstitué en décembre, fut (comme
on l'a déjà dit et ainsi que Painlevé lui-même l'a avoué)
qu'il n'approuvait pas la nomination de Nivelle ; il

croyait que les capacités de celui-ci n'avaient pas été suffisamment éprouvées et que Pétain serait plus compétent à ce poste. Mais, si, en décembre, il refusa de faire partie d'un ministère parce qu'il n'avait pas assez de confiance en Nivelle, il se mit sûrement, ainsi que d'autres, dans une fausse position lorsqu'il entra au Ministère de la Guerre au moment où ce général se préparait à lancer une offensive, alors qu'il croyait lui-même qu'elle ne pourrait plus être arrêtée. Car il déclara, plus tard, à la Chambre des Députés, qu'il lui aurait été presqu'aussi impossible de l'empêcher alors que d'arrêter un train allant à toute allure.

Il est inexact, ainsi qu'on l'a déjà dit, d'accuser Painlevé d'avoir commencé les entrevues avec les généraux de Nivelle. Pétain et Mazel avaient déjà fait part de leurs doutes à Lyautey. Mais Lyautey mit Painlevé au courant de l'affaire lorsque celui-ci entra au Ministère ; et Painlevé aurait peut-être été mieux avisé s'il s'en était tenu là : car, qu'un Ministre de la Guerre soit soldat ou civil, ses devoirs sont les mêmes. Il est évident qu'en exerçant ces devoirs, un militaire peut, dans ses rapports avec les soldats, faire sans détriment ce qu'un civil ne pourrait accomplir. Pourtant, Painlevé ne semble pas avoir obtenu beaucoup plus d'information que ce que Lyautey lui avait déjà donné.

Mais si un reproche sérieux peut en somme être fait à Painlevé sur sa conduite, c'est qu'il ne sembla jamais prêt lui-même à assumer aucune responsabilité.

Avait-il l'intention d'arrêter l'offensive en dépit de ce que pensait Nivelle ou de ce que disaient ses généraux ? Évidemment non, ou il ne les aurait pas consultés : ni les uns ni les autres.

Comptait-il arrêter l'offensive, si les généraux de Nivelle le conseillaient ? Impossible de le savoir, car tous, excepté peut-être Micheler dans la note de Messimy, étaient d'avis que l'attaque dût avoir lieu.

Pétain, en qui Painlevé avait le plus de confiance,

déclara nettement que l'attaque, bien que coûteuse, en vaudrait la peine, pourvu que les préparatifs fussent suffisants et le temps favorable : mais qu'il ne partageait pas les prévisions pleines d'espoir de Nivelle quant au résultat. Que pouvait faire de plus Painlevé si ce n'était de communiquer ces opinions à Nivelle, — qui, sans doute, ne les ignorait pas ; à moins d'arrêter l'offensive ou de relever Nivelle de son commandement ?

Mais en tous cas ces renseignements furent transmis formellement à Nivelle lors du Conseil du 3 avril. Quelle justification y eut-il pour ce Conseil de guerre du 6 avril dont Ribot est sans doute responsable ? La seule réponse possible est le mémoire de Messimy. Mais en premier lieu, avant de convoquer un tel Conseil présidé par le Président de la République, la prudence la plus élémentaire demandait qu'on fît venir Micheler et qu'on confirmât ce témoignage secondaire ; d'autant plus que, le 28 mars, Micheler avait déjà discuté toute l'affaire au long avec Painlevé et avait nettement déclaré qu'il croyait dangereux d'abandonner l'offensive. Il parut enfin évident que le mémoire de Messimy ne représentait pas fidèlement les vues de Micheler. Mais s'il l'avait fait, que comptait faire Painlevé ? Allait-il alors arrêter l'offensive ? Sinon, quel était le but du Conseil ? De recommencer toute la discussion ? Mais là, était toute l'erreur.

Le point faible dans la cause de Painlevé est qu'ayant peu de confiance dans l'offensive, tout de même il ne pouvait (ainsi qu'il l'allègue) l'arrêter, ou il ne voulait pas prendre la responsabilité de le faire. Néanmoins, si Nivelle avait renoncé à son plan, Pétain n'aurait-il pas fait de son mieux pour s'entendre avec Haig et Lloyd George ? Mais Nivelle ne voulait pas abandonner son plan ; et Painlevé voulait le résultat sans en accepter le risque.

C'est peut-être aller trop loin que de dire que Painlevé diminua la confiance en Nivelle ; on peut être sûr par exemple que Pétain n'était nullement affecté par les entrevues. Mais il ne fit rien pour la raffermir ; ce qui est certainement un des devoirs d'un ministre de la Guerre.

Il est facile de critiquer dans le vague et plus difficile de dire, d'une manière exacte, même après l'évènement, ce qui aurait dû être fait. J'ai déjà suggéré que Painlevé n'aurait jamais dû entrer au Ministère (bien que je sache qu'à ce moment la Chambre et le pays voulaient tous deux le voir rue Saint-Dominique) lorsqu'une offensive était sur le point de commencer sous un général dont les capacités lui inspiraient si peu de confiance.

Arrivé au Ministère, vu ses opinions, il aurait peut-être dû retarder l'offensive jusqu'à ce que le temps fût plus favorable. Le fait que Pétain approuvait ce procédé aurait dû lui donner confiance ; tout en lui assurant un remplaçant au cas où Nivelle démissionnerait.

Mais bien que Painlevé puisse être critiqué pour les raisons indiquées, il n'y a, comme je compte le prouver, aucune preuve pour affirmer qu'il arrêta l'offensive. Nivelle prit, comme il l'avait dit, le temps qu'il désirait et l'interrompit lorsqu'il comprit qu'il serait impossible d'exécuter une rupture. Il y a encore moins de preuves, à mon avis, pour la légende très répandue que la guerre aurait pu être gagnée en 1917 si Nivelle n'avait pas été arrêté dans son offensive. Je regarde ceci comme une des plus grandes fables de notre époque. Il est vrai que Mangin prétend que, dans certaines circonstances, ce résultat aurait pu être atteint. J'imagine (le passage n'est pas très clair) qu'il entend par là que la méthode de Nivelle aurait dû être continuée. Il faut une certaine témérité de la part d'un civil pour différer d'avis avec un général aussi éminent ; et je n'oserais le faire si je n'étais appuyé d'autre part par des opinions militaires également éminentes.

On raconte un curieux et amusant incident résultant de ce conflit entre civil et soldat. M. Lloyd George était

si déconcerté par toutes les discussions soulevées et par
le gâchis qui semblait en résulter que, lors d'un Conseil
à Paris le 4 mai, il prêcha aux membres du Gouvernement français sur la nécessité des militaires de garder
leurs plans pour eux-mêmes et de ne pas courir de risques en les divulguant aux hommes politiques. En
écoutant ceci, Haig, qui était présent, a dû se demander :
« Saül est-il aussi parmi les prophètes ? »

L'offensive anglaise avait commencé le 9 avril.
L'attaque française, sur laquelle Nivelle avait fondé tant
d'espoir, commença (après avoir été d'abord fixée au
14 avril) à six heures du matin le 16 avril. Le temps était
couvert et en partie à cause de cela il n'y avait pas eu
une préparation d'artillerie suffisante. En un mot,
aucune des conditions précédentes, mentionnées par
Pétain comme essentielles au succès même partiel,
n'eurent lieu.

Mais ce qui peut-être n'avait été prévu par personne
(et certainement pas par Nivelle) et ce qui arrêta
l'avance plus que toute autre chose, furent les mitrailleuses de l'ennemi qui étaient en si grand nombre
qu'elles causèrent de la stupéfaction. Leur tir était
favorisé par la nature du terrain que les Français
avaient à franchir.

Le rapport de Nivelle sur cette première journée
déclare qu'à midi il était évident qu'il y avait une lutte
acharnée à la première position ennemie et il admet
que sur le front partiel de la Ve Armée seulement la
seconde position fut atteinte. Il ajoute : « Nous ren-
controns partout une résistance obstinée. L'ennemi,
afin de remplacer ses mitrailleuses fixées qui ont été
généralement détruites, apporte dans l'action un grand
nombre de mitrailleuses légères dont l'armée allemande
se sert depuis peu et que l'infanterie découvre dans
les abris. »

Bref, le rapport de Nivelle diffère matériellement de
ce qu'il prévoyait avec tant de confiance.

Mangin admet, lui-même, qu'il était difficile pour

son armée d'avancer. Après avoir franchi de 500 à 2.000 mètres, ses troupes furent arrêtées. Elles recommencèrent à marcher pour subir un autre échec. Mangin remarque que la bataille n'avait pas pris la tournure qu'il prévoyait.

Le matin du 17 avril, Nivelle arrêta l'avance de la VIe Armée (celle de Mangin). Il avait compris qu'il ne pouvait plus être question de briser les lignes ennemies.

Le résultat de ces deux journées, comme le résume le rapport du sénateur Bérenger (qui est considéré comme favorable à Nivelle) apparaît ainsi : « Il ressort de cette lecture (c'est-à-dire de tous les ordres donnés pendant cette période) avec une monotonie qui est vraiment tragique, que l'arrêt soudain des régiments qui attaquaient était dû partout à l'usage des mitrailleuses employées par l'ennemi. »

Le rapport de M. Abel Ferry déclare : « Nous n'avions pas hélas ! atteint Laon comme le Haut Commandement en avait caressé l'illusion. Nous n'avions pas enlevé la première position sur tous les points, nous n'avions que rarement empiété sur la seconde et nulle part nous n'avions pris la troisième... Il faut admettre que l'élan de l'infanterie fut comme dans les premiers jours de la guerre, et que la destruction effectuée fut également aussi incomplète. Nos troupes ne furent plus jetées sur des fils barbelés intacts, mais furent lancées sur des mitrailleuses intactes. »

Le plan d'opération fut changé le 22 avril. Mais j'ai l'intention de ne rapporter ici que deux incidents pour illustrer le conflit permanent entre Painlevé et Nivelle

Nivelle projetait une attaque sur Briamont. Painlevé, dans une conversation avec Mazel, conçut une idée (probablement inexacte) des pertes possibles qui en résulteraient. Selon les amis de Nivelle, Painlevé suspendit l'opération. La seule preuve, à l'appui de cette déclaration et qui est d'un poids à arrêter l'attention, est une lettre de Nivelle à Painlevé datée du 30 avril. Dans cette lettre il dit : « Vous m'avez informé hier, 29 avril, à 7 heures, par téléphone, que le Ministère, dans une réunion tenue ce même après-midi, avait décidé de suspendre les opérations de la Ve Armée. N'ayant pas reçu, selon les règlements, une confirmation écrite de cette décision, qui est importante, aussi bien en principe qu'en fait, j'ai l'honneur de vous demander d'avoir la bonté de donner à l'officier de liaison qui porte cette lettre cette confirmation par lettre. »

D'un autre côté, Painlevé nie absolument avoir jamais donné un tel ordre. Il dit spécifiquement que dans une conversation au téléphone qu'il eut avec Nivelle dans la soirée du 29 avril, la seule allusion qu'il fit à l'attaque de Briamont fut d'insister auprès de Nivelle sur la nécessité première de se mettre d'accord avec Pétain, nommé ce jour-là chef de l'État-Major Général avec pleins pouvoirs, parce que ce dernier, selon Painlevé, pensait que Briamont ne serait enlevé que pour être repris immédiatement. Il est regrettable que Painlevé n'ait pas publié la réponse qu'il fit à cette lettre de Nivelle. Il est inconcevable qu'il ait commis l'imprudence jusqu'à laisser sans réponse une telle communication (qu'il admet avoir reçue). S'il n'existe aucune réponse, il doit comprendre ce fait aujourd'hui ; car il se plaint précisément de ce que la lettre de Nivelle ait permis la circulation d'un rapport que le Gouvernement avait téléphoné pour interdire l'opération projetée.

Quelques jours plus tôt, le 22 avril, M. Ybarnegaray, un député qui servait au front, était, sur sa demande, reçu à l'Élysée par le Président de la République à qui il déclara qu'il parlait au nom de son chef, le général Hirschauer, et interprétait en même temps les sentiments des officiers et des hommes de son Corps d'armée ; qu'ils étaient sur le point de recevoir à nouveau l'ordre de recommencer l'attaque de Craonne qui avait été si futile et coûteuse, le 16 avril ; et qu'ils étaient tous fermement convaincus que, à cause de l'insuffisance de la préparation d'artillerie, aussi bien que pour d'autres raisons, le seul résultat serait une grande perte de vies sans beaucoup de résultat.

M. Poincaré fut alarmé d'une déclaration faite avec tant de précision et par une telle autorité. Ce jour-là, Painlevé était absent de Paris. Poincaré prit donc sur lui d'envoyer un message téléphonique à Nivelle pour lui dire qu'il avait été averti par ceux qui seraient chargés de l'exécution de l'opération projetée qu'ils la considéraient comme prématurée et condamnée à l'insuccès.

Painlevé confirma après ce que le Président de la République avait ainsi fait.

Nivelle, naturellement irrité par une telle communication, répondit qu'aucune date n'avait été fixée pour l'attaque. Il demanda à connaître lequel de ses subordonnés avait agi ainsi derrière son dos ; et, en même temps, fit, de son côté, une enquête qui fut vaine.

Que Hirschauer et Ybarnegaray eussent raison de croire ou non qu'un nouvel essai devait avoir lieu a donné lieu à une discussion. Mais ces deux incidents démontrent clairement que l'utilité de Nivelle avait été entravée par tant d'interventions et que son autorité avait été amoindrie.

Le Gouvernement avait montré avant l'offensive qu'il ne le croyait pas à la hauteur de sa tâche ; et, quand eut lieu cette offensive, il n'obtint pas le succès qu'il avait presque garanti à l'avance. Après cet échec, le gouvernement laissa voir encore plus ouvertement qu'il ne mettait aucune foi en lui. Dans ces circonstances, il était aussi clair qu'inévitable que Nivelle devait céder la place à un autre. Le 29 avril, Pétain fut nommé chef d'État-Major général. Selon cet arrangement, Nivelle ne devait prendre aucune initiative excepté d'accord avec Pétain, lequel n'avait eu aucun enthousiasme pour le plan de l'offensive. Pendant deux semaines, Nivelle demeura commandant en chef de nom seulement sans aucune autorité. Enfin, le 15 mai, il fut relevé. Pétain fut promu commandant en chef des armées du Nord-Est et Foch chef de l'État-Major Général.

Dans le désappointement qui fut universellement ressenti en France, devant le résultat de l'offensive de Nivelle, une grande partie des critiques hostiles furent dirigées contre Mangin. Plusieurs légendes circulèrent sur la manière dont il était censé avoir inutilement sacrifié ses troupes. Le fait était (comme Painlevé l'a admis) que les pertes de la VIe armée (celle de Mangin) furent en proportion moindres que celles de la Ve armée (celle de Mazel). Néanmoins, la rumeur populaire semblait désigner Mangin comme victime.

D'après des allégations faites par les amis de Nivelle contre Painlevé, celui-ci aurait été responsable de la relève de Mangin de son armée. Tout le témoignage est contre cette allégation. Il apparaît que Nivelle lui-même aborda le sujet avec Painlevé, le 25 avril ; et, le même jour, demanda au Ministre des Colonies (M. Maginot) de nommer Mangin gouverneur de l'Afrique Occidentale. Il réitéra sa demande à Ribot au cours d'une réunion tenue au Quai d'Orsay, le 28 avril. Dans les deux cas, on lui répondit qu'il était hors de question de songer à envoyer Mangin, quelque peu turbulent, comme gouverneur d'une Colonie où il y avait déjà eu des désordres ; et que, du reste, Mangin n'accepterait pas. Quand sa demande fut rejetée pour la seconde fois, Nivelle proposa que Mangin fût remplacé, en disant que, quoiqu'on ne pût lui reprocher aucune erreur, à tort ou à raison, il avait perdu la confiance de ses subordonnés. Le Gouvernement consentit à faire la démarche que le commandant en chef jugeait nécessaire. Il fut convenu que Nivelle devait informer Mangin de cette décision le lendemain matin, 29 avril ; et que l'arrangement ainsi conclu serait ratifié le même jour par le Comité de la Guerre.

Painlevé y prit part. Le Comité de la Guerre approuva la décision qui venait d'être prise. Dans la soirée du 29 avril, Painlevé le téléphona à Nivelle ; ce dernier répondit qu'il avait informé Mangin de sa destitution « pour les raisons déjà données » ; et aussi que Mangin était alors en route vers Paris pour se mettre à la disposition du Ministre de la Guerre.

Plus tard, dans la soirée, Mangin apparut rue Saint-Dominique. Mais il raconta à Painlevé une tout autre histoire, savoir que Nivelle admettait maintenant qu'il ne pouvait rien lui reprocher et n'insistait plus pour qu'il fût relevé de son commandement.

Painlevé répondit qu'il était alors trop tard. Mais la surprise que lui causa cet incident s'accrut quand, le 2 mai, il reçut de Nivelle la lettre d'usage confirmant sa requête que Mangin fût relevé, mais alléguant un autre prétexte. Au lieu de répéter que Mangin avait perdu la confiance de ses subordonnés (raison qui avait fait agir le Cabinet), Nivelle écrivait en demandant qu'un congé lui fût accordé afin qu'il pût se reposer et ajoutant : « Pendant cette récente offensive, le général Mangin, cédant à l'ardeur d'un tempérament militaire, n'apporta pas dans ses calculs pour la préparation de l'attaque, la méthode et la précision qui sont nécessaires au commandant d'une armée. J'exprime l'opinion que le général Mangin, par ses grandes qualités comme chef, par son caractère, et par le prestige de sa splendide carrière militaire, mérite de recevoir, à la fin de son congé, un nouveau commandement au front. »

Painlevé attira l'attention de Nivelle sur la différence fondamentale entre les raisons données lorsqu'il avait demandé au Gouvernement de relever Mangin et celles inscrites dans sa lettre formelle faisant cette requête. On présume qu'il n'y eut pas de réponse. Mais la raison de ce changement soudain n'est pas difficile à expliquer. L'habileté que possède Mangin d'exprimer ses vues avec vigueur et énergie est bien connue. Il dit à Nivelle avec force ce qu'il pensait de la manière dont on proposait de le traiter. En face de cet homme déterminé,

Nivelle céda, lui permit d'aller trouver Painlevé et de lui dire que les raisons de son déplacement n'existaient plus. Et lorsque finalement, Nivelle fut obligé de signer une lettre demandant sa relève, il crut plus prudent, en raison de son entrevue avec Mangin, d'en modifier ses raisons.

Sans aucun doute, Painlevé, lui-même, pensait que Mangin devrait être destitué. Mais il est clair que Nivelle en prit l'initiative croyant peut-être que ce sacrifice calmerait la tempête soulevée par l'insuccès relatif de l'offensive.

Il reste à considérer si l'offensive ne pourrait être appelée un succès, même si elle ne réalisa pas toutes les prévisions de Nivelle.

Nivelle, lui-même, dit à Painlevé le 19 avril et le répéta à Poincaré, le 28 avril, à l'Élysée, que la bataille était gagnée. Il admit que ses résultats en étaient moins brillants qu'il ne l'avait escompté et que les lignes ennemies n'avaient pas été brisées, mais ajouta que son initiative avait été paralysée. Mangin aussi trouvait que les opérations étaient un succès ; et soutient aujourd'hui qu'elles n'auraient pas dû être abandonnées. Ce n'était pas l'impression générale dans l'armée. Pétain, par exemple, concluait différemment.

Parmi les hommes politiques, le jugement de M. Doumer peut être considéré comme sain et sans préjugé, et sa position de Président de la Commission sénatoriale de l'Armée lui donnait toutes chances d'avoir, de jour en jour, l'information nécessaire pour établir une opinion juste. Il déclara que l'on ne pouvait nier qu'il y eût eu un échec. Cette vue coïncidait avec l'opinion publique.

Nivelle et Mangin ont déclaré que le Gouvernement avait amplifié les pertes et qu'il n'y avait eu, dans la période comprise entre le 16 et le 26 avril, que de 15.000 à 16.000 tués et non 25.000.

Nivelle, dans une note datée le 13 mai, dont Bérenger s'est servi plus tard dans son rapport, porte le nombre de tués à 15.589. Mais la valeur du résumé est anéantie quand l'on voit que ce chiffre implique seulement ceux dont la mort avait été constatée par deux témoins [1]. De plus, si le nombre de prisonniers était déduit du nombre que Nivelle donne des disparus, le nombre des morts, d'après lui, en serait beaucoup plus élevé. Mangin, lui-même, porte à 20.500 le nombre des disparus et il n'y eut que 4.000 prisonniers.

Le G. Q. G. donna, d'abord, les chiffres de 25.000 tués, 96.000 blessés et 4.000 prisonniers pour la période comprise entre le 16 et le 24 avril. Et le Gouvernement, loin de grossir ces chiffres, les réduisit plutôt dans sa déclaration à l'armée, fixant les tués à 20.000. Mais le G. Q. G. changea par la suite plusieurs fois ces chiffres et, en une occasion, abaissa le nombre des blessés jusqu'à 58.000 ; en expliquant que la différence entre ce chiffre et l'original 96.000 provenait de ce qu'on les avait comptés deux fois.

Painlevé donne un total de 117.000, ainsi réparti : 28.000 à 29.000 tués ; 85.000 blessés, dont 5.000 moururent dans les hôpitaux du front ; et 4.000 prisonniers.

De toutes les statistiques contradictoires, celle de M. Abel Ferry semble mériter le plus de considération. Il accepte comme base un total de 102.000 : 17.000 tués, 65.000 blessés ; et 20.000 disparus. Comme il n'y avait que 4.000 prisonniers, ceci augmenterait le nombre de tués à environ 28.000, après avoir admis les déserteurs et les disparus et prenant aussi en considération la déduction de 10 % que Ferry prétend nécessaire sur tous ses chiffres. D'un autre côté, 5.000 des blessés morts dans les ambulances au front entre le 16 et le 25 avril doivent être ajoutés au nombre des tués,

---

1. Il est juste d'ajouter que c'est là le système français et que Nivelle n'en est pas l'inventeur.

faisant ainsi un total de 33.000. Ceci confirme les chiffres de Painlevé.

Le grand nombre de disparus et le nombre, restreint en proportion, des prisonniers, est attribué au fait que les Allemands tuèrent des blessés gisant sur le champ de bataille. Dans le résultat, la proportion du nombre des tués avec celui des blessés fut élevée.

Les gains tangibles à établir en regard de ces pertes sont de 20.000 prisonniers (les Anglais en prirent 20.000 autres) et une avance pas très considérable. Il est impossible de calculer le nombre d'Allemands tués. Ferry semble penser que ces pertes égalaient environ celles des Français. Je crois, cependant, que les chiffres officiels allemands, qui ne sont pas encore publiés, démontreront qu'entre le 1er et le 30 avril, les VIIe et Ire Armées et le Flanc Droit, Division de la IIIe armée, perdirent 50.866 tués et blessés, et 22.219 disparus, formant un total de 73.485. Comme ces statistiques ne correspondent exactement, ni à la période, ni autrement, à celles que citent les Français, il est impossible d'en déduire une comparaison absolue. Mais il semblerait clair que les pertes allemandes furent certainement moindres que celles qu'éprouvèrent les armées sous le commandement de Nivelle.

Pourtant, l'effet d'une grande et non décisive bataille sur le moral des troupes engagées est aussi un facteur dont il faut tenir compte lorsqu'on se prononce sur son résultat.

C'était un fait que Nivelle avait éprouvé une déception amère en voyant ses espérances déçues ; mais c'en était un autre bien plus grave que l'espoir qu'il avait inspiré aux armées fût ainsi anéanti. Avant l'offensive, il avait expressément encouragé l'idée que c'était le dernier grand effort. Les officiers avaient reçu des instructions pour soulever l'enthousiasme de leurs hommes ; et dans ce but, on leur avait communiqué une partie du plan d'opérations. Les mesures diverses prises dans cette direction eurent plein succès. Avant l'offensive, l'optimisme était général. M. Abel Ferry raconte comment le poilu était convaincu que c'était « le dernier coup ».

D'exciter à ce point les espérances des hommes dont un grand nombre combattait depuis vingt mois sur leur propre sol, était un procédé dangereux. La certitude d'une réaction dans le cas où ces espérances ne se réaliseraient pas devait être évidente. Nivelle, lui-même, devait se rendre compte du risque qu'il encourait ; d'autant plus que, le 28 février, il avait écrit au Ministre de la Guerre, exposant en détail la propagande défaitiste qui se répandait alors dans l'armée.

Lorsque ces centaines de milliers d'hommes virent s'évanouir toutes ces promesses de la fin prochaine de la guerre, qu'ils comprirent que tout était à recommencer et qu'il y avait encore devant eux de longs mois de combat, alors il s'ensuivit une démoralisation telle que l'Armée française n'en avait probablement jamais connue. Des bataillons, des régiments et même toute une division se mutinèrent et, refusant d'obéir à leurs officiers, tentèrent de marcher sur Paris.

Le premier soin de Pétain fut de restaurer la discipline et de ranimer le moral des armées — et seule probablement la patience de Pétain pouvait l'accomplir [1].

Mais il en résulta que, pendant plusieurs mois, il fut obligé de rester sur la défensive. Haig avait pensé que l'offensive aurait dû continuer ; et le 4 mai Lloyd George avait solennellement engagé le Gouvernement français à marcher de l'avant. Mais celui-ci promit ce qu'il ne put tenir. Quelques positions importantes à Verdun furent reprises entre août et décembre ; et, le

---

1. Dans une récente interview (publiée dans *Le Matin*, le 21 septembre 1921) Lüdendorf a dit : « Ce que Pétain accomplit en 1917 fut une œuvre magnifique, — plus difficile et plus importante que de gagner une bataille —, la reconstruction morale d'une armée ravagée par une propagande bolchéviste. »

23 octobre, la bataille de Malmaison fut gagnée. Mais pendant la majeure partie de ce temps, pendant que Haig continuait ses vigoureuses opérations, les armées françaises récupéraient des effets de l'offensiveNivelle [1].

1. Depuis que ceci fut écrit, j'ai lu les articles récents de M. Painlevé dans *La Revue de Paris* et la réplique encore plus récente du général Mangin *(Revue de Paris,* 1er mars 1922). A part quelques détails, cette nouvelle phase de la controverse ne change en rien mes vues.

CHAPITRE V

LE COMMANDEMENT UNIQUE

Longtemps avant 1918, il fut apparent que le défaut vital dans les instructions données par Kitchener au maréchal French en avril 1914 était la stricte injonction de ne pas oublier que son armée était indépendante et qu'il ne devait jamais être sous les ordres d'aucun général allié.

La subordination de Haig à Nivelle avait pris fin quand ce dernier fut relevé de son commandement en mai. Le gouvernement anglais ne vit aucune raison de placer ses armées sous les ordres de son successeur Pétain : sa décision fut affermie par le fait que le moral des troupes françaises était sérieusement affecté et que Pétain était plus occupé à le restaurer qu'à entreprendre aucune opération sérieuse. Il y avait aussi une autre raison à laquelle les Français n'attachèrent pas alors grande importance. Les Ministres anglais n'avaient pas été bien édifiés du conflit entre Nivelle et Painlevé. Tout en ne se prononçant pas sur les mérites de cette dispute (ils n'étaient pas non plus unanimes dans leurs vues), les membres du Conseil de la guerre ne pouvaient comprendre comment il était possible de s'attendre à un succès avec de telles frictions et interventions. Lloyd George, qui n'avait jamais été partial envers le soldat, fut impressionné par l'exemple de ce qui en était résulté quand les politiciens voulaient être des généraux ou, tout au moins, voulaient contrôler ces généraux trop strictement. Ce fut à ce point, que, comme je l'ai déjà relaté, Lloyd George prit sur lui de sermonner le gouvernement français (ce qui fut très mal reçu par certains) sur la nécessité de permettre aux commandants de garder leurs desseins secrets.

Il était clair que, combattant en France, il n'y avait qu'un général français pouvant être commandant en chef des forces alliées. A une certaine période, Lloyd George prétendit que l'opinion publique en Angleterre ne permettrait jamais à l'armée anglaise d'être sous les ordres d'un général allié, excepté peut-être pour l'exécution d'un mouvement particulier. Mais comme les événements démontraient la faiblesse d'un commandement dispersé, le premier ministre comprit que l'opinion publique serait forcée de s'incliner devant la nécessité.

A la fin d'octobre 1917, Painlevé, Franklin-Bouillon et Loucheur vinrent à Londres. Quel que fût l'objet de leur visite, la conversation que j'eus avec les deux premiers me donna l'impression qu'ils ne regrettaient pas d'être absents pour quelques jours de la Chambre des Députés, afin d'éluder certaines questions. Il était, en effet, alors évident à tous que le Ministère Painlevé chancelait.

Néanmoins, ce fut lors de cette visite que Lloyd George donna à Painlevé une lettre qui fut la base d'un grand changement. Cette communication, datée du 30 octobre, était en elle-même remarquable. Elle débutait en disant que le fait brutal, qui devait être reconnu, était qu'après trois années de guerre et après les plus grands efforts de la part des Alliés, l'Allemagne demeurait le vainqueur. Après un examen des circonstances, elle concluait que la faiblesse fondamentale des alliés reposait entièrement sur le manque d'unité réelle dans la conduite des opérations militaires. Elle proposa donc la création d'un comité, « une sorte d'État-Major général interallié », qui préparerait des plans de campagne et surveillerait ce qui se passerait. C'était, en pratique, ce qui avait été suggéré par un député français, M. Jean Hennessy, en décembre 1916. Ce plan fut formellement adopté, le 9 novembre 1917, à Rapallo, Caporetto ayant nécessité que l'assemblée des Alliés eût lieu en Italie.

Il fut convenu que le Conseil de Guerre suprême se réunirait chaque mois à Versailles. Les seuls membres permanents étaient les premiers Ministres. Mais il y avait aussi un État-Major de conseillers attachés au Conseil afin de coordonner les efforts des Alliés ; et ils établirent leurs quartiers à Versailles. Les premiers représentants militaires furent Foch, sir Henry Wilson et Cadorna ; le général Bliss fut nommé plus tard pour représenter les États-Unis. Mais Lloyd George avait exigé qu'aucun chef d'État-Major d'aucune armée alliée ne fût éligible, parce qu'il voulait avant tout en exclure Robertson. Donc, le 4 décembre 1917, il fut décidé que Foch demeurerait chef d'État-Major et le général Weygand fut nommé à sa place comme représentant militaire français.

En effet, cela ne changeait en rien les choses, car, à la différence de Robertson et d'Henry Wilson, Foch et Weygand ne faisaient qu'un : ce dernier ayant été jusque-là chef d'État-Major de Foch.

Quoique la formation du Conseil suprême de la guerre fut indubitablement un mouvement dans la bonne voie, cependant le projet n'était pas sans présenter une certaine ambiguïté. La lettre de Lloyd George avait démontré que naturellement le conseil ne pouvait se substituer aux divers gouvernements et ne pouvait que conseiller. Bref, il n'avait aucun réel pouvoir exécutif. Il est probable que le premier Ministre avait toujours eu l'intention que ce Conseil serait comme le premier pas vers l'unité du commandement et qu'il croyait que l'opinion publique en Angleterre serait ainsi préparée à l'accepter. Mais il est regrettable que Painlevé n'ait pas profité de cette occasion pour demander un changement immédiat. Lloyd George ne pouvait faire une telle proposition lui-même, mais il aurait pu s'y rendre. Painlevé a dû comprendre, quelques jours plus tard, la force du sentiment qui existait alors sur ce sujet.

Le 13 novembre, Millerand, qui n'avait pas parlé à la Chambre depuis 1915, posa une question directe sur laquelle il défia le Gouvernement. L'ancien ministre de la guerre dit avec insistance qu'il n'était pas suffisant de promettre l'unité d'action. L'ennemi avait actuellement l'unité de commandement. Tout le monde connaissait le nom de son commandant en chef et la seule manière pour les Alliés d'avoir également une unité effective était de choisir sans tarder un commandant suprême.

Le gouvernement fut soutenu sur cette question, mais, quelques heures après, fut renversé sur un autre vote. Painlevé démissionna et Clemenceau lui succéda.

Dans certains milieux en Angleterre, l'institution du Conseil de Versailles n'était pas en faveur. Et le fait que Sir Henry Wilson en était le représentant anglais, ne diminuait pas ce ressentiment. Wilson, qui, dans la guerre Sud-Africaine, avait été protégé par Lord Roberts, dirigea par la suite le Collège d'État-Major. Il avait toujours prêché que des préparations devraient être faites pour envoyer un corps expéditionnaire sur le continent en cas de guerre. Mais il pensait que le plan, finalement rédigé, était défectueux quant au nombre de troupes et à d'autres égards. Une légende (pour laquelle il est impossible de fournir des témoignages) raconte que, un jour, faisant un cours au Collège d'État-Major, il indiqua une ville sur une carte et dit : « Là, ou à peu près là, Messieurs, est l'endroit où le Corps Expéditionnaire anglais courra le grand risque d'être battu ou cerné. » La place indiquée était Mons. Quand la guerre éclata, il était directeur des Opérations militaires. Dans le courant ordinaire, il aurait dû devenir chef de l'État-Major impérial, mais ce poste fut donné à Sir William Robertson. Il perdit ostensiblement ce droit pour la part qu'il avait prise dans les troubles de Curragh.

Il n'y a pas de doute que l'attitude de Wilson pendant cette crise influença la décision d'Asquith ; et certainement le premier Ministre était content de trouver une raison qui lui permît de passer outre. Il n'avait pas oublié comment, quelque temps avant la guerre, Wilson, en dépit des objections d'Asquith, avait insisté pour lire à une réunion du Comité de Défense impériale, je crois, un mémoire démontrant l'absence de préparation du pays et de l'armée en cas de guerre.

Dans les derniers jours de juillet ou les premiers jours d'août 1914, Lord Haldane, durant son passage fugitif au Ministère de la Guerre, envoya Wilson auprès de l'Ambassadeur de France, M. Paul Cambon, pour lui proposer que la Grande-Bretagne ne donnât qu'un certain appui limité et indirect à la France. Les faits exacts, concernant cet incident, sont encore obscurs, mais ceci a déjà été publié sans que Lord Haldane saisît l'occasion de le nier. D'autre part, dans un récit publié il y a quelque temps dans le *National Review*, M. Léo Maxse raconte comment il était en communication constante avec Wilson pendant ces journées-là ; qu'à un moment ce dernier lui dit que les probabilités de la participation de l'Angleterre aux côtés de la France n'étaient pas rassurantes ; et que ceci, par M. George Lloyd M. V. (maintenant Sir George Lloyd est Lieutenant-Gouverneur de Bombay) amena les chefs de l'opposition, Lord Lansdowne et M. Bonar Law, à écrire une lettre promettant leur appui qui força la main du Gouvernement.

Mais ce que M. Maxse ne dit pas (parce qu'il l'ignorait peut-être), c'est que Wilson était tout à fait pessimiste ce jour-là précisément à cause de cette mission dont l'avait chargé Lord Haldane.

L'offre fut considérée comme peu satisfaisante et fut rejetée par Monsieur Cambon. On peut présumer combien Wilson a dû regretter d'être le porteur d'une telle communication, car il avait toujours été un grand ami de la France et des Français ; convaincu qu'il y aurait un jour une guerre avec l'Allemagne, il avait l'habitude de passer quelques semaines en France tous les ans, explorant le pays, généralement à bicyclette, et étudiant les routes qu'il serait peut-être utile de connaître en cas d'invasion. Cette connaissance fut d'un service pratique pendant la retraite d'août 1914. De plus, Wilson était, avant la guerre, très lié avec plusieurs officiers français et notamment Foch.

Il se trouvait avec French pendant la retraite depuis Mons, et, grâce à son tact, empêcha un désaccord d'éclater entre Galliéni et French juste avant la bataille de la Marne. Le premier semble avoir soupçonné, sans en être sûr, que c'était Wilson qui avait ainsi allégé une situation tendue. Les Français n'oublièrent pas cet incident et (comme il a déjà été dit plus haut), quand Nivelle envoya sa fameuse lettre à Haig le 4 mars 1917, après que la Conférence de Calais lui eût donné le commandement suprême, un des points sur lesquels il insista, fut que Wilson serait attaché aux Quartiers généraux français aussitôt qu'il serait de retour de Russie.

Haig et Robertson, tous deux fortement opposés à l'établissement du Conseil suprême de la guerre, firent part de leurs objections à Lloyd George et les répétèrent à bien d'autres. Il est probable que lord Derby, alors secrétaire d'État pour la guerre et grand partisan de Robertson, ne le voyait pas non plus d'un œil très favorable. Wilson eut de grandes difficultés pour former son État-Major à Versailles. Je me rappelle qu'un jour, avant d'y retourner, après sa nomination, il dit que, si « Edchi Derby » — c'est ainsi qu'il appelait lord Derby — ne lui donnait pas sous peu le personnel voulu, il démissionnerait. Et alors, reprenant courage, il ajouta que, en tous cas « X. » (nommant un certain général) ferait toujours de son mieux pour lui au Ministère de la Guerre pendant que lui-même serait absent.

Je me garderai de jeter de l'huile sur la flamme en répétant à Wilson que, le soir avant, j'avais rencontré

« X » dans un dîner et, qu'après, en discutant la situation, celui-ci m'avait dit que Wilson n'était pas l'homme qu'on aurait dû envoyer à Versailles et qu'il désapprouvait cette nomination. J'ai toujours trouvé que, quoique les militaires se plaignissent des hommes politiques comme intrigants, ils pouvaient en faire presqu'autant de leur côté.

Néanmoins, le Conseil de Versailles fut enfin constitué, mais il ne posséda jamais la sympathie du commandant en chef, ni celle du chef de l'État-Major impérial d'alors. Haig d'instinct le détestait. Robertson sentait que ce serait peut-être le premier pas vers l'unité de commandement qu'il avait toujours qualifiée de « radicale, prématurée et dangereuse ». Le fait est que le seul et unique plan de Robertson semble avoir été d'user les Allemands : tuant des deux côtés, finalement laissant les Alliés avec un surplus. C'était exactement la « guerre d'usure », l'idée fixe de Joffre, celle qui le conduisit à sa chute, quand on comprit que, par ce système, le maximum de vies humaines serait sacrifié et le minimum d'intelligence humaine serait requis.

Il résulta aussitôt de la friction causée par la création du Conseil suprême de la guerre des bruits constants de démissions et de destitutions. Le samedi 29 décembre 1917, un Français bien connu vint un soir à Paris et me dit que Lloyd George avait informé, officieusement, les grands chefs en France qu'il songeait à remplacer Haig par Robertson et Robertson par Wilson. J'obtins la permission de communiquer ceci à Wilson, alors à Versailles ; mais en dépit de la source, ceci me semblait un bruit exagéré, ou bien une déclaration mal interprétée. Car, quoiqu'il fût possible que Robertson fût un jour remplacé par Wilson, il semblait très improbable que Robertson succédât jamais à Haig. C'est donc avec intérêt que je lus par la suite dans le journal du colonel Repington [1] que, le 10 janvier 1918, un Français

---

1. *La première guerre mondiale (trad. Payot, Paris).*

anonyme lui dit à Paris qu'il courait encore un bruit que Haig serait remplacé par Robertson et ce dernier par Wilson.

Dans l'intervalle, Foch et Wilson avaient proposé la formation d'un Comité Exécutif de la guerre. Son objet principal était de former une réserve en retirant de chaque armée alliée tel nombre de divisions que décideraient les représentants des Alliés à ce Comité. Évidemment, une telle institution empiétait sur les pleins pouvoirs du commandant en chef. Mais la nécessité de son existence était également évidente, car la base du plan de campagne de Foch en 1918 était une armée de réserve qui pouvait frapper où et quand l'occasion le demanderait. Une telle force ne pouvait jamais être formée par des chefs sur le champ de bataille, et ne devait pas, non plus, être sous leurs ordres, excepté, peut-être, quand elle serait entrée en action.

Robertson semblait croire que la formation de ce Comité pourrait diminuer ce qu'il considérait comme les maux du Conseil Suprême de la guerre. La croyance qu'il serait peut-être nommé pour y représenter l'Angleterre affecta sans doute son jugement. L'on dit que Henry Wilson avait suggéré la nomination de Robertson comme membre anglais de ce comité. Je ne sais si le fait est certain. Mais, lorsque la composition du Comité fut décidée à une réunion du Conseil suprême de la guerre vers la fin de janvier 1918, quelqu'un mentionna Robertson : Lloyd George renouvela alors son objection qu'aucun des pays ne fût représenté à ces comités par ses chefs d'État-Major et nomma Wilson [1].

Ce fut le commencement de la fin. Au début de février eut lieu la rupture, si longtemps attendue, entre le premier Ministre et Robertson. La cause immédiate

---

1. Painlevé a raconté comme Lloyd George avait insisté sur cette condition dont il avait fait un *sine qua non* par rapport aux conseillers militaires du conseil suprême de la guerre. Son principal objectif avait été d'en exclure Robertson.

fut une dispute acrimonieuse entre le chef de l'État-Major impérial et le Ministère de la Guerre à propos du Conseil de Versailles.

Les services que Sir William Robertson rendit à son pays n'ont jamais été mis en doute, pas plus que son dévouement absolu au devoir. Mais il était sincèrement imbu de l'idée que la fonction du gouvernement consistait à lever des hommes, et encore des hommes et qu'il devrait avoir le droit de faire tuer ces hommes sans la moindre remarque ni contrôle. Il croyait aussi tous les hommes politiques incompétents, quand ils n'étaient pas pires. La guerre fut finalement gagnée par les mêmes principes que Robertson avait rejetés comme dangereux, qu'il fit tout son possible pour obstruer, en étant ainsi à un certain point responsable de leur adoption si tardive.

La publication du journal de Repington démontra la foi de Robertson en lui-même, sa méfiance envers les autres, l'étroitesse de sa vision, et un manque absolu de plan excepté celui de la « guerre d'usure ».

La comparaison entre Lloyd George et Robertson démontre le froissement de deux natures absolument incompatibles. Probablement l'un ne reconnaissait à l'autre aucune des qualités qu'il possédait. En tout cas, Lloyd George n'aimait pas Robertson et Robertson n'avait aucune confiance en Lloyd George. Il était inévitable qu'ils ne pouvaient continuer à travailler ensemble et également inévitable que Robertson serait celui qui devrait céder sa place. Il fut, néanmoins, regrettable pour Robertson que ses amis trop ardents se fussent obstinés à soutenir que personne autre ne pouvait le remplacer et que, s'il partait, c'était par suite d'un tripotage politique. La vérité est, que pour des raisons qu'on pourrait attribuer au tempérament, Robertson n'eut jamais beaucoup de sympathie pour nos alliés français et peut-être que ceux-ci n'en eurent pas beaucoup non plus pour lui. Il était, sans doute, un très bon chien de garde pour veiller à ce que les Français n'eussent jamais l'avantage sur nous. Mais cette attitude n'était pas de nature à contribuer, envers les alliés, à développer tous les avantages d'une coopération mutuelle.

Un incident qui eut lieu à ce moment démontra l'étendue du sentiment éprouvé au sujet de Robertson, ainsi qu'on peut le voir dans l'extrait du journal que je tenais alors :

« La nomination de Henry Wilson pour succéder à Robertson fut connue le samedi 16 février et publiée dans les journaux du dimanche. Je passai une heure avec Wilson ce dimanche matin à Eaton Place et il me rappela ce que je lui avais dit à Paris. Je questionnai Wilson à propos de la situation en général et il me dit qu'à divers endroits les Allemands pourraient percer comme à travers du papier. Il était convaincu que la grande offensive allemande aurait lieu sur le front occidental.

« Je fus frappé de la manière dont il me parla de Haig. Je lui rappelai le temps où, à cause de Haig, il n'avait pas eu de logement, l'été précédent ; comment, à son retour d'Irlande, il avait passé une après-midi avec moi dans ma maison déserte (toute ma famille étant à la campagne) et avait exprimé sa crainte de ne pas être employé pour le reste de la guerre et ce qui avait amené sa nomination au commandement de l'armée de l'Est peu de temps après.

« Wilson adopta un ton absolument convenable envers Haig et ne montra pas cette amertume qui caractérise toujours les amis de Haig et de Robertson en parlant de Wilson. Celui-ci dit qu'il n'avait aucune illusion sur le génie militaire de Haig ; que si nous devions lancer une grande offensive, Haig ne serait certes pas l'homme à la commander ; mais que ce que nous devions envisager, pour le moment, était la défensive, où Haig excellait ; qu'il serait peiné de le voir remplacé ; et qu'il avait l'intention de l'appuyer de tout son pouvoir. Il ajouta que lorsqu'il y aurait une offensive, un généralissime serait probablement nommé et il espérait que Foch serait élu.

« Nous discutâmes la position de lord Derby et j'exprimai l'opinion que, depuis les derniers dix jours ou à peu près, Lloyd George l'avait détaché de Robertson et que lord Derby ne voulait pas démissionner. Wilson prétendit que c'était impossible. Il s'était engagé trop loin.

« Quand je revins chez moi plus tard dans l'après-midi, je trouvai deux appels téléphoniques de lord Beresford [1]. J'appelai donc Great Cumberland Place, et l'on me dit qu'il y avait eu une réunion là cette après-midi avec Lord Salisbury et plusieurs autres ; qu'ils étaient tous indignés de la destitution de Robertson et qu'ils avaient l'intention d'en appeler à la Chambre des Lords. Lord Beresford m'assura aussi comme vrai que Lord Derby devait rester au Ministère de la Guerre et me donna son autorité pour cette déclaration. Je téléphonai ceci à Henry Wilson qui exprima sa surprise en termes énergiques.

« J'allais voir Lord Beresford de bonne heure, le lundi matin, et lui démontrai l'embarras qui pourrait être causé par un tel débat contemplé par lui et ses amis. Il admit cela, mais dit que, selon lui, il y allait de leur devoir ; que Lloyd George se débarrassait de Robertson, parce que celui-ci ne voulait pas endurer les fourberies de Lloyd George et que dans tous les cas Robertson était un soldat éminent.

---

1. Peu d'hommes de sa génération reçurent si peu de crédit pour leurs talents et leur sagacité que « Lord Charles ». Sa popularité éclipsa entièrement son habileté. La phrase courante, que les marins pensaient qu'il était homme politique, alors que les hommes politiques le regardaient comme un marin, donna une impression très erronée. C'était un homme qui aimait et détestait profondément : il aimait souvent d'instinct, il détestait toujours pour des raisons de faits. Mais ses jugements étaient sobres, sensés et pleins de bon sens, quoique sa manière de les exprimer fût souvent fraîche. Il prévit, longtemps avant la majorité de ses concitoyens, ce qui devait arriver et donna des avertissements qui furent négligés. Les autres qualités, spécialement la force de son amitié et la sincère affection qu'il savait inspirer demeurent dans la mémoire de ceux qui l'ont connu.

« Je profitai de cette ouverture : je dis que personne ne pouvait être plus ignorant de choses militaires que moi ; et que, pour tout ce que je savais du contraire, Robertson pourrait valoir dix Wilson comme soldat. Mais ce que je savais, c'était que Robertson ne s'entendait pas avec les Français ; qu'en dépit de la force de caractère qu'il pouvait avoir, c'était un fait qu'il était un Anglais de Waterloo, — un qui croyait que n'importe quel Anglais valait trois Français et était tout à fait incapable de cacher aux Français l'opinion qu'il avait d'eux. Je dis que cela ne demandait aucune connaissance d'affaires militaires de savoir qu'il était de la plus grande importance de travailler à l'unisson avec nos alliés, — que je connaissais quelque peu la situation en France, et je soutins ma déclaration en montrant quelques lettres à Lord Beresford.

« Je mentionnai aussi le fait que Henry Wilson était *persona gratissima* auprès des Français et spécialement auprès de Foch.

« A ma grande satisfaction, Lord Beresford adopta mon point de vue, que travailler à l'unisson était plus important que tout autre chose. Il me promit qu'il verrait à ce que le détail n'eût pas lieu (à sa demande je lui envoyai un mémoire) et ceci termina l'affaire.

« Pendant la conversation il apparut que Lord Beresford et Wilson ne s'étaient jamais rencontrés, quoi qu'ils fussent tous deux Irlandais. Quand je déjeunai quelques jours plus tard chez les Beresford, ils me demandèrent de m'enquérir auprès de Henry Wilson s'il viendrait dîner, de fixer une date et que Lady Beresford lui écrirait alors. Ce que je fis. Wilson fut très intéressé par ce qui s'était passé et choisit le jeudi 21 mars. Il vint me prendre ce soir-là et me dit qu'il venait de quitter le Roi très agité parce que l'offensive attendue venait de commencer.

« Lorsque nous arrivâmes à Great Cumberland Place il y avait un message disant que le premier Ministre voulait parler au téléphone à Sir Henry Wilson.

A Great Cumberland Place, le téléphone est situé quelque part dans les régions souterraines et Wilson fut donc obligé d'être conduit à la cave. La même chose arriva pendant que nous mangions le potage et deux fois encore durant le dîner. J'appris plus tard que Lloyd George avait complètement perdu la tête. Nous étions seize à dîner : les Beresford, Henry Wilson, Lord et Lady Salisbury, Lord Harding, Lady Lytton, Sir Edward et Lady Carson, Sir Frank Swettenham, Sir John Cowans, et Theresa, Lady Londonderry. Je ne puis me rappeler qui étaient les autres.

« Vers la fin du dîner, nous reçumes le message sans fil intercepté des Allemands suivant lequel nous avions perdu plus de 15.000 prisonniers. On soumit ceci à Wilson qui déclara que c'était à peu près ce qu'il avait prévu pour le premier jour.

« Ce fut un dîner intéressant en partie parce que quelques personnes présentes rencontraient Wilson pour la première fois juste le jour qui devait être un des plus critiques de sa carrière. Son calme, sa confiance dans le résultat définitif, comme il ne faisait aucune prédiction, excepté celle que nous aurions peut-être de plus mauvais jours avant d'en voir de meilleurs, produisirent l'effet qu'ils méritaient de faire. »

Le point important de la nomination de Wilson était qu'il y avait maintenant un chef de l'État-Major impérial très favorable à l'unité de commandement ; tandis que son prédécesseur, Robertson, avait toujours été amèrement opposé à l'idée.

Les attaques contre Henry Wilson continuèrent pendant quelque temps. Elles furent inspirées par les amis indiscrets et irresponsables de Robertson et soutenues par le colonel Repington qui avait foi en Robertson et montrait une hostilité ouverte à Wilson. Les origines de cette inimitié sont bien connues. En admettant que Repington crût sincèrement que la nomination de Wilson fût mauvaise et que les services de Robertson étaient essentiels pour gagner la guerre, il aurait été mieux avisé s'il avait prouvé que son sentiment personnel envers Wilson n'était d'aucun poids lorsqu'il considérait des affaires d'une importance nationale. Malheureusement, il ne prit aucune peine pour cacher son préjugé manifeste. Ses articles tout d'abord causèrent de l'émoi en France. Mais une fois qu'on se rendit compte de ses relations avec Wilson (je fus obligé d'y faire allusion, moi-même, au cours d'une entrevue et je crois que d'autres en firent autant), la Presse française en rabattit sur la valeur de ses remarques particulièrement à ce sujet.

Le résultat prouva que Repington se trompait entièrement. Il était contre l'unité de commandement et écrivit que la guerre ne serait jamais gagnée si Robertson n'était pas rappelé. A la fin, l'unité de commandement ouvrit le chemin à une victoire qui reposait sur des principes complètement opposés à ceux soutenus par Robertson. De plus, à une époque où il faisait parade de son amitié pour notre Alliée, Repington écrivit (comme il le dit dans son Journal) un mémoire au premier Ministre dans lequel il accusait les Français de vouloir forcer l'unité de commandement, simplement afin de pouvoir faire usage de troupes anglaises pour leur propre dessein. Un tel procédé fait plus d'honneur à la sagacité qu'à la bonne foi de Repington.

Henry Wilson prit toujours ces attaques en bonne part, quoiqu'il eût, je crois, un certain mépris pour la folie de Repington qui laissait voir au monde entier comment il pouvait être influencé par une animosité personnelle.

Il comprit longtemps avant de succéder à Robertson (et il a souvent déclaré) que son opinion sur la manière de conduire la guerre différait radicalement de celle de ce dernier. Mais il regardait ceci simplement comme une divergence d'opinion professionnelle. Néanmoins, comme les attaques continuaient, il croyait que les amis de Robertson rendaient un mauvais service à ce dernier. Il m'écrivit à ce propos comme suit :

« 26, Eaton Place S. W. I.
24, IV, 18.

« Cher X.,

« Je vous remercie de la coupure de journal qui est vraie, je crois. Quelqu'un devrait défendre Robertson contre les attaques honteuses dans le *M. P.* et dans *le Globe*. Ces attaques consistent à dire que Robertson a catégoriquement averti le gouvernement qu'il allait droit au désastre ; que le gouvernement se moqua de son avis, et qu'alors Robertson continua à toucher solde entière et à vivre à York House, exempt de tout loyer, sachant que nous étions condamnés.

« Je ne puis le croire, et quelqu'un devrait le protéger contre des attaques aussi honteuses.

« A vous.

« H. W. »

Au commencement de la campagne de 1918, les troupes alliées actuellement au front étaient quelque peu inférieures à l'ennemi, quoique, probablement, mieux approvisionnées en matériel de guerre. Les forces alliées en France (cette dénomination ne comprend pas les troupes américaines) atteignirent leur maximum au printemps et dans l'été de 1917 ; mais, en conséquence, il était nécessaire de permettre à un grand nombre d'hommes de revenir afin de poursuivre les différents travaux du pays : le travail des champs comme celui des usines.

La question des effectifs était donc une source de constante préoccupation ainsi qu'une cause d'irritation continuelle entre Londres et Paris. Rien n'excitait davantage Clemenceau. Quand son humeur n'était pas des meilleures, il revenait sur ce sujet. Il eut plus d'un choc avec Lloyd George à ce propos et ce dernier lui dit finalement qu'il avait pleine liberté d'envoyer en Angleterre faire faire un rapport sur ce qui était advenu de la levée des hommes et de voir s'il n'y avait pas moyen de s'en procurer encore. Car Clemenceau avait l'habitude de protester que si les chiffres, fournis par le Gouvernement britannique, étaient corrects, il ne pouvait s'imaginer ce qu'étaient devenus tous les hommes appelés sous les drapeaux.

Un expert français sur la question des effectifs, le colonel Roure, avait eu un grand succès dans son pays. Clemenceau prit avantage de l'offre de Lloyd George et envoya Roure en Angleterre ; mais sa manière de conduire son enquête (et probablement d'autres raisons) amena simplement des frictions nouvelles.

Tout de même l'importance prédominante de la question d'effectifs fut clairement comprise par le comité de guerre de Versailles.

Cette administration dont Foch avait été nommé président entreprit immédiatement un essai d'organisation des réserves nécessaires pour la campagne de 1918. Le plan présentait cette complication évidente que Foch aurait des armées qui devaient, selon toute présomption, être sous son commandement, en détachant des troupes des armées de Pétain et de Haig et d'autres à envoyer en Italie. Néanmoins, dans la poursuite de ce but, la troisième armée française fut retirée du front et remplacée par l'infortunée cinquième armée de Gough. La première armée française et quelques autres divisions furent aussi ajoutées à ces réserves pour « l'armée de manœuvre » comme elle était appelée.

Foch désirait constituer cette armée aussi vite que possible. Il pensait que les Allemands attaqueraient soit près de Cambrai, soit près de Reims, et son plan était de garder ses forces près de Paris, prêtes à frapper du côté où viendrait l'attaque.

Mais une difficulté survint à propos de la contribution que devait fournir Haig. C'est le 6 février 1918 que le comité interallié de la guerre écrivit aux commandants en chef donnant le nombre de troupes que chacun devait envoyer à l'Armée de Réserve. Les réponses française et italienne furent reçues en moins de deux semaines. Mais ce fut seulement le 2 mars que Haig écrivit, refusant de contribuer avec ses divisions à la réserve générale, excepté pour les divisions anglaises, alors en Italie, et qui n'étaient, d'ailleurs, pas sous son commandement.

Le résultat fut que les Italiens retirèrent leur promesse d'envoyer des troupes et que l' « Armée de Manœuvre » projetée cessa d'exister, sauf sur le papier. Ceci fut, en effet, le dernier des divers refus de Haig de maintenir les promesses et arrangements faits par son gouvernement. Ce fut aussi le refus qui coûta le plus cher.

Il est difficile d'imaginer une raison légitime qui ait fait retenir la réponse de Haig jusqu'à la veille des hostilités. De plus, il avait été présent à Versailles lorsque le Conseil suprême de la guerre adopta le plan de campagne pour 1918. Il avait dû savoir, par conséquent, qu'une Armée de Réserve, prête à frapper comme Foch l'indiquerait, était l'essence même de ce plan.

Le secrétaire-adjoint du Conseil suprême de la guerre, le capitaine V. E. Wright a écrit : « Il se peut très bien qu'il n'ait pas compris ce qui se faisait. Mon impression sur lui, pendant la discussion, était qu'il ne réussit pas du tout à suivre ce qui se discutait. » Le ton des remarques du capitaine Wright sur Haig semble témoigner d'un certain parti-pris. « Un homme obtus et extraordinairement lent... sur un niveau très bas d'intelligence humaine. »

Et cependant il faut admettre que les chefs militaires français et les hommes d'État qui, dans leurs conversations particulières, pendant et après la guerre, mentionnèrent souvent l'admiration qu'ils avaient pour les diverses qualités de plusieurs généraux anglais — Wilson, Allenby, Plumer, Horne ou Byng — furent incapables de percevoir chez Haig le moindre pouvoir de conception ou la plus faible teinte d'imagination : rien derrière ces charmantes manières qu'une obstination qui se montrait surtout par la façon tenace dont il insistait sur ses prérogatives. Il était peu connu même de ses troupes. Son nom n'évoque ni anecdote ni légende. Différent de tout autre commandant, en ce sens qu'il fit la guerre sans laisser de souvenir de s'être distingué soit en conseil soit par une action sur le champ de bataille dont il aurait eu l'initiative.

Le capitaine Wright a dit aussi que Haig refusa de détacher des troupes pour l'armée de réserve, parce que lui et Pétain s'étaient rencontrés vers la fin de février, et, sans prévenir Foch, avaient dressé un plan incompatible avec le plan déjà adopté. Il est vrai que des bruits circulèrent quelque temps dans les milieux bien renseignés que Haig et Pétain étaient arrivés à un arrangement qui ferait avorter l'idée de Foch. Mais les bruits étaient alors abondants, et, en l'absence de preuves, il vaut mieux penser que ce n'était qu'un bruit. Cependant la confirmation du sentiment qui prédominait au sujet du plan de Foch se trouve dans un récit que le colonel Repington donne d'une conversation qu'il eut avec Pétain, à Compiègne, le 6 février. Pétain dit alors qu'il n'avait aucunement l'intention de permettre à Foch d'intervenir au sujet de ses réserves et qu'il démissionnerait si cela était nécessaire. Il ajouta qu'il était sûr que lui et Haig seraient d'accord et qu'ils pourraient continuer d'agir ensemble.

Si, par chance, ce bruit mensonger disait vrai, — si Haig et Pétain avaient tramé un plan, — alors, ils avaient préparé ensemble une calamité. Quand Foch comprit qu'il n'aurait pas d'armée de réserve, il comprit également que l'armée de Gough serait détruite si l'ennemi attaquait sur ce point et qu'en tout cas il y aurait un désastre quelque part. Une réunion se tint à Londres le 14 mars 1918. Foch a, lui-même, raconté récemment ce qui s'y passa.

Vers ce moment ses rapports avec Clemenceau avaient changé. Quelques mois auparavant, l'influence que Foch semblait avoir acquise sur le Président du Conseil avait causé à Paris un étonnement général. Cette influence était probablement exagérée, quoiqu'ils fussent, sans nul doute, dans les meilleurs termes. Mais en mars 1918 et après, Clemenceau, tout en se servant de Foch, ne manquait aucune occasion de lui être désagréable. Comme le dit Foch lui-même : « Je ne sais pas s'il m'aimait, mais il ne me le témoignait guère. » Il est difficile de dire avec exactitude ce qui avait amené ce changement (fatal plus tard à la candidature de Clemenceau comme Président de la République), mais peut-être Mandel (chef de Cabinet de Clemenceau et maintenant député) n'y fut-il pas étranger.

Foch déclare : « J'avais été nommé pour commander l'Armée de Manœuvre qui pour ainsi dire n'existait pas. A cette réunion, je demandai aux Anglais de fournir des effectifs à cette armée. Le maréchal Haig, au nom du Gouvernement, représenté surtout par M. Lloyd George, répliqua que c'était impossible. Je commençai à répondre avec quelque vivacité : « Tenez-vous tranquille. » M. Clemenceau me dit avec force : « C'est moi qui dois parler au nom du Gouvernement français, et j'accepte la réponse du maréchal Haig. » Je me dis : « Attendons jusqu'à demain et j'aurai quelque chose à dire. »

« Le lendemain, quand le Conseil fut sur le point de se terminer, je parlai et, cette fois, je ne fus pas interrompu. Je déclarai qu'une formidable offensive se préparait. J'ajoutai : « Je sais ce que sont les batailles des armées alliées. J'y ai pris part sur la Marne et en Italie. Voici ce qu'il y a de nécessaire en fait de liaisons. Voici comment nous devrions nous comprendre mutuellement. Voici les précautions que nous devrions prendre, etc., etc. Mais je vous avertis que rien n'est prêt pour repousser l'offensive et qu'il pourrait bien y avoir un désastre. » — ce qui produisit sur eux son effet. Quelques jours plus tard, à Compiègne, et ensuite à Doullens, ils se rappelèrent ce que j'avais dit [1]. »

1. Interview du maréchal Foch, dans *Le Matin*, 6 novembre 1920.

Le résultat de l'attaque allemande fut (comme Foch l'avait prédit) la défaite complète de la cinquième Armée, celle de Gough, parce qu'il n'y avait pas de réserves suffisantes que l'on pût appeler à temps. Le plan de Foch consistait simplement à avoir une armée de réserve sous la main au cas où les Allemands attaqueraient soit les lignes anglaises, soit les lignes françaises : car il était évident que, dans une attaque, les Allemands pouvaient employer des forces qui mettraient forcément l'armée anglaise ou l'armée française combattant seule en état d'infériorité numérique. Haig avait déjoué ce plan. Il se trouva donc (comme Foch l'avait prévu, mais comme Haig était incapable de le comprendre avant qu'il ne fût trop tard) à combattre une grande partie de l'armée allemande avec ses propres forces amoindries et privées de soutien. Il fallut la plus grande défaite que l'armée anglaise ait jamais connue (c'est ainsi que la bataille de Saint-Quentin a été justement décrite) pour lui faire comprendre la situation.

Le 26 mars, la prise d'Amiens semblait imminente et Haig courut le plus grand risque d'être rejeté jusqu'au littoral. Il vit enfin son erreur et comprit en même temps qu'il avait créé une situation qu'il n'était pas en son pouvoir de dominer. Il téléphona donc ce matin-là à Londres et demanda à Lloyd George de venir en France, lui déclarant que, selon son opinion, il était maintenant essentiel d'avoir l'unité de commandement. Lloyd George, ne pouvant quitter Londres, envoya Lord Milner. La réunion eut lieu à Doullens le 23 mars 1918. Foch en donna le compte rendu suivant : « A Doullens il y avait Lord Milner, le maréchal Haig, M. Poincaré, M. Clemenceau, M. Loucheur et le général Pétain [1]. Pour ma part, je n'étais pas satisfait. Selon

---

1. Sir Henry Wilson était aussi présent. Lord Milner, dans le récit qu'il a fait de la réunion de Doullens raconte que, lorsqu'il s'y rendait en automobile avec Wilson, celui-ci lui représenta avec force la nécessité de donner le commandement suprême à Foch.

tout ce que j'avais appris, le général Pétain se préparait à se retirer sur Paris et le maréchal Haig vers la mer. C'était la porte ouverte aux Allemands. C'était donc la défaite certaine. « On pourrait, dit Clemenceau, donner le commandement des Armées opérant autour d'Amiens au maréchal Foch. » Ce fut le maréchal Haig qui s'opposa à cette suggestion en déclarant qu'il n'y avait qu'une solution raisonnable, c'était de me donner le commandement des armées alliées sur le front occidental. M. Clemenceau y acquiesça et telle fut la décision. »

Ce récit diffère dans ses détails d'autres rapports de cette réunion historique de Doullens. Il omet toute allusion à la part prise par Lord Milner, car c'est lui qui, voyant que les affaires se traitaient avec tant de lenteur et que le mécontentement de Foch augmentait chaque minute, prit M. Clemenceau à part et lui suggéra que le commandement suprême devrait être donné sur le champ à Foch ; il en parla ensuite à Haig, à qui il avait auparavant représenté l'avantage d'une telle décision. Le récit de Foch montre que Haig, comprenant alors le danger, se montrait hostile à toute demi-mesure et préférait voir Foch au commandement suprême. Ce n'était pas trop tôt.

Il fut donc donné à Foch qui, à un moment de la guerre, fut, pour ainsi dire, désœuvré, de conduire les hostilités à bonne fin.

Galliéni, à qui l'histoire attribuera toujours le crédit de la Bataille de l'Ourcq, était « l'intelligence même ». Cette expression fut également employée par deux hommes d'État français en énumérant ses qualités.

Joffre, quoique ses plans fussent mauvais, que ses préparatifs fissent défaut et que ses opérations fussent fautives, sut inspirer une confiance que les circonstances ne justifièrent pas toujours. Mais ceci joua un grand rôle en détournant le danger.

Pétain, par son caractère, est peut-être plus qualifié qu'aucun autre général français pour être appelé un grand homme. Comme soldat il n'échoua en rien ou presque en rien de ce qu'il entreprit. Personne n'aurait pu relever le moral des troupes comme il le fit pendant les semaines qui suivirent l'offensive de Nivelle. Mais le défaut de Pétain (car c'est un défaut au point de vue militaire) fut un excès de prudence. Il n'était jamais tout à fait prêt pour la grande offensive : ou bien il n'y avait pas assez de troupes dans les lignes ; ou l'artillerie manquait ; ou les réserves n'étaient pas suffisantes. Il visait à un degré de préparation et de perfection qu'il est difficile d'atteindre. Il est douteux que la guerre eût été terminée en 1918 s'il avait eu le commandement suprême.

On reproche quelquefois à Foch de penser que la France est faite pour l'armée, tandis que l'armée est faite pour la France. La vérité qui se dégage de cette exagération est que Foch est soldat dans l'âme. Il est aussi le plus grand stratégiste que la guerre ait produit. Il a été dit qu'il eut l'avantage de prendre le commandement suprême après quatre ans de guerre, alors qu'il pouvait profiter des leçons et des erreurs des autres. Ceci peut être exact jusqu'à un certain point, mais il me semble qu'il serait plus juste de considérer la position qui existait quand Foch la prit en main. Le 14 mars, il prédit ce qui arriverait, parce qu'on ne lui avait pas permis de constituer une armée de réserve convenable. Sa prophétie se vérifia à la lettre. Quand la réunion eut lieu à Doullens, l'armée anglaise venait d'essuyer la plus grosse défaite de son histoire. La situation entière était gravement compromise et le péril d'un irrémédiable désastre plus imminent qu'à aucun moment depuis septembre 1914. Comme Foch le fit remarquer à Clemenceau dans un moment d'impatience à Doullens : « Vous me donnez une bataille qui est déjà perdue et vous me demandez de la rétablir. J'accepte, et vous croyez me faire un cadeau. Il faut toute ma candeur pour accepter en de telles conditions. »

DEUXIÈME PARTIE

CHAPITRE VI

LA DÉBACLE ASQUITH

La chute en coup de théâtre de M. Asquith en décembre 1916 affecta d'une manière vitale tout le cours de la guerre.

Asquith s'était d'abord fait un nom par une carrière brillante à Oxford, où Jowett avait prédit qu'il irait loin. A Londres, il fut reçu avocat, se fit éventuellement une certaine clientèle et plus tard entra au Parlement. Quoique n'ayant pas d'influence par sa famille et ne possédant pas de ressources personnelles, il fut dès le début désigné pour des distinctions politiques. Sa réputation s'accrut par suite du succès qu'il obtint comme associé de Sir Charles Russell dans le procès de Parnell contre le *Times* devant la commission royale ; pourtant il faut ajouter qu'il n'acquit jamais une situation prédominante comme avocat.

Son second mariage élargit et en même temps changea sa vie et affecta toute sa carrière. Il était à ce moment secrétaire d'État au département de l'Intérieur. Peu après son parti passa à l'opposition et lui-même enfreignit l'usage qui veut qu'un ancien Ministre du Conseil ne doive pas reprendre sa profession d'avocat. Il revint au Ministère avec Cambell-Bannerman, à qui il succéda quelques années plus tard.

Ce fut peut-être heureux pour le pays d'avoir M. Asquith à la tête de ce qui était alors le parti extrême de l'État. Il y avait au moins la certitude que rien ne serait fait à la hâte. C'est un homme d'une grande intelligence, mais sans aucune des qualités d'un grand homme ; sans idéal élevé mais aussi sans

traits de caractère mesquins, il entreprenait rarement
et d'ordinaire il temporisait aussi longtemps que possible avant d'arriver à une décision sur les propositions
des autres. Quoiqu'un usage injuste fût fait de son
mot favori : « Wait and see », *attendre et voir* (phrase
aussi malheureuse que la parole de Wilson « trop
fière pour se battre »), il est indéniable que c'était là
l'expression de sa mentalité durant les derniers jours
où il fut au pouvoir. Tout ce qu'il demandait était de
demeurer au n° 10 de Downing Street et de diriger les
affaires du pays avec autant de dignité et le moins de
difficultés possible. En temps ordinaire il aurait sans
doute été premier Ministre pendant plusieurs années.
Mais tôt ou tard un conflit aurait probablement eu
lieu entre lui et M. Lloyd George, à tous égards
l'antithèse de son chef : homme sans acquis intellectuel et de peu de connaissances, et ne se sentant à
l'aise qu'en compagnie de ceux dont les moyens ne
dépassaient pas au moins les siens. Dominé quelquefois par de grands idéals, quelquefois animé par de bas
motifs, il possédait en même temps beaucoup des qualités d'un grand homme, et encore plus celles d'un grand
chef national. Mais ce n'était pas tant la différence des
caractères qui rendait le conflit inévitable que la pré-
somptueuse ambition de M. Lloyd George d'arriver au
pouvoir suprême. Cependant une dispute quelconque
entre Asquith et Lloyd George ne se serait peut-être
pas terminée à l'avantage de celui-ci en temps normal.
La guerre fut pour lui une circonstance favorable.

Peu après août 1914, la vérité du mot de Macaulay
disant qu'un premier Ministre qui réussit pendant la
paix peut échouer en temps de guerre fut illustrée, aux
yeux de tous, dans la personne de M. Asquith. Il manquait de résolution au Conseil et ne possédait pas non
plus de pouvoir personnel pour stimuler le pays.
Devant l'évidence de la défaite il avait accepté l'offre,
qu'auparavant il avait méprisée, de former une coalition. Mais toute direction énergique faisait encore

défaut. Lorsque le Parlement fut prorogé durant l'été de 1916, ce fut après une session pendant laquelle les vacillations du Gouvernement avaient d'abord stupéfié et finalement alarmé et exaspéré le pays.

Cependant, à la session d'automne, le cabinet débuta avec de meilleures perspectives qu'il ne le méritait. Mais dans l'espace de quelques semaines sa faiblesse inhérente commença de nouveau à se faire voir. Au mois de novembre le pays était dégoûté. Au même moment M. Lloyd George disait ouvertement à ses amis intimes que la guerre serait perdue si Asquith restait au Ministère. Il croyait sincèrement (et avec raison) que c'était lui l'homme destiné à montrer le chemin de la victoire. Mais il était difficile de voir comment les choses pourraient aboutir à une crise, à moins que M. Lloyd George lui-même n'acceptât d'encourir les risques politiques ; et jamais il ne fut disposé à le faire. Il voulait une « insurrection de palais », une rébellion de l'intérieur qui expulserait M. Asquith et le porterait, lui, à Downing Street. Il fut donc évidemment obligé de dépendre de l'adhésion des chefs du parti unioniste. Le point le plus essentiel était d'obtenir l'appui de M. Bonar Law ; et cela même n'aurait peut-être pas suffi, pour remporter la victoire, si M. Balfour n'avait aussi abandonné M. Asquith.

Les détails de l'intrigue, sous bien des rapports, sont inconnus ou obscurs. Celui qui fit le plus pour la mener à bonne fin fut Lord Beaverbrook, qui, sir Max Aitken alors, siégeait à la Chambre des Communes comme membre représentant de Ashton-under-Lyne. Aitken ne fut probablement pas l'auteur de l'idée première. Il semble plutôt qu'elle fut incarnée par d'autres et qu'en cherchant quelqu'un pour influencer M. Bonar Law on dévoilà le projet à Aitken.

Celui-ci était déjà tenu pour principal responsable du choix de M. Bonar Law comme chef du parti unioniste, lors de la démission de M. Balfour. A ce moment le choix logique se posait entre M. Walter

Long ou M. Austen Chamberlain. Le parti était divisé dans ses opinions, et ni M. Long ni M. Chamberlain ne tenaient à aller au scrutin pour une telle question. Aitken entrevit l'occasion et fit des démarches pour assurer l'élection de M. Bonar Law.

Son succès en cette circonstance fut d'autant plus remarquable qu'il n'était en Angleterre que depuis deux ou trois ans, et encore assez peu connu. Beaverbrook est Canadien de naissance comme M. Bonar Law, à qui il s'apparente de loin. Par suite de diverses opérations financières, il avait acquis, avant l'âge de trente ans, une fortune considérable. On n'a jamais pu donner en Angleterre une explication raisonnable de cette antipathie envers Aitken alors si répandue au Canada. Peut-être faut-il prendre cela comme un exemple du proverbe qu'aucun prophète n'est honoré dans son pays. Car aucune allégation spécifique n'a jamais été faite contre lui et les sociétés qu'il développa rapportèrent de l'argent, non seulement à leur promoteur, mais aussi à ceux qui y placèrent des fonds [1]. Le colonel Repington raconte dans son Journal qu'une dame canadienne lui apprit pourquoi Aitken était si peu aimé au Canada. Il est regrettable qu'il n'ait pas partagé ceci, ainsi qu'il le fit pour tant d'autres informations privées, avec quiconque était prêt à payer deux guinées.

Plus tard (après les événements que je traite en ce moment), Beaverbrook fit tout son possible pour obtenir une presse favorable au Canada. Lorsqu'il devint ministre de l'information (et toute personne ayant assisté à l'assemblée du Comité unioniste de la guerre n'oubliera jamais les raisons singulières fournies par M. Lloyd George pour lui avoir donné cette charge), il y réussit jusqu'à un certain point.

1. Je n'ignore pas qu'un directeur de la Compagnie des chemins de fer Canadiens-Pacifique, le regretté Sir Stamford Fleming, attaqua Aitken dans dans la Presse à propos de certaines transactions particulières qu'ils avaient eues ensemble. Mais après que Fleming eut exposé son point de vue sur le désaccord, l'affaire n'alla jamais plus loin.

Un petit groupe d'experts reconnus sur les Affaires
étrangères, qui avaient fait cette partie de l'ouvrage,
avant que le Ministère eût été institué, refusèrent de
servir sous Lord Beaverbrook. Ils émigrèrent au
Ministère des Affaires étrangères où leurs services
furent acceptés et retenus par Lord Hardinge, qui
demeura froidement indifférent aux protestations de
Beaverbrook. Celui-ci réorganisa son département en
y amenant plusieurs hommes distingués dans le monde
littéraire et d'autres bien connus dans la Cité. Mais un
grand pourcentage d'entre eux étaient des Canadiens,
dont l'expérience dans les affaires extérieures et la connaissance des langues étrangères étaient aussi bornées
que celles de Beaverbrook lui-même. Il en résulta que
l'œuvre du Ministère, à part le côté amusant et ciné-
matographique (qui fut supérieurement fait), se trouva
être bien au-dessous du niveau requis. Ce fut une source
de divertissements constants pour la Maison de la Presse,
dont le fondateur et l'esprit dirigeant était l'astucieux
et distingué Philippe Berthelot, qui sait toutes les
choses que Beaverbrook ignore, mais qui, d'autre part,
n'aurait jamais pu amasser l'argent que Beaverbrook
gagna à encourager des compagnies.

Cependant le Ministère de l'Information dépensa
avec prodigalité, ainsi que les comptes le démontrent,
et une partie de la dépense servit à payer les frais de
journalistes canadiens (ainsi que d'autres venus d'outre-
mer) qui furent amenés en Angleterre. Tout ceci contribua à dissiper la singulière impopularité, que
Beaverbrook avait encourue dans son pays natal.
Pourtant, même en décembre 1918, un journal bien
connu comme le *Ottowa Citizen*, déclara carrément
qu'il ne pourrait jamais être élu à aucune fonction au
Canada.

Mais, à l'automne de 1916, Lord Beaverbrook (comme
il le devint peu après) joua un rôle principal en rassem-
blant les éléments qui renversèrent M. Asquith. On
sait qu'il gardait lui-même un journal, où il inscrivit

minutieuscment ce qui se passa pendant ces semaines critiques. Il est probable que les faits ne seront jamais connus, à moins que ce journal soit un jour publié, et même alors il faudra l'accepter avec quelque réserve. Sir Edward (maintenant Lord Carson), me dit que la partie qu'il en avait vue lui attribuait un rôle qu'il n'avait jamais joué. La vérité est que Carson se tint alors, comme toujours, à l'écart de toute intrigue.

Aitken employa son influence sur Bonar Law d'une manière utile. Il fut entendu que, comme récompense, il deviendrait Président du Board of Trade dans le nouveau Gouvernement. Mais de fortes objections à cette nomination se firent entendre de différents côtés. Et il fut vexé de voir le poste qu'il convoitait assigné à Sir Albert Stanley, pendant que lui-même recevait une pairie en guise de consolation.

Après tout ce qui est arrivé pendant ces cinq dernières années, il est difficile de se rendre compte aujourd'hui ce que fut pour les Tories de noyer froidement leurs traditions en expulsant le libéral Asquith, afin de mettre au pouvoir leur propre bête noire, le radical Lloyd George, et de servir sous lui. La révolte dut être particulièrement forte dans le cœur de M. Walter Long, qui avait lui-même servi sous Lord Salisbury, et était le dernier des gentilshommes campagnards à se distinguer à la Chambre des Communes.

Je vis M. Long en diverses occasions durant ces semaines-là. A mon retour en Angleterre, en octobre 1916, après un mois passé à l'étranger, je trouvai une lettre de lui me demandant de me rendre au « Local Government Board ». Lors de cette entrevue, il me demanda de découvrir le plus de choses possible sur le sentiment dominant vis-à-vis du Gouvernement, et de le lui faire savoir dans le courant de la semaine suivante.

Je cite mon Journal : « Lorsque je vis ensuite M. Long, je lui fis observer que le sentiment envers la Coalition semblait bien meilleur qu'il n'avait été en août ; que le Gouvernement était non seulement plus fort dans le pays qu'il ne l'était à la fin de la session dernière, mais qu'il était plus fort qu'il n'était en droit de s'y attendre ; que beaucoup de gens opposés à la Coalition ne demandaient maintenant qu'à l'accepter et à la soutenir, parce que des hommes qui, pendant deux ans, avaient dirigé quelque chose d'aussi nouveau qu'une grande guerre devaient nécessairement mieux s'y entendre que d'autres, même si au début ils n'avaient pas été les meilleurs pour l'entreprise. J'ajoutai que le discours de M. Asquith avait fait une impression extraordinaire, et que, si seulement il tenait les promesses qu'il y faisait, le Gouvernement serait sauvé ; mais que, si au contraire il agissait comme à la dernière session, présentant des projets de loi et les retirant, et montrant d'une façon et d'une autre qu'il ne savait pas ce qu'il voulait, la situation serait pire que jamais, étant donné que les espoirs du pays avaient été soulevés. M. Long ne fut pas de mon avis que le Gouvernement courait quelque risque d'être battu.

« Deux ou trois jours après M. Long me téléphona, et, lorsque j'allai le voir, il me demanda d'écrire une lettre, y rédigeant ce que j'avais dit, car il désirait la faire voir à M. Asquith. Je partais pour Paris à cinq heures ce soir-là, par conséquent j'écrivis très rapidement et assez mal une lettre à cet effet durant les quelques heures qui me restaient. »

Je cite encore mon journal vers la fin de novembre 1916 : « Je vis M. Long, jeudi dernier, et passai plus de deux heures avec lui. Il savait que j'avais déjà vu X. Je fis remarquer que ce que j'avais signalé dans ma lettre était exactement arrivé ; que le Gouvernement avait commis les mêmes fautes qu'à la dernière session, et qu'en conséquence il était dans une plus mauvaise posture que jamais. Il dit qu'en effet c'était vrai et reconnut que les choses ne pouvaient durer ainsi. J'indiquai alors que le seul successeur possible à M. Asquith était M. Lloyd George, et bien que ce pût être désappointant que quelqu'un du parti conservateur, — ou du moins ayant une tradition politique différente de celle de M. Lloyd George —, ne se trouvât capable de devenir premier ministre, mais, de fait, une telle personne n'existait pas.

« J'ajoutai aussi que Lloyd George était entouré d'une bande de flatteurs qui le poussaient à faire l'effort et que si jamais il vissait son courage, au point de le faire sans l'assistance des chefs unionistes et qu'il réussît, il serait le coq du village. M. Long en parut assez déconcerté et répéta à plusieurs reprises « le coq du village ». Mais il opina toutefois que, même si Lloyd George opérait cette tentative, il serait battu à la Chambre des Communes. Cette idée était curieuse parce qu'elle montrait comment un homme qui a passé la plus grande partie de sa vie à la Chambre peut perdre absolument tout contact avec le sentiment public dès que ce sentiment s'écarte de la voie ordinaire. Je dis à M. Long, et je crois que cela est vrai, que rien ne pourrait plus aider M. Lloyd George que de déclarer au grand jour qu'il n'approuvait pas la façon dont la guerre était menée, de démissionner ensuite et de marquer, par sa défaite à la Chambre, que les chefs de files étaient contre lui ; et que dans ce cas il forcerait bientôt à une élection générale et reviendrait certainement en triomphe, le pays étant profondément dégoûté de la Chambre des Communes et de ses procédés ; que d'ailleurs, bien que de démissionner fût un risque souvent fatal dans la vie politique anglaise, cependant que l'on n'était pas en temps ordinaire et qu'il n'était pas possible d'établir un parallèle entre la démission de Lord Randolph Churchill et celle de M. Lloyd George, désiré par le pays, à tort ou à raison, comme premier ministre. J'ajoutai que la seule chose qui pourrait empêcher l'affaire d'aboutir serait la possibilité que Lloyd George manquât de courage pour effectuer le plongeon, à moins qu'il n'eût d'abord la certitude d'un appui suffisant des unionistes. Sur ce point j'avouai que j'avais quelques doutes.

« M. Long discuta d'abord sur la possibilité d'une élection générale et mentionna, comme je le savais déjà, que la dissolution était la prérogative du premier Ministre. Mais il ajouta, ce que je ne savais pas, que les premiers ministres avaient, en une ou deux occasions, exercé cette prérogative sans en donner aucun avis à leurs collègues. Il dit, je crois, que la dissolution de M. Balfour fut l'une de ces occasions.

« Il se mit alors à rappeler comment M. Joseph Chamberlain, lorsqu'il avait différé d'avis avec les autres membres du Gouvernement, était venu le leur déclarer franchement à une réunion du Conseil et avait alors démissionné. Il dit que, si seulement M. Lloyd George voulait adopter ce plan au lieu de travailler en dehors du Ministère, il obtiendrait probablement davantage d'appui et de certains côtés où il ne s'y attendait guère.

« Cependant M. Long tenait surtout à ce qu'une députation vît M. Asquith, pour arriver à lui faire changer sa manière d'agir. Je me hasardai à avancer que toutes les députations du monde ne seraient probablement guère capables de changer le caractère d'un homme de soixante-cinq ans ; qu'ainsi que M. Long me l'avait lui-même souligné, il n'y avait probablement aucune chose spécifique que le Gouvernement actuel ne faisait pas, et que M. Lloyd George pouvait dire qu'il ferait, mais qu'il accomplirait les choses plus rapidement, ce qui, en temps de guerre, était presque aussi important qu'une question de politique, et que la temporisation, défaut fatal du premier Ministre, ne serait probablement changée par aucune députation. Je demandai à M. Long qui il proposait pour cette députation. Il mentionna les noms de Lord Cromer, Lord Milner, Sir Starr Jamieson et l'un des Rotchschild. En cherchant un cinquième il suggéra J. P. Morgan. Je fis observer que Morgan était Américain. M. Long pouvait à peine le croire, et maintint d'abord que Morgan s'était fait naturaliser sujet britannique.

« A la demande de M. Long, je promis de voir M. X. et de lui écrire ensuite au cours des deux jours suivants. Il me demanda aussi de voir M. Bonar Law et de discuter avec lui la situation. Je lui dis que je croyais inutile de voir M. Bonar Law que je connaissais très peu.

« A la fin de cette conversation, M. Long, dont les relations politiques remontent probablement plus loin que celles d'aucun membre (sauf cinq ou six) à la Chambre des Communes, me raconta plusieurs faits intéressants du passé. Il me dit comment il avait apaisé la querelle provoquée par Randolph Churchill, ouvrant une lettre qu'il ne lui était pas adressée. Il rapporta que lui-même avait été placé à des comités politiques par Disraëli ; et dit qu'il se souvenait de Disraëli bien avant cela ; quand Disraëli avait visité Rood Ashton, lorsque lui (M. Long) avait huit ans ; et qu'il se rappelait qu'il le caressa en disant qu'il espérait le voir aller au Parlement comme son père et son grand-père, et qu'ensuite il admira l'acier sur son costume de velours, et s'en servit pour complimenter de son bon goût, en termes assez fleuris, la mère de M. Long.

« Le jour suivant j'écrivis à M. Long, disant qu'il paraissait être trop tard pour une députation, même en admettant qu'elle aurait pu être utile à aucun moment, et en ajoutant que le point essentiel à présent était que l'affaire n'allât pas plus loin sans l'appui des chefs unionistes autres que ceux qui préféraient adhérer à M. Asquith. »

Le jeudi suivant : « M. Long téléphona hier matin, me demandant de le rencontrer à deux heures, ce qui est commode pour lui qui ne déjeune jamais. Je l'accompagnai du bureau du Local Government Board jusqu'à Lansdowne House et l'attendis, pendant qu'il était avec Lord Lansdowne. Chemin faisant, à travers le parc, il m'amusa en démontrant comment Lord Crewe, que nous vîmes à rencontrer, avait bien réussi dans la vie, si l'on considère qu'il ne possédait pas de grands talents, bien que beaucoup de charme. Une baronnie transformée en marquisat, la Jarretière et la direction de son parti à la Chambre des Pairs, bien qu'il soit si peu orateur que, quand il parle, cela ressemble plutôt à un murmure. Mais M. Long ajouta que les discours de Lord Crewe étaient aussi agréables à lire qu'ils l'étaient peu à écouter. Il dit aussi qu'il écrivait de très bons vers ; cela étant évidemment un talent héréditaire.

« M. Long était assez déconcerté par un article dans le *Times* d'hier, soutenant une dictature à trois. Je lui assurai que personne ne considérait cela comme faisable. Il dit qu'il se rendait compte maintenant que le point de vue que j'avais adopté la semaine dernière était juste, que l'affaire était allée trop loin et qu'Asquith quitterait probablement le Ministère. Il ajouta qu'il croyait que Lord Lansdowne partirait aussi. Je lui dis que d'après ce que X m'avait appris, je n'avais pas lieu de croire que Lloyd George demanderait à Lord Lansdowne de rester, mais que je savais qu'il était convenu que lui (Long) serait prié de demeurer.

« Je ne sais pas ce que Lord Lansdowne lui a dit, mais il semblait décidément plus optimiste après. »

Le mercredi suivant : « Asquith est définitivement parti. Lorsqu'il y avait très peu de risques, Lloyd George se décida finalement à faire son ultimatum. Cela se résumait en somme à demander que toute la responsabilité de la guerre fût confiée à un petit comité dans lequel Asquith n'aurait, pour ainsi dire, aucun vote. Asquith vit le Roi samedi et partit ensuite pour Walmer. Ceci fut le mot d'ordre pour Lloyd George qui envoya un message disant que l'affaire ne pouvait attendre, et qu'il fallait la décider immédiatement ou que sans cela sa démission prendrait acte. Asquith revint dimanche, et, cette même après-midi, les membres unionistes du Gouvernement lui écrivirent qu'ils démissionnaient, si Lloyd George le faisait. De fait ils donnèrent leurs démissions mais ils les retirèrent, lorsque Asquith répondit que l'affaire soulevée par Lloyd George était encore en suspens. Asquith accepta alors les conditions de Lloyd George. Mais lundi, poussé par certains de ses amis politiques (et surtout, paraît-il, par Mac-Kenna), il se rétracta. Il comprit alors qu'il serait abandonné et fut forcé de démissionner. Le Roi appela Bonar Law qui s'engagea à tâcher de former un Gouvernement, mais en réalité n'essaya même pas de le faire. Avant que le Roi en confiât le soin à Lloyd George, il y eut une conférence au Palais entre Lloyd George, Asquith et Bonar Law. Je crois qu'à ce moment Asquith aurait volontiers accepté les conditions imposées par Lloyd George ; mais ce dernier n'était que trop heureux de l'avoir écarté du chemin et il considéra la proposition faite auparavant comme ayant été définitivement rejetée. En conséquence Lloyd George entreprit de former un Gouvernement et est en train de le faire en ce moment. »

Le samedi suivant : « M. Long m'envoya un mot me demandant de venir au Local Government Board et de l'accompagner à la gare de Paddington, car il allait passer la fin de la semaine à Rood Ashton. Il est, je crois, assez content d'être secrétaire des Colonies. Mais il était très ennuyé par une attaque faite dans le *Times*, ce matin, disant que lui et M. Balfour auraient dû être exclus du Gouvernement. En réalité, Lord Northcliffe est très prévenu contre M. Long. Il y a environ deux semaines, lorsque cette affaire se préparait, X. me parla d'un dîner qu'il pensait arranger pour les rapprocher ; mais il dit plus tard qu'il avait décidé de ne pas le faire, car il était très possible que Northcliffe y fût impoli envers Long. »

Briand démissionna comme Asquith, en décembre 1916. Mais la conséquence de ces deux changements de gouvernements fut très différente. Briand réorganisa son cabinet en attendant sa retraite trois mois plus tard, lorsqu'il fit place à un successeur qui jouissait alors plus entièrement de la confiance parlementaire. Mais la disparition de M. Asquith en Angleterre marqua une révolution dans la façon de mener la lutte. Après cela le pays fut incité à faire des efforts et à faire des sacrifices dont ni ses Alliées ni ses ennemis ne l'avaient cru capable. La question de gagner la guerre fut placée avant et par-dessus tout autre chose. Les accumulations du passé et les perspectives de l'avenir furent également employées dans ce but, sans qu'aucun compte ne fût tenu. L'homme d'État qui sut ainsi évoquer toute la vitalité et la résolution de son pays assuma bientôt le rôle principal dans les conseils des Alliés.

Macauly écrivit un jour : « On peut dire de presque chaque homme qui s'est distingué dans le monde politique que la voie qu'il suivit et que l'effet qu'il produisit dépendirent moins de ses qualités personnelles que des circonstances dans lesquelles il fut placé. » On ne diminue pas les mérites de M. Lloyd George en disant que les circonstances et lui furent faits l'un pour l'autre.

Le départ de M. Asquith signifia encore autre chose, quelque chose qui, bien que d'une moindre importance, eut néanmoins des conséquences étendues. Il sonna le glas du Libéralisme gladstonien, et, par un hasard curieux, permit au parti conservateur d'écarter sa propre dissolution et de se procurer peut-être un nouveau bail de vie, en adoptant un grand chef du parti radical.

CHAPITRE VII

LE MONDE POLITIQUE FRANÇAIS

La période actuelle dans l'histoire politique française date du jour où il apparut que M. Clemenceau ne serait pas élu Président de la République. Quoique Clemenceau eût d'abord écarté la suggestion d'aller à l'Élysée, il admit finalement qu'il y était « porté » par la force de l'opinion publique. Ce n'est que trois jours avant l'élection qu'une intrigue, soigneusement préparée, vit le jour. Le maréchal Foch fut en grande partie responsable de son succès, quoiqu'il n'en fût pas l'initiateur — un fait qui ne serait pas généralement connu, sans l'indiscrétion de l'abbé Wetterlé.

Plusieurs mois auparavant, Clemenceau avait décidé que, s'il pouvait dominer la situation, M. Millerand serait son successeur comme Président du Conseil. Millerand avait été Ministre de la Guerre en 1915. Son administration avait été grandement critiquée. Il est difficile de se former une opinion sur la justesse des allégations faites contre lui. Elles se résumaient en ce grief que sa politique aboutissait par sa nature au gaspillage des vies humaines par dizaines de mille. Le sentiment à ce propos est encore si amer que, pendant ces dix-huit derniers mois, le Rapporteur Général d'un Comité Parlementaire important, qui a été membre de plus d'un Cabinet, me dit qu'il n'allait jamais voir Millerand (alors Président du Conseil) au sujet des rapports à faire, parce qu'il voulait éviter tout contact avec lui ; mais que, naturellement, il était obligé de recevoir le Président du Conseil quand celui-ci renversait l'ordre du protocole et venait le voir.

Clemenceau n'avait pas été en bons termes avec Millerand depuis quelques années. Le différend eut son origine avant la guerre. Il est piquant de se rappeler que, lorsque le Gouvernement quitta Paris pour Bordeaux en 1914, le dernier avertissement de Millerand au Gouverneur militaire laissé en fonctions — Galliéni — était de se méfier de ce que Clemenceau pourrait tenter de faire. Néanmoins, lorsque, quatre ans plus tard, Clemenceau voulait trouver un Haut-Commissaire pour l'Alsace-Lorraine, il se tourna vers Millerand, raya le passé et le persuada d'accepter le poste. Plus tard, il décida que Millerand était l'homme le plus compétent pour assurer l'exécution du Traité de Versailles. Je vois par mon Journal qu'en 1919 un personnage bien connu dans le monde politique français m'apporta la nouvelle des intentions de Clemenceau.

Millerand avait fait quelques démarches pour constituer un Ministère avec l'idée que Clemenceau serait Président de la République. Quand, vers le milieu de la semaine, il fut évident que les amis de M. Deschanel [1] (ou les ennemis de M. Clemenceau) avaient remporté la victoire, quelques changements s'imposèrent.

L'élection de Versailles fut dénuée d'intérêt. Le résultat était une conclusion décidée d'avance. C'était très différent de la journée où, sept ans auparavant, Clemenceau et M. Camille Pelletan avait fait tout leur possible pour battre Poincaré et envoyer M. Pams à l'Élysée. Ce fut aussi un jour terne à Paris. M. Lloyd George, en dépit de ce que les journaux annonçaient, n'était pas à Versailles comme il l'aurait été en d'autres circonstances pour honorer M. Clemenceau : il déjeuna quelque peu tristement à l'hôtel Claridge et eut beaucoup à dire sur l'ingratitude des nations :

---

1. Pour un étranger il est curieux de remarquer qu'une des choses les plus frappantes dans l'apparence de M. Deschanel était la cicatrice d'une blessure reçue dans un duel avec M. Clemenceau, il y a de nombreuses années.

Woodrow Wilson répudié !

Clemenceau rejeté !

Y avait-il quelqu'un d'assuré ?

Outre la surveillance de l'exécution du Traité, on croyait que n'importe quel Gouvernement serait obligé d'envisager la révision de la Constitution. En Angleterre, le pouvoir du Ministère s'était continuellement accru aux dépens du Parlement, aujourd'hui moins puissant qu'il ne l'était il y a un quart de siècle. Un des résultats de cinq années de guerre a été d'amoindrir la responsabilité directe des ministres de la Couronne à la Chambre des Communes et de placer le Premier Ministre presque dans la position d'un président de république.

Mais le Parlement en France a augmenté son influence d'une manière indue. Il a absorbé la plus grande part du pouvoir, laissant, d'un côté, un Président qui fait dans une large mesure figure à l'avant, et de l'autre, une justice mal payée dépendant de la volonté parlementaire. On a cru que ceci pourrait être rectifié et que tout l'équilibre serait rétabli en augmentant les pouvoirs du Président de la République qui ajouterait à la sécurité du Gouvernement du jour. Ce projet eut d'autant plus d'adhérents que les hommes de la République n'ont jamais oublié que la Constitution de 1875 fut rédigée par une majorité royaliste : quoique l'impression générale fût qu'une erreur avait été commise en adoptant le système anglais de préférence à celui des États-Unis.

Ce fut, je crois, Sir Henry Maine qui écrivit que le roi d'Angleterre régnait sans gouverner, que le Président des États-Unis gouvernait sans régner et qu'il était donné au Président de la République française de ne pas gouverner et de ne pas régner. On peut douter de l'exactitude de cette déclaration. La Constitution française donne un pouvoir considérable au Président ; quoique chaque décret présidentiel doive être contresigné par un Ministre aussi bien que par le Président.

Mais aucun Président ne s'est soucié de prendre la moindre initiative ou d'exercer ses pleins pouvoirs depuis l'infortune qui advint au maréchal Mac-Mahon le 16 mai. Et le fait que ce poste conférait peu de pouvoir réel fut accentué dans ces récentes années par la coïncidence que ni M. Loubet ni M. Fallières, quoique tous deux de dignes hommes, n'étaient de taille à faire autre chose que ce qui est prescrit par le Protocole.

M. Poincaré, avec ses grands talents intellectuels et avec sa brillante carrière comme maître du barreau, aurait sans doute en temps normal fait un effort pour se dégager de ce qui était devenu une tradition ; car, quoiqu'il soit un homme timide, — comme l'indique sa froideur apparente —, M. Poincaré est doué d'une grande résolution. Mais la guerre interdit toute expérience de cette sorte : et même la lettre personnelle de M. Poincaré au roi George dans les jours précédant la déclaration des hostilités a dû être approuvée par ses Ministres.

M. Poincaré lui-même, quoiqu'il écrivît récemment que l'inaction imposée à un Président de la République était mortifiante, exprime dans ce même article la ferme opinion qu'aucune tentative ne devrait être faite pour réviser une constitution qui, à tout prendre, avait servi son but pendant un demi-siècle.

Évidemment, M. Millerand partageait l'idée que les pouvoirs font partie de la Constitution, si le Président veut s'en servir. Car, quelques jours avant son élection en septembre 1920, quoiqu'il déclarât que, s'il était élu Président, il prendrait une part active dans la direction de la politique de son pays, il ne laissa pas entendre qu'il pensait que cela entraînerait aucun changement constitutionnel.

D'un autre côté, M. Briand était un de ceux qui, il y a quelques années, jugeaient une révision essentielle, afin d'augmenter l'indépendance du pouvoir exécutif et de diminuer l'influence transcendante du Parlement.

Il est probable, tout de même, qu'il fut satisfait de n'en pas poser la question. Car, depuis ces deux dernières années, il y a eu un changement complet de sentiment à cet égard et pour une raison assez curieuse. Un homme d'État éminent, qui fit partie du Ministère Briand, me dit à plusieurs reprises pendant la guerre qu'un des premiers devoirs du Parlement après la paix serait d'augmenter les pouvoirs du Président de la République. Depuis, lui et plusieurs de ses amis politiques ont changé d'avis. La leçon qu'ils tirèrent du cas de M. Wilson fut qu'il valait mieux avoir un Président dont les pouvoirs sont trop limités qu'un dont les pouvoirs sont trop vastes.

La position politique de la France diffère de celle de l'Angleterre par ce fait qu'il y a au moins cinq ou six hommes en mesure de devenir Président du Conseil demain sans provoquer la moindre surprise dans le pays ; et le nombre des anciens Présidents du Conseil est très considérable. La liste de ceux-ci n'est pas complète en citant MM. de Freycinet, Ribot, Clemenceau, Caillaux, Barthou, Viviani, Millerand, Doumergue, Painlevé, Leygues, Briand, Méline et Monis [1].

Quelques-uns de ceux que je mentionne ne pourront plus accéder au pouvoir en raison de leur âge avancé et d'autres pour diverses raisons. Mais il en reste un certain nombre encore tout à fait « ministrables » ; mais il serait difficile de donner une liste complète de ceux qui ont été dans les différents Cabinets et ont des chances d'obtenir la Présidence du Conseil.

Aristide Briand, qui fut récemment Président du Conseil pour la sixième fois, a 59 ans. Il est avocat, mais n'a pas pratiqué depuis plusieurs années. M. Briand passe pour indolent, mais à l'occasion personne ne peut montrer plus de fermeté et d'énergie. Il fit sa réputation comme rapporteur de la loi de séparation des Églises

---

1. Depuis que j'ai écrit ceci, un autre ancien Président du Conseil est mort : Combes.

et de l'État. Mais l'exploit qui s'attache le plus à son nom est celui où il dompta la grève générale des chemins de fer en mobilisant les employés et les mettant ainsi sous le coup de la loi martiale.

Quoiqu'il eût commencé sa carrière avec des tendances socialistes, Briand a été longtemps un indépendant. Pendant plusieurs années son nom ne fut inscrit sur la liste d'aucun groupe, mais récemment il a été classé comme socialiste républicain. Il est le plus grand des parlementaires français ; tellement au-dessus de tous les autres qu'il est souvent enclin à compter un peu trop sur son pouvoir de triompher à la tribune. S'il n'est pas le plus grand des orateurs à la Chambre, il est inférieur à Viviani seulement dont la parole est d'un ordre tout différent.

M. Briand est probablement le seul homme politique français, à l'exception de M. Poincaré, qui puisse tenir tête à M. Lloyd George ; quoiqu'on lui ait reproché d'avoir été faible à Cannes. Ceci tient en partie à ce qu'ils sont tous deux plus ou moins du même type. M. Millerand est sans doute ferme et certainement obstiné. Il connaît toujours sa cause à fond comme il sied à un avocat. Mais comme on s'en apercevait quand il était Président du Conseil, il ne peut manœuvrer sur place, défaut vital pour quiconque doit traiter avec M. Lloyd George.

Briand avait aussi l'avantage d'être dirigé et de se fier à la direction de M. Philippe Berthelot. M. Berthelot est le membre le plus remarquable d'une remarquable famille. Son père, homme de science célèbre, presqu'aussi connu comme libre-penseur dans une génération précédente, fit une brève apparition au Quai d'Orsay comme Ministre des Affaires étrangères. Un de ses frères, M. André Berthelot, est sénateur et gros personnage dans la haute finance.

Philippe Berthelot est l'un des Français les plus capables et aussi l'un des plus séduisants. Ses talents littéraires et artistiques ajoutés au charme qu'il apporte dans ses rapports avec les autres en ont fait une figure distinguée dans toutes les classes de la société parisienne. Son œuvre comme diplomate a toujours démontré une personnalité marquante. Il s'est créé de réels attachements, a suscité quelques inimitiés et excité plus de jalousies ; mais généralement il a pu dissiper les partis-pris, en rencontrant ceux qui les éprouvaient avant de le connaître.

Les ennemis de M. Berthelot crurent que les désordres d'une banque dont son frère était président leur fourniraient l'occasion d'arrêter une carrière qui s'annonçait trop brillante pour leur satisfaction. Ils profitèrent de cette opportunité ; pendant que, d'autre part, quelques-uns de ceux qui avaient bien des raisons de lui être reconnaissants ne se ralliaient pas pour le soutenir avant d'être sûrs de la tournure des affaires. Mais l'incident a démontré le courage et le sang-froid de Berthelot [1].

Au Quai d'Orsay il s'est presque toujours rendu indispensable au Ministre du jour. Il est vrai que M. Ribot eut toujours peur que Berthelot ne pût absorber un peu de son pouvoir si jalousement gardé ou devenir trop influent. Mais M. Clemenceau, qui arriva aux Affaires

---

1. Depuis que les épreuves de ce chapitre ont été corrigées, M. Berthelot, sur les instances de M. Poincaré, a comparu devant un Conseil Disciplinaire, sous l'accusation d'avoir envoyé de sa propre autorité, mais signés par des ministres successifs des Affaires Étrangères (M. Leygues et M. Briand) certains télégrammes destinés à renforcer la position de la Banque Industrielle de Chine dont son frère était président. D'après le résultat de cette enquête, M. Poincaré décida qu'il serait suspendu du service diplomatique pour 10 ans. Comme Philippe Berthelot a maintenant 56 ans, c'est anéantir ainsi sa carrière au Quai d'Orsay. Il paye ainsi chèrement l'erreur qu'il a pu commettre. Mais son pays est aussi un perdant, car la France ne possède pas pour le moment plusieurs diplomates de la taille de Berthelot. En 1920, ses amis firent un effort déterminé en France et en Angleterre pour lui assurer la succession de M. Paul Cambon. Le fait qu'à ce moment M. et Mme Berthelot eurent l'honneur de déjeuner seuls avec le Roi et la Reine fit augurer qu'il serait le bienvenu comme Ambassadeur. Mais, à ma connaissance personnelle, les partisans de Berthelot ne reçurent aucun encouragement de M. Millerand, alors Président du Conseil. M. Painlevé aurait aussi désiré à ce moment remplacer M. Cambon à l'Albert Gate.

Étrangères ayant Berthelot en horreur, en peu de mois plaça la plus grande confiance en lui et compta sur lui absolument.

Quand Lord Derby vint à Paris comme Ambassadeur, Lord Bertie lui dit de se méfier d'un homme entre tous, — Berthelot. Car ce dernier n'avait jamais réussi à s'avancer dans la faveur de Lord Bertie pas plus qu'il n'y réussit auprès de M. Poincaré. Cet avertissement venant de quelqu'un qui avait représenté son pays pendant tant d'années à Paris n'était pas un bon certificat. Mais en moins de dix-huit mois le nouvel Ambassadeur s'était formé sa propre opinion. Je me rappelle Lord Derby me racontant cette injonction de son prédécesseur et son impression à lui que, tout en étant nationaliste au suprême degré, Philippe Berthelot était un sincère ami de l'Angleterre et un ferme soutien de l'Entente.

Mais avec Briand M. Berthelot avait toujours été dans les meilleurs termes d'amitié. C'était en effet l'idée que Berthelot était essentiellement l'homme de Briand qui avait d'abord indisposé Clemenceau contre lui. Avec le retour de Briand au Quai d'Orsay, la position de Berthelot était assurée et elle fut encore fortifiée par la démission de M. Paléologue, généralement tenu pour responsable de la reconnaissance mal avisée de Wrangel par le Ministère Millerand.

Dans l'automne de 1920, quand le Ministère Leygues était seulement un bouche-trou, on sentait que seul un Conseil Briand (ou peut-être une combinaison Poincaré-Briand) serait assez fort pour convaincre M. Lloyd George de prendre des mesures pour contraindre à l'exécution du Traité ou bien pour agir seul au cas où l'Angleterre refuserait de le faire. Du jour où il forma son Gouvernement, M. Briand montra qu'il était impressionné par le fait que la France comptait sur les réparations stipulées dans le Traité et les exigeait de l'Allemagne : son flair d'homme d'État pratique lui fit comprendre que l'humeur dans le pays, aussi bien qu'au Parlement, était telle qu'aucun Gouvernement, qui n'avancerait pas dans cette direction, ne resterait longtemps au pouvoir. Mais quoique Briand soit par nature et par expérience plus apte qu'aucun autre homme d'État français à tenir tête à Lloyd George et quoiqu'il ne le cède en rien au Premier Ministre anglais en ressources ou en fermeté de caractère, il était cependant toujours en état d'infériorité dans ses rapports avec Downing Street.

M. Lloyd George possède une certaine autorité prépondérante du fait qu'il est le seul survivant des signataires du Traité. Mais la réputation européenne de Briand dans la conduite des affaires étrangères était un contrepoids suffisant à un titre dont la valeur devient chaque jour plus douteuse : il est difficile de pouvoir se vanter avec fierté d'avoir fabriqué une machine qu'on ne peut ou qu'on ne veut faire opérer.

M. Lloyd George se couvre de sa majorité. Il est, d'une façon relative, permanent. Quand il traite avec un Ministre des Affaires Étrangères français, il sait qu'à la prochaine conférence il aura peut-être à faire face à un autre — plus ou moins traitable. Il sait que le résultat des négociations du jour et même sa propre conduite peut avoir une répercussion au Parlement français et amener la chute du Gouvernement. Plusieurs ministres ont passé par le Quai d'Orsay pendant que M. Lloyd George est demeuré fermement au pouvoir. Même s'il y a quelque fondement à l'accusation qu'il subordonne quelquefois sa politique étrangère à ses perspectives politiques, il ne le fait qu'en vue d'une élection générale, en vue de ce que le pays pourra prononcer par les scrutins dans un avenir plus ou moins lointain. Son sort n'est pas dans la balance jour par jour.

M. Lloyd George est au pouvoir en vertu d'un majorité unioniste. Quelquefois son gouvernement a fait des choses que cette majorité n'approuvait pas très sincèrement. Et plus d'une fois, après l'Armistice, et depuis la signature du Traité de Versailles, le Comité de Guerre unioniste, ou son successeur, envoya des députations protester au chef d'alors, M. Bonar Law, disant que le parti n'était pas d'accord avec les projets du Gouvernement. Et, plus d'une fois, M. Bonar Law fit entendre avec son calme et sa précision habituels que l'alternative pourrait être une élection générale ; et les membres de la députation retournaient d'où ils venaient comme des chiens battus. Néanmoins M. Lloyd n'a pas de rival dans la Chambre des Communes. Il n'aurait eu certainement rien à craindre, si M. Bonar Law ne s'était retiré.

Mais la situation de M. Briand ou de tout autre Président du Conseil en France est manifestement différente. Un gouvernement qui désire exiger l'exécution du Traité est en présence de l'opposition unie de tous les députés socialistes et doit compter aussi sur un certain nombre de votes adverses de presque tous les autres groupes : quelques-uns, parce qu'il est trop exigeant, et d'autres, parce qu'il est faible soit dans ses demandes à l'Allemagne, soit dans ses conversations avec le Cabinet anglais.

Dans le vote du 26 mai 1921, quand M. Briand demanda à la Chambre des Députés d'approuver ce qu'il avait fait à Londres, le Gouvernement fut soutenu par une majorité de 234, les chiffres étant 391 contre 157.

Mais la minorité de 157 se comptait ainsi :

14 membres de l'Entente Républicaine et Socialiste ;

27 membres de l'Entente Républicaine Démocratique ;

12 membres de la Gauche Républicaine et Démocratique ;

16 Indépendants ;

7 Radicaux et Radicaux-Socialistes ;

48 Socialistes ;

14 Représentants de la Gauche ;

12 Socialistes Communistes ;

7 Députés n'appartenant à aucun groupe.

Des quarante-sept députés qui s'abstinrent de voter quarante-cinq appartenaient à l'un ou à l'autre des groupes mentionnés ci-dessus, mais les deux autres étaient membres de l'Action Républicaine et Sociale ; tandis que de dix-huit députés en congé l'un appartenait à un groupe pas encore nommé, le Socialiste Républicain.

Il est évident qu'une législature ainsi divisée en tant de fractions diverses est en tout temps une mine qui peut exploser et renverser le Ministère du jour. N'importe quelle combinaison peut causer un éclat. Le Président du Conseil est donc forcé de procéder avec circonspection. Si les membres de la Chambre des Communes n'approuvent pas la politique de M. Lloyd George, il peut les renvoyer à leurs circonscriptions, — une incertitude coûteuse. Mais, si les députés n'approuvent pas le Président du Conseil, ils peuvent le renverser sans courir le risque eux-mêmes d'avoir à répondre immédiatement à leurs électeurs. M. Briand est le plus grand exposant contemporain de la science de diriger le Parlement français.

Il est à remarquer que M. Barthou était dans le Ministère Briand ce qu'il est dans celui de Poincaré. Car c'est Barthou qui fit à la Chambre, en mai 1920, une attaque amère contre le traitement que Lloyd George infligeait à la France et aussi sur son mépris des droits français selon le Traité. Barthou avait été incité à faire ce discours par Briand, mais je crois que celui-ci pensa que Barthou avait été trop loin et le félicita moins chaleureusement quand il descendit de la tribune qu'il ne l'avait encouragé à y monter. Par une coïncidence curieuse, cette même après-midi, Lloyd George parla à la Chambre des Communes et fit certaines allusions à la situation de la France qui effacèrent quelque peu, pour le moment, le mécontentement ressenti dans ce pays. Mais d'inclure ainsi M. Barthou dans les Ministères récents est un avertissement que les droits français seront enfin maintenus avec force et poussés avec vigueur. M. Barthou est un de ceux qui pensent encore devenir Président du Conseil. Il fut responsable de la loi de 3 ans passée peu de temps avant la guerre : acte courageux qui lui valut la haine éternelle des Socialistes. Il est également bien connu pour ses œuvres littéraires et historiques et est aussi fier d'être membre de l'Académie française que de sa distinction politique.

Les deux hommes en qui M. Clemenceau avait le plus de confiance à la Conférence de la Paix furent ses deux collègues, qui sont encore à la Chambre, —M. Loucheur et André Tardieu. Le premier est un entrepreneur qui, avant la guerre, avait amassé une fortune, augmentée, dit-on, au cours des événements subséquents. Il a toutes les caractéristiques d'un homme d'affaires énergique et pratique ajoutés à un don de clarté exceptionnel quand il traite de chiffres [1].

De plusieurs conversations que j'eus avec Loucheur en 1920, avant qu'il ne fût revenu au pouvoir, je recueillis qu'il pensait que Lloyd George ne soutenait pas la France. Il ne cachait pas que, s'il était en fonctions, il protégerait les intérêts français par une action indépendante. Il ratifia cette déclaration plus tard en entamant des négociations directes avec Rathenau pour la réparation par l'Allemagne des régions dévastées.

Loucheur a des ambitions politiques, ce qui le porta à aider Briand dans la composition de son Ministère et à rompre ainsi avec les plus dévoués partisans de M. Clemenceau. De ces derniers le plus en vue est André Tardieu. En 1914, il était l'un des rédacteurs du journal *Le Temps* et connu aussi comme auteur de plusieurs ouvrages sur les affaires étrangères. Après quelque temps passé au front, il fit sa réputation comme Haut Commissaire français aux États-Unis. A son

1. Les cinq représentants français furent Clemenceau, Pichon, Klotz, Tardieu et Jules Cambon. Loucheur n'était pas plénipotentiaire, mais partagea avec Tardieu le plus gros de l'ouvrage.

retour, Clemenceau le comprit dans son Ministère. Tardieu, qui a maintenant 48 ans, est sans doute l'homme le plus habile de sa génération dans le monde politique. Mais sa manière est plus propre à lui faire des ennemis que des amis. Pour le moment, il passe son temps, à la Chambre et au dehors, à défendre le Traité et à dénoncer ceux qui ne veillent pas à son exécution.

Loucheur et Tardieu étaient les deux seuls membres du ministère pouvant parler ouvertement et à l'occasion tenir tête à M. Clemenceau. Après la démission de Clemenceau, ils furent alliés politiques jusqu'au jour où ils se divisèrent, quand Loucheur entra dans le Ministère Briand.

Au Sénat, une des figures la plus en vue est celle de Paul Doumer, récemment Ministre des Finances [1].

Millerand, Briand et d'autres furent un certain temps socialistes, quoiqu'aujourd'hui on ne pourrait trouver de champions plus convaincus de l'autorité établie. Mais Doumer a toujours été un républicain de la vieille école, faisant son chemin dans le monde en vertu de ses seuls efforts ; simple dans sa manière de vivre et impeccablement honnête. Il y a quinze ans à peu près, il fut presqu'élu Président de la République ; la majorité de Fallières n'était pas très grande. Plus tard, il fut Gouverneur général de l'Indo-Chine. Quand la guerre éclata, il resta à Paris, alors que le Gouvernement (dont il n'était pas un des membres) et d'autres allaient à Bordeaux. Le 4 septembre, il écrivit à Galliéni la lettre suivante :

---

1. Le quasi-accord de Doumer, en août 1921, avec les représentants de l'Angleterre et de la Belgique sur la répartition de l'argent payé par l'Allemagne fut désapprouvé par ses collègues et faillit entraîner sa démission. Doumer et Loucheur, deux hommes d'une génération différente, d'éducation différente, avec des expériences différentes de la vie, sont connus pour leur mutuelle antipathie. Ce n'est pas un secret que Loucheur convoitait le poste de Doumer.

« Mon cher Général,

« Je viens vous faire un amical et pressant appel.

« Puisque les choses de la politique ont tourné de telle sorte que je n'ai pu participer au pouvoir, à l'heure seule où le pouvoir est tentant, donnez-moi, je vous prie, la possibilité d'agir, de travailler à la chose publique.

« Appelez-moi près de vous à un titre quelconque.

« Par exemple, créez à votre Cabinet un service ou un secrétariat des affaires civiles, et appelez-moi à le diriger.

« Je vous débarrasserai des broutilles, dans la mesure où vous déciderez, et je vous préparerai les éléments de solution des affaires importantes.

« Je sais commander ; je saurai donc obéir.

« Et puis, ce qui me fait vous demander cela avec insistance, c'est que la défense de Paris peut devenir difficile, que les heures tragiques peuvent arriver et que je voudrais pouvoir tomber, en service, à côté de vous, et non comme un badaud qui va voir où pleuvent les coups.

« Si vous prenez tout de suite une décision favorable, envoyez-moi simplement un ordre. Sinon, donnez-moi l'occasion de vous voir.

« Votre tout dévoué,

(Signé) Paul Doumer.

« Il va sans dire que, si je suis appelé au Gouvernement militaire, j'y consacrerai tous mes instants et ne m'occuperai plus de rien autre. »

Galliéni télégraphia au Gouvernement pour demander s'il pouvait accepter l'offre de Doumer et reçut une réponse lui disant de décider selon ce qu'il jugeait le mieux. Plus tard un autre message arriva, disant que le

Cabinet avait décidé qu'il ne pouvait l'autoriser à faire ce que Doumer avait suggéré. Mais Galliéni avait déjà agi, et Doumer ayant commencé à dix heures du matin avait complété son organisation avant midi.

Doumer, plus tard, comme Président de la Commission militaire du Sénat, fut un de ceux qui insistèrent activement pour que les pouvoirs de Joffre fussent restreints.

Quand Briand le nomma Ministre des Finances, il était Président du Comité de Finance du Sénat.

Peu d'hommes en France ont été plus éprouvés pendant la guerre que M. Doumer, qui eut la douleur de perdre trois de ses fils, tués au front.

M. Viviani est le plus grand orateur de France. Il a été et, selon toute probabilité, sera encore Président du Conseil ; mais pour le moment il ne montre aucun désir de revenir tout de suite au pouvoir. M. Painlevé (dont la carrière a été racontée au long dans un chapitre précédent) n'est pas non plus au terme de sa carrière politique, mais il n'a évidemment pas la sympathie de la Chambre des Députés actuelle.

Il reste M. Poincaré, le plus fort et le plus inflexible protagoniste de l'exécution intégrale du Traité, — quoique, selon son opinion, le Traité n'aille pas assez loin, comme il l'a montré, lorsqu'il était le seul à soutenir les protestations de Foch contre l'abandon de la demande française pour l'occupation par les Alliés du pays du Rhin.

Comme Président du Comité sénatorial des Affaires étrangères, il était une force avec laquelle le Gouvernement du jour devait compter. De plus, son influence était accrue par ses articles politiques dans la *Revue des Deux Mondes, Le Temps,* et autres publications. Ce n'est pas un secret qu'il refusa d'entrer dans le Ministère Briand en décembre 1920, parce qu'il espérait être un jour au Quai d'Orsay, en même temps que, probablement, Président du Conseil. Cette aspiration s'est depuis réalisée.

M. Poincaré aura peut-être plus de succès affirmatif dans ses négociations avec M. Lloyd George qu'aucun autre homme d'État français. Contrairement à Briand, il tiendra toujours le Premier Ministre anglais à distance. Sans doute, il accomplira davantage par cette méthode, car peu d'hommes politiques peuvent gagner à se rapprocher trop de Lloyd George. Mais Poincaré agira de cette façon autant par nécessité que par préméditation. Il lui est impossible de se détendre. Il n'est pas sympathique comme l'était toujours Briand. Il ne s'emportera pas comme le faisait quelquefois M. Clemenceau, mais toujours il sera réservé et souvent austère. Les humeurs du Premier Ministre anglais ne l'affecteront nullement. L'expansion et l'irritation de ce dernier le laisseront également indifférent : l'une ne l'amusera pas plus que l'autre ne l'effrayera. Le charme gallois ne fascinera pas l'inexorable « homme de Lorraine ». Poincaré sera tenace pour ce qu'il considère les droits de son pays ; et ce sera au-dessus même des forces bien connues du Premier Ministre anglais que de le détourner de l'objet qu'il poursuit. De plus, il sera sur ses gardes. Car, lorsqu'il lut les rapports des conversations de San Remo, il fut impressionné par le fait que Lloyd George avait parlé d'une manière peu amicale des droits français.

L'intelligence lucide de M. Poincaré et son esprit méthodique répugnent à l'idée des conférences successives qui fixent peu et qui ne laissent rien de fixe pour longtemps. Il a déjà exprimé son horreur pour ce qu'il appelle « la diplomatie de cinéma ». Son opinion est claire. Que de fois depuis ces deux dernières années a-t-il exprimé ses vues : la France doit avoir ce que le Traité lui alloue ! Tant que M. Lloyd George admettra en principe les contestations de M. Poincaré à ce sujet, ils seront d'accord, mais pas plus longtemps. Leur conversation à Boulogne fut satisfaisante précisément parce que l'opinion de Poincaré prévalut sur tous les points essentiels.

Aussi Poincaré est-il soutenu plus solidement par le pays et par le Parlement que ne le fut aucun autre de ses prédécesseurs, depuis Clemenceau ; et c'est M. Lloyd George qui en est responsable. Il est le premier Président de la République qui soit revenu au pouvoir après avoir quitté l'Élysée, quoiqu'il y en ait un autre, aujourd'hui au Sénat, — M. Deschanel.

L'élection générale de 1919 amena quelques surprises par des défaites inattendues, mais ces deux années n'ont mis en relief aucune personnalité nouvelle.

Une des figures le plus en vue dans la nouvelle Chambre est le général de Castelnau. Lorsque l'élection de Millerand, pour succéder à Deschanel comme Président de la République, rassembla les membres du Sénat et de la Chambre, je remarquai que Castelnau fut l'un des seuls qui provoqua un applaudissement spontané en montant à la tribune pour voter. Sans doute fut-ce là un hommage personnel ; mais il est possible que Castelnau soit un jour Ministre de la Guerre.

Un jeune député, M. Forgeot, a donné à la Chambre des preuves d'une éloquence qui impressionne pour le moment, mais qui est encore dénuée d'une compréhension de l'atmosphère parlementaire. Au Sénat, M. de Jouvenel (un des rédacteurs du *Matin*) se fit un nom par des discours qui étaient également intéressants et profonds. Mais, à tout prendre, ce Parlement semble contenir peu de nouveaux talents.

C'est une phrase courante que le nouvelle Chambre ne représente pas le pays ; qu'elle penche trop à droite et qu'elle est réactionnaire. Pour ma part, je crois que ceci n'est pas exact. La Chambre reflète les sentiments de la France, — l'Allemagne doit être forcée à payer, — et la crainte de la France que l'Extrême Gauche ne l'exigerait pas. De plus, les Socialistes, les Communistes et tous les groupes qui en France correspondent à l'aile la plus avancée du Labour Party sont actuellement divisés et engagés dans une lutte désespérée entre eux. Ceci tient en partie au fait que plusieurs étant de petits propriétaires sont opposés au bolchévisme. Mais le courage montré par Clemenceau et ses prédécesseurs immédiats, pendant la guerre, en n'adoptant pas la politique de M. Lloyd George, — céder à toutes les demandes, en laissant à l'avenir le soin de rectifier les choses, — est aussi une des raisons pour lesquelles en France il y eut beaucoup moins de troubles ouvriers qu'en Angleterre et pas de menace inconstitutionnelle pour l'État.

D'après maintes prédictions, les élections sénatoriales de janvier devaient montrer un gain de la gauche ; mais le résultat actuel prouve qu'il n'y avait presque rien de changé. Les trois élections de juillet 1921 furent considérées ensemble comme un revers indiquant peut-être que le Bloc National a passé l'apogée du pouvoir. Mais leur importance ne doit pas être exagérée, car les influences locales y ont joué une part importante.

Le changement n'aura pas lieu probablement avant que le pays se sente plus assuré qu'il ne l'est aujourd'hui que l'Allemagne tiendra ses engagements. .

CHAPITRE VIII

CAILLAUX

Une étude du monde politique en France ne pourrait être complète si elle ignorait M. Caillaux. Il est très possible qu'il ne revienne jamais au pouvoir, d'autre part, il n'est pas en dehors des bornes de la possibilité qu'il soit encore une fois Président du Conseil. J'estime que cette éventualité est plutôt improbable ; mais, en vue de ce qui peut se développer par rapport à l'exécution du traité de Versailles, elle n'est pas tout à fait hors de question.

Joseph Caillaux a maintenant 59 ans, le même âge que M. Briand, né quelques mois auparavant.

Je n'ai aucune sympathie pour la politique qu'au cours de toute sa carrière M. Caillaux a constamment soutenue et ne place aucune confiance en elle. Je crois qu'elle aurait été fatale pour son pays, comme elle fut, sous quelques rapports, hostile à l'Angleterre. Mais on ne peut pas accuser Caillaux d'être opportuniste, encore moins un aventurier politique ; sur ce dernier point, il y a en Angleterre une notion fausse très répandue, tout à fait en conformité avec notre ignorance prédominante sur les personnages politiques des autres pays.

Un membre du Gouvernement m'a demandé une fois comment Caillaux était arrivé à prendre pied dans la vie publique, s'il n'avait pas commencé par être démagogue. En réalité, personne n'est moins un flibustier politique que Caillaux. Il y a beaucoup d'hommes d'État français d'aujourd'hui qui se sont élevés par leurs efforts louables au pouvoir et au faîte, en partant d'origines tout à fait obscures. D'autres doivent leur proéminence aux intrigues, moins dignes d'éloges. Mais Caillaux est né dans la pourpre ; il est, je crois, le seul ministre ou ancien ministre vivant en France aujourd'hui qui soit aussi le fils d'un ministre. Le père de Caillaux était un ancien collègue du duc de Broglie, au moment de l'épisode du Seize Mai. Cette relation politique, aussi bien que le fait qu'il peut être plutôt sorti d'une souche plus élevée dans le rang social que la plupart des hommes politiques français, a été dans une certaine mesure responsable d'une certaine arrogance, un peu singulière chez le chef du parti radical. Un jour, M. Joseph Reinach m'a dit : « Caillaux fut élevé sur les genoux des duchesses », en parlant du milieu dans lequel il fut mis en contact par suite de l'amitié de son père avec le duc de Broglie et d'autres personnages du faubourg Saint-Germain. En même temps, il m'a raconté comment il fut également contrarié et scandalisé (M. Reinach, ainsi qu'il convenait à un disciple de Gambetta, était, avant tout, républicain), lorsque dans les couloirs de la Chambre des Députés, Caillaux lui dit, avec quelque mépris, d'un de leurs collègues qui avait interrompu leur conversation : « Il n'est pas de notre monde. »

Joseph Caillaux hérita de son père (qui fut à un moment Président du Chemin de fer du P.-L.-M.) d'une fortune moyenne. Pendant quelques années, il resta au service du Gouvernement et arriva à être inspecteur des Finances. En 1898, il fut élu l'un des députés du département de la Sarthe. En l'espace d'un an il devint, par suite d'une série d'événements, Ministre des Finances dans le Gouvernement Waldeck-Rousseau.

On résume bien la politique de Caillaux avant la guerre en disant qu'il voulait arriver à régler tous les différends en suspens avec l'Allemagne, dans l'idée que la sécurité de son pays et la paix de l'Europe seraient de cette façon mieux assurées que par une alliance

étroite avec la Grande-Bretagne. Il ne s'opposait pas
à une entente, encore moins était-il hostile à l'Angleterre ; mais il était fermement convaincu, ainsi que le
furent beaucoup de Français avant lui, comme le sont
encore beaucoup aujourd'hui, que s'il y avait une alliance quelconque, l'Angleterre aurait la part du lion
et ne se servirait de la France que pour ses propres
buts. « Désintéresser l'Empire Germanique, comme fut
désintéressée la Grande-Bretagne par des concessions
raisonnables, c'est la vraie politique. Il ne me faudra
recourir à une autre que si l'Allemagne se montre
trop exigeante. » Voilà la politique étrangère de Caillaux, telle qu'il la définit lui-même [1].

Je crois que Caillaux avait une opinion absolument
fausse en pensant que la France y perdrait dans une
alliance avec l'Angleterre ; pourtant, les circonstances
m'obligent à reconnaître que les hommes actuellement
au pouvoir en Angleterre font tout leur possible pour
prouver à la France qu'il avait raison ; mais quelle
qu'ait été son erreur de jugement, c'était une opinion
qu'il avait, comme Français, tous les droits de soutenir,
même si elle n'était pas bien fondée ; mais aussi on a
accusé Caillaux d'avoir conclu un mauvais marché
pour son pays ou de l'avoir trahi (les histoires varient
entre ces deux degrés) dans les négociations d'Agadir.
Sans tenir compte des bruits et en ne fondant son jugement que sur les faits et les documents admis, la vérité
semble être comme suit : « Lorsque M. Caillaux devint
Président du Conseil en 1911, il demanda à M. Léon
Bourgeois d'aller au quai d'Orsay. M. Bourgeois, selon
sa coutume presque invariable (on sait qu'il a refusé
tous les hauts emplois politiques plus d'une fois),
refusa. M. Caillaux demanda alors le concours de
M. Poincaré, qui, de même, se déroba. Dans son embarras, il se tourna ensuite vers M. de Selves. M. Caillaux a écrit lui-même qu'il fut encouragé à agir ainsi

1. *Agadir*, p. 132.

par M. Clemenceau qui, lorsqu'il était au ministère lui-même, a songé à envoyer M. de Selves au Quai d'Orsay. Que cela fût ainsi ou non, cette nomination vraisemblablement innocente était destinée à créer des difficultés sans fin à M. Caillaux. Quiconque connaît l'ancien Préfet de la Seine ne saurait nier qu'il soit un des hommes les plus aimables, peut-être trop aimable. Il n'y a que quelques mois qu'il fut dépossédé de ses fonctions de Président du Comité des Affaires Étrangères au Sénat, pour faire place à M. Poincaré, parce que ses adversaires alléguaient que, dans son désir de plaire, il cédait continuellement aux demandes du Gouvernement du jour. En somme la caractéristique prédominante de M. de Selves a toujours été le tact plutôt que la force de caractère. Ce personnage agréable n'était pas de force à mettre fin à cette activité turbulente qui conduisait toujours Caillaux à se mêler à quelque chose ressemblant de fort près à l'intrigue ou à tenir tête au quelque peu brutal, mais très compétent M. Kiderlen-Waechter, dans la crise qui approchait rapidement ; car ce ne fut que quelques jours après que M. Caillaux fût entré au Ministère que l'Allemagne envoya la canonnière *Panther* à Agadir.

On se demande encore qui fut responsable de ce coup et quel en fut le but. On a suggéré que ce fut simplement l'un de ces mouvements impulsifs du Kaiser qui si souvent embarrassaient ses conseillers ; mais il me semble que cette hypothèse ne se soutient guère, et que beaucoup de choses portent à croire qu'il y eut là une action délibérée du Gouvernement allemand à l'instigation du secrétaire des Affaires Étrangères, M. de Kiderlen-Waechter. Quel en fut le motif, c'est une question plus difficile à résoudre. A mon avis, son principal but fut d'éprouver la résistance de l'entente entre la France et l'Angleterre. L'astucieux Kiderlen-Waechter était quelque peu embarrassé de savoir jusqu'à quel point l'Entente était solide, quelle tension elle supporterait, si les actes venaient à rem--

placer les paroles. Par contre, il comprenait clairement qu'une certaine connaissance sur ce point était essentielle pour diriger la politique allemande.

Il se rendit compte que la conséquence de cette expédition du *Panther* indiquerait si la France pouvait encore être impressionnée par des menaces ou si c'était le commencement d'une nouvelle époque où les fanfaronnades seules ne suffiraient plus.

Certainement, la mort prématurée de M. Kiderlen-Waechter fut une perte dont l'Allemagne ne ressentit tout l'effet que durant la guerre. Il était assez grossier à la fois dans ses perceptions et dans ses façons d'agir ; son genre de vie mina sa constitution et abrégea ses jours. De plus, il était souvent en désaccord avec ses subordonnés dans le service diplomatique, parce que leurs femmes ne tenaient pas toujours à recevoir une certaine dame avec qui ses relations faisaient l'objet de maintes critiques. Un fait qui le caractérise bien, c'est qu'il n'ait rien vu d'extraordinaire à choisir un moment où la situation entre les deux pays était très tendue, pour faire une excursion de l'autre côté de la frontière avec la baronne de X... Quoiqu'ils voyageassent incognito, il y avait toujours la possibilité qu'on pût reconnaître le Secrétaire des Affaires Étrangères d'Allemagne, ce qui, vu l'état d'exaspération du sentiment public, aurait pu causer un incident désagréable. Le quai d'Orsay eut peur, par conséquent, Caillaux ordonna au Préfet du département en question d'accueillir officiellement l'homme d'État allemand, il alla même jusqu'à le faire photographier avec sa compagne. Kiderlen-Waechter fut très ennuyé de cette interruption dans ses vacances ; mais il fut obligé de battre en retraite précipitamment vers l'Allemagne.

Cependant, ce qui lui manquait de finesse était contrebalancé par la netteté de ses actes et par la clarté de ses vues. Il ne se trompait pas sur l'incompétence dangereuse du Kaiser ou la médiocrité du chancelier Bethman-Hollweg. Ses lettres à son amie, la baronne de X., (dont seulement une partie a été publiée), le prouvent de délicieuse façon. Dans cette correspondance le Kaiser est connu sous le nom de « la fourrure » et le Chancelier de l'Empire comme « la petite bête ». Kiderlen-Waechter montre d'un bout à l'autre son mépris pour une paire d'hommes qu'il dénomme « les deux vieilles femmes ». En juillet 1911, les flottes anglaise et allemande devaient se rencontrer dans les eaux norvégiennes où elles manœuvraient toutes deux. Malheureusement, la date de cette rencontre se trouvait tomber la veille du jour où la visite du Kaiser à la Norvège prenait fin. Kiderlen-Weachter fut saisi d'inquiétude. « Avec son tempérament, en vue de deux grandes flottes, il perdra tout équilibre, dépassera les bornes et fera Dieu sait quelles bêtises, » écrit-il à la baronne de X. Le secrétaire des Affaires Étrangères révèle donc ses craintes à notre ambassadeur, Sir Edward Goschen, et obtient que la date soit changée. En racontant ce qu'il avait fait à la baronne de X. et en parlant encore du Kaiser, il écrit : « Dans son exubérance il dirait et ferait des choses qui rendraient les Anglais méfiants, parce que, ne connaissant pas son étourderie, ils croiraient qu'il veut les compromettre aux yeux de leurs amis... Et avec tout cela nous n'aurions, en réalité, aucun but politique, rien que l'amusement de la fourrure. »

Berlin fut le centre des négociations qui s'ensuivirent. La France était dignement représentée par M. Jules Cambon. Mais, dès le commencement, cet éminent diplomate semblait sentir que l'appui du Quai d'Orsay ne suffisait pas et qu'afin d'en assurer une conclusion heureuse il était souhaitable que M. Caillaux lui-même s'occupât des péripéties de l'affaire. Dès le 10 juillet 1911, M. Cambon écrivit une lettre confidentielle à M. Caillaux. « C'est M. de Kiderlen qui conduira la négociation au point de vue allemand, mais il est bon qu'il sente qu'au point de vue français vous y avez la main. »

Il est évident par ceci et par des lettres ultérieures de M. Cambon que l'intervention de Caillaux fut faite à l'instigation de l'ambassadeur français lui-même, qui estimait que ce serait pour les meilleurs intérêts de la France. Caillaux prêta tout de suite son appui à l'ambassadeur. Qu'il ait usurpé, en agissant ainsi, les fonctions de Ministre des Affaires Étrangères est une question différente et d'une importance moindre. Mais certainement Caillaux froissa M. de Selves et ses amis, ce qui par la suite lui a coûté cher.

Je n'ai pas l'intention d'entrer dans les détails de ce conflit. Mais la plus grande et la plus haute responsabilité de Caillaux, — son devoir envers son pays —, est couverte par le fait que ce fut en réponse à l'appel de l'ambassadeur même qu'il vint à son aide et qu'à la fin l'heureuse issue des négociations fut en grande partie due à Caillaux lui-même. Telle fut du moins l'opinion de M. Cambon dont le jugement ne peut être facilement contesté. Écrivant à Caillaux le 23 octobre 1911, de Berlin, il exprime l'espoir d'être présenté à Mme Caillaux la première fois qu'il aura l'occasion de venir à Paris, et il ajoute : « Et je serais heureux que ce voyage pût être prochain, car ce serait la preuve que la négociation à laquelle vous avez présidé et qui fera tant d'honneur à votre prévoyance d'homme d'État est heureusement terminée ». Et, le 23 novembre, il écrit encore : « Je crois que je puis enfin vous féliciter d'avoir mené à bien par votre persévérance et votre volonté personnelle l'œuvre de notre accord marocain ».

Il reste encore l'accusation plus grave que M. Caillaux eut des négociations avec l'ambassade allemande à Paris par une entremise secrète inconnue, soit de M. Cambon ou de M. de Selves. De fait, entre le 25 et le 28 juillet, un certain M. Fondère, qui était de nationalité française, agit comme intermédiaire entre M. de Lancken, conseiller de l'ambassade allemande, et M. Caillaux, l'intrigue ayant été lancée par M. de

Lancken. Le 28 juillet, M. de Selves communiqua à M. Caillaux deux télégrammes qui depuis sont devenus célèbres sous le nom de « dépêches vertes ». C'était deux dépêches de l'ambassadeur d'Allemagne, M. Schoen, au Ministre des Affaires Étrangères allemand. Pour une raison inconnue, l'ambassade d'Allemagne envoya des télégrammes dans un ancien chiffre qui n'avait pas été utilisé depuis quelque temps et dont le Quai d'Orsay avait la clef. Les messages furent donc déchiffrés par les subordonnés de M. de Selves, et, comme il est d'usage en pareils cas, les traductions furent écrites sur du papier vert. Ils contenaient un récit des conversations Fondère-Lancken qui s'accorde plus ou moins avec celui que M. Caillaux en donna lui-même. La partie vraiment importante est la dernière phrase du second télégramme daté du 27 juillet, à 9 h. 35 du soir : « Caillaux demande instamment qu'on ne fasse rien connaître à Cambon de ses ouvertures. » M. de Selves communiqua ces télégrammes interceptés à M. Caillaux pendant la matinée du 28 juillet. Selon le rapport que celui-ci fait de l'entrevue, M. de Selves ne se plaignit pas de ce que M. Caillaux avait eu des négociations secrètes à son insu, mais il attira l'attention de M. Caillaux sur la phrase exigeant que la Wilhelmstrasse n'en dît rien à M. Cambon. Caillaux nia avoir jamais fait une telle demande et dit qu'au contraire il se procurait simplement des renseignements qui pourraient assister M. Cambon dans ses entretiens avec Kiderlen-Waechter. En effet, le 29 juillet, Caillaux envoya réellement M. Pietri à Berlin pour raconter à M. Cambon les conversations Fondère-Lancken. L'aurait-il fait sans la découverte des télégrammes par le Quai d'Orsay ? Kiderlen-Waechter avait-il raison lorsqu'en écrivant le 29 juillet à la baronne de X., et après avoir dit que Lancken était arrivé de Paris pour discuter les conversations Fondère, il commente le désir qu'avait M. Caillaux de garder le secret, en ajoutant qu'il savait déjà que depuis quelque temps Cambon et .

Caillaux rivalisaient pour savoir qui l'emporterait en
crédit d'avoir fait un arrangement satisfaisant avec
l'Allemagne.

Je crois qu'il est plutôt probable que Caillaux fut
responsable de l'injonction de tenir les conversations
secrètes, mais aussi je suis porté à penser que toute
l'affaire provient non du désir d'empêcher ou de prévenir M. Cambon, mais simplement de cette tendance
à l'intrigue qui a son origine dans l'incessante activité
de M. Caillaux et dans cette incapacité d'attendre et
de laisser les choses prendre leur cours, ce qui lui a
toujours été fatal.

Mais dans tout cela, on ne peut rien voir, à part un
certain manque de convenance et un procédé qui aurait
pu être dangereux. Du résultat aucun mal n'est survenu.
Après la conclusion des négociations, M. Cambon put
féliciter M. Caillaux de ce qu'il avait accompli en termes
qui ne témoignaient pas seulement d'une politesse
superficielle. Bien plus, lorsque Caillaux subissait son
procès après la guerre, la question de sa conduite à
cette époque fut mise en cause. M. Jules Cambon fut
appelé comme témoin. Il n'eut rien à dire ou à alléguer
contre M. Caillaux.

Voilà pour Agadir.

En 1913 survint le drame qui interrompit la carrière
politique de M. Caillaux et ce ne fut que quelques jours
après l'acquittement de Mme Caillaux, en 1914, que
l'Allemagne déclara la guerre.

Pour comprendre la conduite de Caillaux durant
cette période, il faut d'abord examiner son caractère
et son tempérament. Joseph Caillaux est un homme de
grandes capacités, d'une énergie inépuisable et de
grande résolution. Il a foi en ses propres forces et au
point de vue intellectuel comme aux autres points de
vue il fait preuve d'arrogance. En outre, il possède un
courage à la fois physique et moral d'un degré quelque
peu au-dessus de la moyenne. Il n'est pas du tout ce
que les Français appellent sympathique. Quoiqu'il

ne parle pas aussi bien que Briand et Viviani, on peut
presque l'appeler un grand orateur. Mais alors même,
sa voix avec l'intonation métallique, son maintien qui
trahit l'arrogance de sa nature et ses gestes plutôt
gauches, mais toujours vigoureux, tout indispose contre
lui : la première impression est défavorable et l'on n'est
séduit que par une certaine lucidité d'expression et une
concision d'arguments qui sont loin d'être fréquents
parmi les hommes politiques français. On le décrit souvent comme « fastueux », mais, en réalité, il vit très simplement à Mamers et il est juste d'ajouter qu'il est
très aimé dans la petite ville où il a passé toute sa vie.
Il est réputé pour ses connaissances et son habileté en
matière de finances. Il n'est pas, d'ailleurs, comme feu
M. Rouvier un financier devenu homme politique, mais
un homme politique qui jusqu'à un certain point s'est
dévoué aux finances. Je sais qu'il a passé plusieurs
années dans l'Administration des Finances, mais il
abandonna cette carrière alors qu'il était encore jeune
et ce ne fut qu'après avoir été Ministre des Finances
qu'il devint directeur de diverses banques et compagnies. Ses connaissances générales reposent sur une
base plus étendue que celle de la plupart de ses contemporains. Mais ces connaissances ne sont pas dévelop-
pées suffisamment pour influencer ses idées. En effet,
son point faible intellectuellement est l'absolue fixité
de ses opinions qui sont invariables. Sous ce rapport
Briand et Caillaux représentent les deux extrêmes.
L'un, d'une nature indolente, mais avec des accès
d'énergie, ouvert à toutes les idées et subtil au dernier
point ; l'autre, travailleur et laborieux mais insensible
à toutes les choses extérieures, à moins qu'elles ne
puissent être utilisées pour soutenir ses opinions déjà
acquises. Caillaux manque de jugement et peut-être
l'homme d'État qui a dit que le « bon sens » lui faisait
défaut, avait-il raison. Il a le don malheureux de s'en-
tourer ou de se permettre d'être entouré de gens qui
varient entre des personnes simplement indésirables

et de dangereux aventuriers. Ceci provient en partie de sa turbulence et en partie de ce qu'il est un homme qui se fait peu d'amis. Pour Caillaux il vaut mieux avoir n'importe quel instrument que de n'en avoir aucun, et son choix n'est jamais bien fameux.

Il est ambitieux et a une foi absolument sincère en ses propres capacités. Son plus grand défaut, ou du moins le défaut qui lui a été le plus fatal, est son entière impossibilité, à un moment donné, d'attendre et de laisser les choses suivre leur cours. Cette malédiction le conduit à des intrigues inutiles lorsque tout marche bien ; et à des luttes futiles et qui ne servent à rien lorsque les choses vont mal. Il n'est pas un grand homme et même il ne possède pas beaucoup des éléments qui font un grand homme : mais il possède dans une certaine mesure des moyens très supérieurs qu'il sait mener avec une vigueur tout à fait extraordinaire.

Une de ses idées fixes est sa conception de l'Angleterre et de l'Empire britannique. Il appartient jusqu'à un certain point à l'école de Rouvier qui, comme Président du Conseil en 1905, obligea M. Delcassé à quitter le Quai d'Orsay sur la demande de l'Allemagne et déclara : « Une alliance franco-anglaise serait la guerre et la défaite. Ma main sècherait plutôt que de signer pareille alliance. » Les opinions de Caillaux sur la valeur exacte d'une alliance étroite avec l'Angleterre ne proviennent pas d'un sentiment hostile. Au contraire, il a un certain respect et une certaine estime pour les institutions anglaises. Mais il croyait (et croit encore) que l'Angleterre a dépassé le sommet de sa plus grande puissance et prospérité ; que l'Irlande est un problème qui ne sera jamais résolu et que les Indes conduiront à une dissolution générale de l'Empire.

Si Caillaux avait été bien conseillé, il serait demeuré dès le début soit au front, soit tranquillement à Mamers. S'il avait agi ainsi, s'il s'était tenu discrètement à l'écart de toute participation à la vie politique et s'il avait aussi évité soigneusement tout incident capable de tourner l'attention du public vers lui, il est plus que probable qu'il eût au moins fait partie d'un ministère. Mais s'attendre à ce qu'il veuille ou puisse adopter une telle attitude c'est se méprendre sur sa nature même. Il ne pouvait endurer de voir de grands événements se dérouler dans le monde dont, pendant des années, il avait été l'un des maîtres et d'où maintenant il était relégué en exil pour ainsi dire. Il pouvait d'autant moins l'endurer qu'il croyait que les hommes au pouvoir faisaient mal ce que, lui, pourrait bien faire. Par exemple, dans une conversation particulière, en décembre 1914, il fit remarquer qu'il ne pouvait comprendre pourquoi le gouvernement n'émettait pas un grand emprunt national, qu'avec la France délivrée jusqu'à un certain point par la bataille de la Marne, c'était le moment propice qui ne se produirait probablement plus si la guerre se prolongeait, et que l'argent ainsi obtenu serait moins cher que celui que le gouvernement serait obligé de se procurer à l'étranger dans le cas où la guerre durerait encore deux ou trois ans. Son état d'agitation fébrile ne lui permit pas de demeurer inactif. Son audace le conduisit à des imprudences dont son manque de jugement ne lui permit pas de réaliser toute l'énormité.

Au commencement de la guerre Caillaux devint payeur aux Armées. On dit (à tort ou non) que pendant son séjour au front, il eut des démêlés avec plusieurs officiers, parmi lesquels quelques Anglais. Il est probable que le Gouvernement ne fut que trop heureux de l'envoyer au loin, en mission commerciale au Brésil ou en Argentine. Là-bas il rencontra par hasard un jeune homme du nom de Minotto, employé par la Compagnie Guaranty Trust Cº, de New-York, mais qui était, paraît-il, d'origine allemande. Il semble que Caillaux parla assez ouvertement à Minotto et que celui-ci rapporta les conversations à l'ambassadeur d'Allemagne à Buenos-Ayres. Après son retour en France, Caillaux fut approché à plusieurs reprises par des gens qui agissaient à l'instigation de l'Allemagne. Il est clair qu'il ne voulut rien avoir à faire avec eux et qu'il leur enjoignit nettement de le laisser tranquille. Il n'est pas aussi clair qu'il fît part de ces ouvertures au Gouvernement. Caillaux affirma qu'il avait communiqué les faits à M. Briand, ce que celui-ci nia.

Plus tard, en décembre 1916, il alla rejoindre Mme Caillaux en Italie. A Rome, il eut des entretiens avec divers Italiens (par conséquent avec des sujets d'un pays allié), et notamment avec M. Martini à qui il exprima des doutes que la France pût gagner la guerre, si la prochaine offensive ne réussissait pas, et à qui il dit qu'il serait nécessaire alors de faire la paix, même si seulement l'on n'obtenait qu'une partie de la Lorraine, bien qu'on ne pût pas s'attendre à ce que l'Angleterre rendît les colonies allemandes.

Je dois avouer que, malgré le peu de sympathie que j'ai toujours eu pour la politique de Caillaux, je ne vois pourtant rien qui ne soit patriotique dans une telle conduite. S'il avait fait de la propagande, cela apparaîtrait sous un tout autre jour. Mais ces opinions furent communiquées à un homme politique avec qui il échangeait des vues dans une conversation particulière. Je ne puis qu'établir une comparaison avec une remarque que me fit un membre du Gouvernement anglais vers cette époque. Nous venions de discuter la même question, — la seule en ces jours-là —, la guerre, et en réponse à quelque chose que je lui dis, ce personnage me répondit : « Tout cela, c'est très bien, mais vous ne voyez que le côté français. J'espère que je me trompe, mais je ne crois pas que nous puissions arracher l'Alsace-Lorraine à l'Allemagne, et on ne peut pas s'attendre, comme vous le suggérez, à ce que nous continuions à nous battre pour l'impossible, simplement pour plaire à la France. » Telle était l'opinion parfaitement sincère d'un patriote, exprimée dans une conversation après le déjeuner, avec quelqu'un qu'il savait être fortement favorable aux prétentions françaises. Je trouve qu'il est difficile d'établir une distinction entre ceci et les paroles de Caillaux à M. Martini.

Mais s'il y a quelque doute que la politique mal inspirée de Caillaux ait été dictée par ce qu'il croyait fermement être le bien de son pays, je crois que ce qui fut trouvé dans le coffre-fort de Florence suffit pour le dissiper, — le fameux coffre-fort qui désappointa tant d'attentes. Le document donnait une esquisse de ce que Caillaux comptait faire quand il reviendrait au pouvoir. Il faisait présager la conclusion d'une paix, après que le Ministère eût été formé, c'est-à-dire qu'un Gouvernement Caillaux adviendrait parce que le pays demanderait la politique de Caillaux. Le passage suivant est significatif : « Dans quelques conditions que se fasse la paix, après la victoire obtenue par le nouveau Gouvernement, ou que le Gouvernement soit formé pour la conclure — ne rien faire, ne rien conclure sans un mandat spécial du pays. »

Un homme qui dressa un plan dans l'attente d'être appelé au pouvoir et qui souligne son intention de ne conclure aucune paix et de ne prendre aucune mesure définie sans un mandat spécial ne peut guère être appelé un dictateur possible, encore moins un traître.

Les noms de ceux que le mémoire mentionne comme collaborateurs possibles sont également significatifs : ils forment un ensemble singulier dont je ne cite que quelques-uns : Jean Dupuy, Pichon (l'ombre fidèle de Clemenceau), Charles Humbert, Longuet le socialiste, Malvy [1], après le nom duquel Caillaux ajoute lui-même un point d'interrogation, et Franklin-Bouillon. Tandis qu'en fait d'ambassadeurs, Caillaux pensait à Briand, Barthou, Painlevé, Leygues, qu'il comptait envoyer en Italie, et Doumergue.

En somme, il n'y a rien d'extraordinaire dans tout le

---

1. Ce fut M. Poincaré lui-même qui insista pour que Malvy fût retenu dans divers Cabinets comme ministre de l'Intérieur, ou du moins, en exprima le désir. Ce fait me fut communiqué par l'un des collègues de Malvy au Ministère.

document. Caillaux croyait que le cours des événements le ferait probablement appeler au pouvoir (le mémoire lui-même mentionne M. Caillaux comme Président du Conseil, fixant ainsi son rôle) et il songeait d'avance à ce qu'il ferait lorsque ce jour arriverait.

Ceci s'accorde absolument avec les conversations que Caillaux eut avec M. Martini, lorsqu'il dit qu'il ne s'attendait pas à ce que le Ministère Briand durât longtemps, et qu'ensuite la question serait que lui ou Clemenceau formât un cabinet (M. Barthou étant hors concours, parce qu'on le soupçonnait d'avoir des idées cléricales).

Caillaux ajouta qu'il y aurait peut-être un Gouvernement Painlevé dans l'intervalle, mais que le Président du Conseil qui suivrait, que ce fût Clemenceau ou lui-même, demeurerait au pouvoir jusqu'à la fin de la guerre.

Il eût été en quelque sorte impossible de prévoir plus clairement les événements. Ribot remplaça Briand et Painlevé suivit Ribot. En vérité, lorsque ce dernier démissionna, il tâcha de réorganiser son cabinet, mais n'y réussit point, parce que Painlevé refusa de rester, en déclarant qu'il lui était impossible de constituer un Gouvernement stable sans l'appui des socialistes. Mais, quand, là-dessus, Ribot abandonna la tâche, Painlevé lui-même forma un ministère dans lequel ne se trouvait aucun socialiste. L'explication donnée plus tard par Painlevé de cette contradiction manifeste fut qu'autrement Poincaré aurait fait venir Clemenceau, ce qui, peut-être, ne paraîtra pas à tout le monde une raison suffisante pour cette inconséquence. En réalité, Poincaré avait averti Painlevé que, s'il refusait la tâche, il serait obligé de la confier soit à Clemenceau, soit à Caillaux et qu'il ne comptait faire venir Caillaux qu'en tout dernier ressort.

Clemenceau remplaça, en effet, Painlevé et demeura au pouvoir jusqu'à la conclusion de la guerre.

Malgré ce récit de la conversation de Poincaré avec

Painlevé (qui a déjà été publié et n'a pas, autant que je le sache, été nié) je doute qu'il eût appelé Caillaux à l'Élysée, si Painlevé et Clemenceau avaient tous les deux refusé ou avaient été incapables de former un Gouvernement.

Mais j'admets que le Président de la République eût été peut-être obligé d'appeler Caillaux, si la guerre semblait perdue, et je ne suis pas disposé à dire que la guerre eût été gagnée sans l'assistance des États-Unis, sur quoi ni Caillaux ni personne d'autre ne pouvait compter à l'époque de sa conversation.

Mais il aurait été plus intéressant, si Caillaux eût dévoilé encore un peu plus de sa vision de l'avenir, s'il avait dit à M. Martini comment il croyait que Clemenceau, en devenant premier Ministre, le traiterait et comment il comptait agir envers Clemenceau, si lui-même était appelé au pouvoir. Caillaux savait aussi bien que personne et encore mieux que la plupart des gens que Clemenceau n'agissait jamais en douceur. Il devait savoir à quoi s'attendre. J'énonçai moi-même en public que je croyais probable que Clemenceau ferait arrêter Caillaux et je ne faisais qu'exprimer la pensée de beaucoup de monde.

Le fait est que la situation avait abouti à un conflit non entre deux hommes, mais entre deux politiques et, comme l'on était en temps de guerre, il fallait que l'un ou l'autre fût supprimé. Si Caillaux avait été appelé au pouvoir, c'eût été son devoir d'arrêter la publication de *l'Homme Libre* ou de *l'Homme enchaîné*, comme il était appelé à cette époque, je crois, et de réduire au silence Clemenceau. Et ne je doute pas qu'il ne l'eût fait.

Il se peut que les méthodes employées par Clemenceau aient été assez dures, mais je ne veux pas imaginer pourquoi quelqu'un eût pu s'attendre à ce qu'il agît autrement. De plus, il est difficile de voir comment on eût pu agir autrement envers Caillaux, homme audacieux et turbulent, doué de grands talents et disposant de quelque soutien dans le pays. Un éminent homme d'État français, qui aurait très bien pu être appelé à régler la situation, me dit qu'il avait une solution toute prête : il comptait envoyer Caillaux à Madère ; mais mon imagination ne me permet pas de voir Caillaux allant en exil sans qu'une sentence fût prononcée et un jugement rendu.

D'autre part, il eût été à la fois plus sage d'avoir simplement fait taire Caillaux pour la durée de la guerre, sans semer partout l'accusation qu'il était un traître, — ce qu'il fut impossible de prouver à aucun moment.

Je vais terminer rapidement cette partie de l'histoire. L'accusation formulée contre Caillaux lors de son procès était fondée sur les articles du Code Pénal qui ont rapport aux crimes de relations avec l'ennemi et d'attentat contre la sûreté de l'État. Pour ceci, il fut acquitté à la majorité par la Cour Suprême (en d'autres termes, le Sénat siégeant comme tribunal spécial). Mais la Cour décida alors d'appliquer à son cas l'article qui a rapport à la « correspondance avec les sujets d'une puissance ennemie, sans avoir pour objet d'établir des relations avec l'ennemi ou d'attaquer la sécurité de l'État. »

Sur ce chef, Caillaux fut déclaré coupable et condamné, la « correspondance » étant ses conversations avec Minotto en Amérique du Sud ; mais il est juste d'ajouter que Caillaux n'avait, selon toute vraisemblance, nullement lieu de croire que Minotto fût Allemand.

J'ai exposé au long l'essentiel du procès de Caillaux, uniquement pour une raison : c'est de rendre clair qu'il ne fut convaincu d'aucun crime qui le mette dans l'impossibilité absolue de revenir au pouvoir. Il est vrai que son interdiction ne finit qu'après l'expiration du Parlement actuel. Donc, sauf à être grâcié par le Président de la République, il ne pourra pas être candidat aux prochaines élections générales. A tout prendre, je crois qu'il y a plutôt peu de chances qu'il devienne encore premier Ministre, d'autant moins que l'inimitié de Briand lui est un obstacle. Il y a seulement quelques mois (le 23 décembre 1920), Briand écrivit au *Figaro*, pour protester contre le fait d'avoir uni son nom à celui de M. Caillaux, ajoutant : « C'est, je le répète, une monstrueuse calomnie, dont la stupidité doit être évidente pour tous ceux qui ont fréquenté le monde politique depuis 15 ans et qui ne peuvent ignorer que M. Caillaux et moi avons toujours été des adversaires irréconciliables. »

Mais, si les Finances de la France vont de mal en pis, le pays pourrait se tourner vers Caillaux. Ses ennemis eux-mêmes reconnaissent ou exagèrent son génie financier. Il apparaîtrait d'autant plus comme le sauveur, si le traité de Versailles devenait un vain espoir, si aucun argent n'était obtenu de l'Allemagne, si l'avertissement de Caillaux que l'Angleterre se protégerait personnellement et laisserait la France dans l'embarras venait à se réaliser. En ce cas, Caillaux pourrait de nouveau devenir Président du Conseil, il aurait alors à en remercier M. Lloyd George entre les mains de qui son avenir repose peut-être maintenant.

CHAPITRE IX

M. LLOYD GEORGE ET LA POLITIQUE DE PARTIS

Les adversaires de M. Lloyd George eux-mêmes avouent que son portrait tel qu'il fut récemment fait par l'auteur inconnu qui s'appelle le *Gentleman with a Duster* (« le Monsieur au torchon ») ne pèche pas par la générosité. Le critique anonyme du Premier Ministre cite plusieurs défauts dont certains sont évidents à tous et d'autres qui peuvent être mis en doute. Mais là où le portrait est inexact, c'est dans son manque de lumières et d'ombres. Il est « tout d'une pièce ». Il ne parle pas des qualités qui aidèrent M. Lloyd George plus que tout autre homme politique à sauver son pays de la domination menaçante de l'Allemagne. L'auteur de *The Mirrors of Downing Street* n'est pas le seul à regretter que l'homme qui put accomplir cela ne soit pas homme à se plaire dans la société de M. Edmund Gosse plutôt que dans celle de Lord Biddell ; qu'il ne possède ni le nom historique de Lord Lansdowne ni l'érudition de Lord Morley : qu'il lui manque la suavité de M. Balfour ainsi que la dignité de M. Asquith. Ce regret est compréhensible. Mais ce qui l'est moins est qu'il ait omis de faire ressortir que ce fut cet homme d'un autre type et d'une fibre différente qui seul fut capable d'exciter la masse de ses compatriotes à faire l'effort essentiel aux moments les plus critiques [1].

1. Le capitaine P. E. Wright, sous-secrétaire du Conseil Suprême de la Guerre, en citant Mr. Lloyd George comme le seul homme qui eût pu gagner la guerre et en faisant face aux attaques dirigées contre le Premier Ministre, justifie ses louanges comme suit : « Malgré ses procédés obliques

Car, parmi tous les hommes d'État anglais, M. Lloyd George était le seul à pouvoir inspirer ou soulever de l'enthousiasme.

De plus, il fut le seul parlementaire anglais (sauf une exception) à faire une impression marquée sur les chefs politiques des pays alliés. Ceci ne provenait pas du fait qu'il était Premier Ministre. C'était un jugement formé au début de la guerre. Pendant l'été de 1916, j'étais à converser avec un homme d'État français, lorsqu'on lui apporta une dépêche de l'Agence de Publicité ; elle transmettait un bruit venant de Londres que M. Asquith envisageait sa démission à cause des troubles causés par la rébellion de Pâques en Irlande. La discussion qui s'ensuivit sur la vraisemblance de cette nouvelle se termina par un haussement d'épaules de mon ami français. « Ça ne fait rien, observa-t-il, pourvu que M. Lloyd George reste. » Le peu de considération que l'on avait en France pour les qualités de M. Asquith m'a toujours étonné.

Non seulement les capacités de Lloyd George étaient appréciées des Français, mais encore ses traits de caméléon étaient regardés comme une assurance de coopération utile. Il sut faire valoir la force de sa personnalité dans ses négociations avec les divers hommes d'État français qui furent Présidents du Conseil pendant la guerre et arriva à travailler utilement avec tous, malgré la différence de caractère et de tempérament qui les distinguait les uns des autres.

Briand est jusqu'à un certain point plutôt un homme du même type que M. Lloyd George avec la grâce justifiante d'être plus détaché de ses intérêts personnels et plus loyal dans ses jugements. Briand estimait les qualités et les défauts de Lloyd George à leur juste

et en-dessous, son goût invétéré pour les hommes vulgaires et sans scrupules ; malgré la méfiance qu'il inspire à ses favoris, même au faîte du pouvoir ; malgré son esprit superficiel, sans-gêne et irritable, tout de même, la détermination de son caractère en fit le chef de l'Alliance sans qu'il se fût arrogé ce titre. »

valeur. Il n'exagérait ni les uns ni les autres et ne prenait pas non plus ses explosions trop au sérieux. Ribot est froid et soupçonneux de nature. Dès le début, il se défia de Lloyd George. Il faut avouer que, par la suite, les faits justifièrent son instinct. Painlevé fut probablement plus intime avec le Premier Ministre anglais que ne le furent aucun de ses prédécesseurs. Lloyd George admirait l'honnêteté limpide du caractère de Painlevé, tout en reconnaissant qu'il possédait lui-même une plus forte nature.

Il serait difficile de trouver deux hommes s'appréciant si peu mutuellement que Lloyd George et Clemenceau. Chacun était beaucoup plus porté à penser aux défauts de l'autre qu'à ses qualités. Clemenceau est essentiellement ce que les Français appellent « un mauvais coucheur ». Il est dur, souvent brusque, satirique au point d'en être cruel et peu d'hommes peuvent travailler avec lui à moins d'accepter entièrement son ascendance, comme le fit le fidèle Pichon. Mais il n'y a rien de mesquin dans son caractère. Son courage, aussi bien moral que physique, est peut-être sa caractéristique dominante. Il est absolument véridique, non seulement parce qu'il trouverait lâche de se comporter autrement, mais aussi parce qu'il prend plaisir à obtenir ce qu'il veut par le courage et par l'audace. Il a horreur du sentimentalisme, mais n'est pas lui-même dépourvu de vrai sentiment. Ceux qui se souviennent de sa façon de regarder les poilus au front l'admettront. D'ailleurs tous les sentiments visibles chez Clemenceau sont sincères et permanents.

Malheureusement il lui répugnait de constater que l'intelligence de Lloyd George était basée sur une certaine agilité mentale plutôt que sur un fond de conviction. Il doutait parfois de sa parole et n'avait jamais foi en son courage [1], tandis que la vanité du Gallois,

---

1. On dit parfois en France que, pendant les jours sombres de mars 1918, Clemenceau fit meilleure figure que Lloyd George.

prouvée par sa susceptibilité à la critique, lui était un grand sujet de raillerie.

D'autre part, Lloyd George s'irritait de l'attitude changeante de Clemenceau qui, selon son humeur, allait de l'amabilité au sarcasme. Il prétendait avoir de l'indulgence pour lui à cause de son âge. Je me souviens qu'il me dit une fois que Clemenceau s'opposait à ce qu'il vît à Paris quiconque des autres hommes politiques français avec qui il avait auparavant travaillé pendant la guerre et qu'afin de ne pas contrarier un homme âgé il y avait consenti, faisant toutefois une exception pour Albert Thomas.

Car Thomas est un de ceux avec qui Lloyd George se sentait le plus à l'aise. Je crois que le fait que Thomas ait pris l'hôtel Claridge à Paris (achevé en 1914), pour servir de Ministère des Munitions, amena Lloyd George à commencer sa saisie des hôtels de Londres. Lorsque Thomas était membre du Cabinet Ribot et pendant sa mission en Russie, il entretenait une correspondance ou des communications particulières avec Lloyd George et ses conseils n'étaient pas toujours selon les idées ou la politique de Ribot. L'intermédiaire était censé être M. Mantoux, un Français qui, avant 1914, était professeur à l'Université de Londres ; qui, ensuite rendit de précieux services comme interprète (il était d'une supériorité rare) aux réunions des Alliés et plus tard à la Conférence de la Paix. Sa récompense, comme celle d'Albert Thomas, fut un poste dans l'organisation de la Société des Nations [1]. Mantoux n'était pas au début un partisan de Clemenceau. La seule fois que je l'entendis discuter la situation, c'est peu après que celui-ci fût devenu Président du Conseil, et il me prédit alors

---

1. M. Albert Thomas reçoit comme directeur des Bureaux du Travail International un salaire qui équivaut à plus de 350.000 francs selon le taux actuel du change. Ce salaire est payé en livres sterling comme tous ceux de la Ligue et n'est sujet à aucune taxe de retenue ou surtaxe. Thomas est certainement l'homme d'État socialiste le mieux rémunéré du monde.

que Clemenceau ne resterait pas trois mois au pouvoir. J'imagine que ce dernier était au courant des opinions de Mantoux et saisit l'occasion de l'avertir de borner ses conversations politiques à interpréter les paroles des autres. Car lorsque, quelque temps après, je racontai cette conversation à Henry Wilson, il remarqua que par là s'expliquait un certain incident : à une Conférence franco-anglaise, Clemenceau avait refusé absolument d'avoir Mantoux comme interprète, mais à la réunion suivante, il y avait consenti, dans l'idée, évidemment, qu'une leçon suffisait.

Les hommes d'État français ont été pour la plupart unanimes à croire pendant la guerre et depuis dans leurs réflexions, que les deux seuls hommes d'État supérieurs que nous possédions (supérieurs de façon bien différente) étaient Lloyd George et Lord Milner. Winston Churchill souleva souvent de l'intérêt et parfois une admiration fugitive, mais les Français ne nous l'enviaient pas. Sir Edward Carson éveilla de la curiosité, mais pour des Français il était et demeura toujours un mystère. Pendant la Conférence de la Paix, Lord Robert Cecil s'acquit beaucoup d'estime, mais on le considérait comme un fanatique dangereux sur certains sujets. M. Balfour était reconnu pour une personnalité et davantage pour un charmeur. Mais un diplomate qui avait connu son oncle, Lord Salisbury, et son cousin, me dit une fois : « Sous la surface, M. Balfour est surtout négatif ; et je ne peux vous en donner qu'une comparaison négative. Il est un Cecil avec tout le cynisme de Lord Salisbury et avec tout son mépris pour ce qui n'est pas de son monde, mais entièrement sans sa ferme détermination de soutenir une bataille perdue jusqu'à la fin ; tandis que d'autre part, il n'a rien de l'enthousiasme généreux, mais souvent déplacé de Lord Robert Cecil. »

A la Conférence de la Paix, M. Lloyd George fit encore du bon travail pour son pays. Ceci demandait une grande efficacité dans l'exercice d'un certain talent, celui d'un jongleur politique, talent que M. Lloyd George possède à un degré exceptionnel. Les droits ou les torts du Traité n'entrent pas dans ce récit. Toutes les conférences des vainqueurs d'une grande guerre font ressortir le côté le plus abject de la nature humaine. Ceux qui ont été des alliés jurés en face de l'ennemi commun ont eu invariablement des dissidences plus ou moins profondes lorsque, la tâche du soldat étant finie, les politiciens commencent à répartir le butin. L'étendue du désaccord était ordinairement limitée au besoin que les vainqueurs croyaient avoir de l'appui et de l'assistance de chacun dans l'avenir. Le Congrès de Vienne en a depuis longtemps été l'exemple classique. Dans l'histoire, sa place sera maintenant sans doute prise par la Conférence de Paris — avec toutes ses intrigues et ses nombreuses bassesses ; ses hypocrisies prouvées par la promesse qu'il n'y aurait plus dorénavant de diplomatie secrète quand il n'y eut jamais rien de plus secret ; la déclaration que les petits pays seraient entendus à l'égard des grandes nations, quand parfois ils ne furent réellement pas entendus du tout et que plus souvent on leur intima que leurs intérêts ne pouvaient être considérés. Mais, pendant qu'il était ainsi démontré que la nature humaine n'avait pas changé, M. Lloyd George fit son devoir en veillant à ce que son pays obtînt ce qu'il voulait ou ce dont il avait besoin.

Bien qu'on ne puisse rien ajouter au savoureux second chapitre du livre regrettable de M. Keynes, il est peut-être permis d'établir cette distinction : M. Lloyd George l'emporta souvent sur M. Wilson et parfois sur M. Clemenceau : dans le premier cas, M. Wilson, soit qu'il ne le comprenait pas ou ne s'en rendait compte que trop tard ; tandis que Clemenceau le savait toujours et, lorsqu'il était obligé de plier, le faisait sardoniquement comme d'après les règles du jeu.

Il est indéniable que M. Lloyd George ne se fonda jamais d'une manière conséquente sur un motif plus élevé que les intérêts de son pays. Et même parfois, il n'arrivait pas à convaincre ses collègues qu'il établissait une distinction définie entre ces intérêts nationaux et son désir d'assurer son propre avenir politique. Il prenait généralement peu d'intérêt — quand il en prenait, — aux affaires qui ne touchaient pas directement la Grande-Bretagne. Mais des sujets tels que le châtiment des criminels allemands de la guerre et surtout de l'ancien Kaiser suscitèrent toujours du Premier Ministre un appui qu'il était loin d'apporter aux prétentions des plus petits pays. Il ne cacha pas qu'il se forgeait ainsi des armes électorales. Toutefois, une des rares conséquences amusantes de la Conférence de la Paix est l'étonnement sans fin des hommes d'État français sur la conduite de M. Lloyd George à ce sujet. Quant à eux, ils se souciaient alors relativement peu de la question de châtiment. Ce n'était pour eux qu'une affaire secondaire. Ce qu'ils voulaient naturellement était une sécurité quelconque pour l'avenir et une certaine réparation, en argent, pour le passé. Mais afin de concilier Lloyd George sur ces derniers points, ils le secondèrent dans ses efforts pour ce qu'il semblait avoir tant à cœur et adoptèrent même sa demande comme la leur. Son indifférence postérieure stupéfia d'abord et puis amusa ses anciens collègues français.

Mais il ne convient pas à un Anglais de se plaindre que Lloyd George ait pensé trop aux intérêts de son pays.

Il est encore moins possible de faire un reproche sérieux au Premier Ministre de ne pas avoir essayé de régénérer la race humaine. Il eut le grand bon sens de borner ses efforts à ce qui était faisable. La courte période de deux ans a démontré que celui des Quatre qui a tâché de faire le plus est la personne responsable de l'état de l'Europe aujourd'hui. M. Alfred Capus a écrit (avec raison) que la plus grande faute de Wilson était d'imaginer que la guerre qui avait détruit dix millions d'hommes avait en même temps rendu la race humaine parfaite, alors qu'en réalité elle n'en avait que diminué le nombre. Et il accuse justement le Président américain d'avoir sacrifié la génération actuelle à sa propre satisfaction, d'avoir dans son exaltation oublié qu'il existait toujours des Américains, des Anglais, des Allemands et des Français et qu'il n'arriverait pas à faire disparaître les différences et les antagonismes de races en brandissant simplement sa baguette magique. « Des enfants de Japhet, toujours une moitié fournira des armes à l'autre. »

Après l'élection générale de 1918, certains amis de M. Lloyd George lancèrent l'idée divertissante que, pour son bien, il devait se retirer et être ainsi libre de revenir comme sauveur, quand d'autres auraient tout gâché ou auraient disparu. C'était, je crois, le journal dont Lord Astor est le principal propriétaire et dont M. J. L. Garvin est l'oracle qui attira l'attention publique sur cette notion bizarre. Il est certain que la tâche qu'avait à affronter Lloyd George était peu agréable et sous certains rapports moins appropriée à son génie que de manœuvrer à Paris. Mais à part le fait qu'il n'y avait personne d'autre capable d'assumer le fardeau et que Lloyd George aurait été lâche de le refuser, qu'aurait-il fait s'il eut de son plein gré quitté Downing Street et abandonné la politique ? Je me suis toujours demandé quel genre de vie Lord Astor et M. Garvin avaient projeté pour lui. M. Lloyd George ne ressemble guère à Sylla qui, ayant exterminé ses ennemis parce qu'il y était forcé, afin de ne pas être exterminé lui-même, fut ravi de s'éloigner du monde politique et de s'abandonner aux plaisirs qui ne tardèrent pas à le tuer. Et la dernière expérience de ce genre en Angleterre n'était pas non plus un exemple encourageant. Ce fut lorsque M. Gladstone décida, en 1879, après la défaite de son parti, qu'il pouvait bien se retirer de la vie publique à l'âge de 65 ans. A part le poids des années, M. Gladstone avait au moins le semblant d'autres poursuites auxquelles il pouvait s'adonner : la composition de traités théologiques, la traduc-

tion des classiques. Il avait en cela l'avantage sur
M. Lloyd George que l'on peut seulement se figurer
jouant perpétuellement au golf à Walton Heath et
discutant les fautes de ses successeurs. Mais M. Gladstone lui-même n'a pu se tenir à l'écart, lorsque le
pouvoir fut à sa portée, et, bien qu'après l'élection
suivante la Reine eût fait appeler Lord Hartington,
M. Gladstone le poussa rapidement hors du chemin et
assuma de nouveau l'autorité.

Les amis de M. Lloyd George allèrent même plus
loin, puisqu'ils annoncèrent ouvertement que le plan
était qu'il ressuscitât au moment opportun. Il aurait,
certes, été quelque peu difficile au Premier Ministre
de trouver un remplaçant pour diriger un parti. Mais
lui-même ne tint sans doute jamais compte de ce projet
insensé.

L'idée de M. Asquith était simple à défaut d'autre
chose. Il protesta avec véhémence et même avec aigreur que l'on n'agissait pas de bonne foi : qu'il avait
toujours été entendu que la Coalition n'existerait que
pour la durée de la guerre et que, par conséquent, elle
devrait se terminer automatiquement à la conclusion
de la Paix et que tous les hommes politiques devraient
reprendre leur allégeance d'avant-guerre. Ce raisonne·
ment ressemble d'une façon singulière à celui de Von
Klück qui a écrit pour se plaindre qu'il aurait gagné la
guerre en 1914, si seulement son adversaire avait
observé les règles. Selon le général allemand, il était
admis comme tradition militaire que la garnison d'un
camp fortifié ne devrait pas en sortir, excepté pour
repousser une attaque, ce que Galliéni avait injustement ignoré en assaillant le flanc allemand pendant que
von Klück côtoyait Paris. *Hinc illæ lachrymæ !*

M. Asquith croyait évidemment que les partis étaient
immuables et que les liens de partis étaient aussi sacrés
que les vœux de célibat d'un prêtre. Plusieurs avaient
comparé Asquith à Pitt ainsi que Macaulay l'a décrit
dans un passage remarquable, — un grand Premier

Ministre en temps de Paix, mais incompétent en temps de guerre ; et ils s'attendaient à son retour triomphant au pouvoir aussitôt après la lutte. Mais cette déclaration prouva au pays en général que M. Asquith avait complètement perdu contact avec les événements ; semblable aux Bourbons, il n'avait rien appris et rien oublié. A la fin de la guerre il avait exactement la même vision mentale qu'en 1914. L'intermède n'avait signifié pour lui que son exil de Downing Street. Et maintenant il proposait sérieusement que tout le monde revînt à 1914 et reprît l'ancienne lutte côte à côte avec ceux qui leur avaient été opposés pendant quatre ans, comme si rien ne fût arrivé dans l'intervalle. Il lui fut impossible de comprendre que des adversaires, qui avaient trouvé un terrain commun leur permettant de travailler ensemble pendant la guerre, pourraient en bonne foi trouver un terrain commun qui leur permettrait de travailler ensemble en ces temps nullement analogues aux années postérieures à 1914. Il trouva sans doute extraordinaire que Lloyd George et M. Walter Long puissent continuer à siéger ensemble sur le même banc du Ministère. Mais il oublia qu'après tout ce qui était arrivé il eût été, par exemple, bien plus extraordinaire et beaucoup plus inconséquent de voir M. Lloyd George et M. Pringle dans le même parti. M. Asquith, à cette occasion, fit un détour pour prouver que ses prétentions politiques s'appuyaient entièrement sur son habileté parlementaire.

M. Lloyd George s'amusa peut-être de la proposition de M. Asquith, mais on peut dire avec sûreté qu'il apprécia encore moins cette idée que celle de jouer lui-même le rôle du Master of Ballantrae avec Lord Astor comme Secundra.

Aussitôt après l'armistice, M. Lloyd George obtint une élection générale. C'était la bonne voie à suivre. Ne l'eût-il pas fait et eût-il permis au Parlement de continuer en temps de paix à renouveler son bail de vie au mépris de la loi, il aurait affaibli sa propre autorité et la position de la Grande-Bretagne à la Conférence. On aurait pu soutenir, — et l'on aurait certainement allégué —, qu'il ne représentait pas l'opinion du pays, — tandis que, plus tard, il aurait peut-être été forcé d'avoir une élection générale avec le Traité de Paix en suspens et, s'il avait été répudié, comme le fut Woodrow Wilson, il faisait ainsi échouer le travail de plusieurs mois. Le résultat réel fut que M. Lloyd George obtint un mandat qu'il exécuta. Le Traité de Versailles ne contient peut-être pas tout ce qu'il promit pendant sa campagne électorale, mais, au fond, il résume tout ce qui fut garanti aux électeurs.

Sans doute convenait-il aux intérêts personnels de M. Lloyd George d'avoir une élection en 1918. Mais la suggestion qui a été faite qu'il aurait dû attendre jusqu'à un moment favorable, — jusqu'à ce que cela arrangeât ses adversaires —, paraît assez bizarre, venant de M. Asquith et de ses partisans.

Après l'élection générale, on vit à Westminster une Chambre des Communes que M. Keynes a décrite comme « un groupe d'hommes à l'expression dure qui paraissaient avoir bien profité de la guerre ». On pourrait conclure de ceci qu'ils étaient des disciples du *Daily News* qui, à la veille de la guerre, aurait poussé l'Angleterre, avec toute la vigueur dont pouvait disposer M. Gardiner, à ne pas prendre part au conflit et à s'enrichir aux dépens de ceux qui mouraient pour leur patrie. Mais le fait est que les opinions de M. Gardiner, celles qu'il avait en 1914 et celles qu'il a aujourd'hui, trouvent peu d'écho dans le Parlement actuel. L'on dit que c'est une Chambre des Communes qui ne représente pas le pays. La vérité est que, de même qu'elle n'aurait pas été une Chambre représentative en 1914, elle ne serait pas non plus une Chambre représentative en 1925. Mais comme la Chambre des Députés en France, elle représente bien son époque, — période transitoire par laquelle nous passons.

M. Lloyd George gagna ainsi du temps pour con-

sidérer la situation et voir quel marché il pouvait conclure.

Il pouvait à l'honneur de son crédit établir le fait
que le parti politique qui était le plus uni (quoiqu'il ne
fût certainement pas uni sur aucun principe déterminé),
celui qui avait le plus de représentants à la Chambre des
Communes et la meilleure organisation dans le pays
était à tous égards en quête d'un chef ; tandis qu'il
était indubitablement le seul chef dont, au point de
vue de la politique pratique, tout parti aurait convoité
la possession. Il était évident que, bien que M. Bonar
Law pût être un brillant second et un grand chef à la
Chambre des Communes, il n'avait ni le tempérament
ni l'ambition d'aller plus loin. M. Bonar Law est d'une
nature à s'attacher à une personnalité plus forte que la
sienne ; et sa loyauté est si ferme, si impeccable que
cet attachement est un appui précieux et inestimable
pour tout Premier Ministre. A un moment son dévouement semblait se porter sur M. Asquith qui n'en tint
aucun compte. Lloyd George, au contraire, l'a cultivé
depuis décembre 1916 ; de sorte que, lorsque Bonar Law
se retira, il était tout à fait considéré comme l'homme
de Lloyd George.

Non seulement le Premier Ministre a peu de con-
currents comme chef de parti, mais il n'y a que deux
personnes dont il craigne l'opposition.

Il a un salutaire respect pour la faculté que possède
M. Winston Churchill d'être désagréablement querel-
leur. Churchill a tout le courage moral qui manque à
M. Lloyd George, sans avoir le tact dans les négociations ou la prudence d'action de celui-ci. Dans la
chaleur d'un discours, M. Lloyd George dit parfois des
choses qu'il a lieu de regretter, mais il agit rarement
avec précipitation. Personne n'est plus attentif à ne
rien faire qui puisse être impopulaire et il est présu-
mable que suivre l'opinion est une bonne politique,
bien que cette attitude n'émane pas de principes fort
élevés. Mais Winston Churchill, pour qui l'approbation

publique n'est pas le souffle de vie (heureusement pour lui, car pendant toute sa carrière il a été en butte aux attaques) n'est retenu par aucune considération pareille. Il agit impétueusement et maintient sa position en face de la résistance, souvent avec plus de courage que de circonspection.

Il tient (et a tenu depuis bien des années) un record dont la regrettée Lady Randolph Churchill avait coutume de se vanter avec un légitime orgueil maternel : il a été au Ministère pendant plus d'années qu'aucun homme de son âge dans notre histoire politique, sauf le plus jeune Pitt.

Il est curieux de réfléchir combien de petits événements peuvent changer toute l'histoire politique d'un pays. En 1902, Bonar Law et Winston Churchill étaient tous deux des candidats possibles pour le poste de secrétaire parlementaire du Board of Trade. Churchill voulait ce poste et le croyait son dû. M. Balfour le donna à Bonar Law. Ce fut cela plus que toute autre chose qui détermina Churchill à passer de l'autre côté de la Chambre, car il s'en convainquit qu'il n'y avait pas d'avenir pour lui dans le parti conservateur. Les liens du parti ont peu de signification pour Churchill. Il croit sincèrement que le pays a besoin de ses services et n'entend pas l'en priver. Il est avant tout et par-dessus tout un grand Winstonien. Son tempérament autoritaire le porte naturellement vers le Torysme, de même que Lloyd George préférerait, si le choix lui était offert, être au pouvoir avec l'appui du parti qui fait appel plus directement au sentiment populaire.

Pendant son éclipse politique temporaire, Churchill servit avec son régiment en France. Mais, à son retour il fit comprendre à Lloyd George par l'attitude qu'il adopta à une séance secrète de la Chambre, ainsi que par d'autres moyens, qu'il y avait le choix entre un collègue amical ou un adversaire parlementaire d'une tout autre trempe qu'Asquith. Le Premier Ministre capitula et Churchill revint au Ministère. Il ne fera jamais opposition à Lloyd George, si celui-ci peut l'en empêcher. La seule éventualité qui pourrait amener cet état de choses est la perspective éloignée que Churchill dirige un jour un parti.

L'autre personne que Lloyd George, pour des raisons bien différentes, surveille avec soin, est Lord Derby. Celui-ci ne possède ni l'humeur querelleuse ni la force de Churchill, qui fut, en un temps, sa bête noire. Mais il a justement ce qui manque à l'autre, un appui dans le pays. Son œuvre de recrutement pendant la guerre restera toujours à son honneur. Il ne fut nullement responsable des griefs bien fondés de ceux qui s'enrôlèrent d'après le plan Derby. Au Ministère de la Guerre il était connu pour un partisan avoué du général Robertson dans le conflit où ce soldat distingué fut le centre. Lorsque Robertson fut remplacé par Henry Wilson, on croyait que Lord Derby démissionnerait immédiatement. Mais ce ne fut que quelque temps après qu'il quitta Whitehall pour remplacer feu Lord Bertie à Paris.

Cette nomination causa une grande surprise et provoqua un vif intérêt de toutes parts. Il était évident que, s'il n'y avait aucun diplomate approprié et disponible pour le poste, (Sir Rennel Rodd y avait quelque droit, mais on ne pouvait se dispenser de lui à Rome), on devait le donner à l'un des principaux pairs. Lord Derby y était naturellement qualifié à un degré éminent et, en acceptant, il porta un coup mortel aux intrigues qui auraient peut-être conduit à la nomination d'un homme peu digne de ce poste. Mais il était si peu connu par rapport aux affaires étrangères qu'on avait des doutes dans certains milieux sur le résultat de ce choix.

Je me souviens d'avoir demandé à l'Ambassadeur de France, M. Paul Cambon, à un déjeuner, quelques jours après que la nomination fut annoncée, s'il savait si Lord Derby parlait français, le bruit courant étant qu'il ne le pouvait pas. « Oui, répondit l'Ambassadeur avec un geste caractéristique, oui, il parle français comme je parle anglais. » Comme personne que je sache n'a jamais entendu M. Cambon parler anglais, le certificat était plutôt énigmatique.

Mais si les opinions étaient partagées avant le départ de Lord Derby, elles furent unanimes bien avant son retour. Son succès fut immédiat et complet. Les Français avaient une confiance illimitée en lui ; et même pendant l'incident de Francfort, cette confiance demeura intacte et sa popularité parmi toutes les classes n'en fut pas diminuée. Lord Bertie était un homme de grands talents qui défendit jalousement les intérêts de son pays. Il était respecté et craint, mais il n'était pas et évidemment ne désirait pas être aimé. Lord Derby éveilla des sentiments bien différents. A Paris son nom est et sera longtemps attaché à ceux des deux seuls autres ambassadeurs anglais qui laissèrent après eux un souvenir permanent — Lord Lytton et, à un moindre degré, Lord Dufferin.

C'est aujourd'hui un désavantage dans le monde politique que d'être pair. Il y a une trentaine d'années et plus, trois hommes relativement jeunes, — George Curzon, Saint John Brodrich et celui qui était alors Lord Wolmer —, le comprirent et cherchèrent un moyen par lequel ils pourraient éviter de siéger dans la soporifique Chambre des Lords. Ils furent conseillés (par Lord James of Hereford, je crois) d'aller consulter un avocat qui pourrait les aider, si quelqu'un le pouvait —, H. Asquith. Néanmoins, même l'habileté de M. Asquith ne fut pas à la hauteur de cette tâche. C'est évidemment M. Lloyd George qui est destiné à assister les pairs peu disposés à accepter l'héritage de leur titre.

Mais, si Lord Derby possède ce désavantage, ce n'est pas, en son cas, sans en avoir quelques avantages compensateurs. C'est un pair ayant une influence territoriale, un des derniers de ceux-là et possédant probablement plus d'influence de ce genre qu'aucun autre pair en Angleterre. Il est une puissance dans le Lancashire : et le Lancashire est une puissance en Angleterre.

D'une importance encore plus grande est la conviction presqu'universelle, aussi bien dans le pays qu'à l'étranger, que Lord Derby représente à un suprême degré le caractère anglais avec ses grandes qualités et ses limitations traditionnelles. Le pays peut admirer l'extrême intelligence de Lloyd George, mais il ne s'y fie pas entièrement. Pour la mentalité ordinaire des Anglais, il semble un peu trop intelligent. Bref, son habileté lui est plus utile pour ce qu'elle lui permet d'accomplir que pour la confiance qu'elle inspire : car dans un plébiscite sur ce dernier point il serait placé bien après Lord Derby.

C'était une chose décidée d'avance que M. Lloyd George offrirait une place à Lord Derby dans le Ministère quand il reviendrait en Angleterre. Mais ce qui n'était pas aussi sûr, c'était la ligne de conduite que Lord Derby suivrait. Il choisit la voie intermédiaire et, dans les circonstances, ce fut la plus raisonnable. Il déclina les ouvertures du Premier Ministre. Mais en même temps, il n'encouragea pas ceux qui, en partie pour servir leurs propres fins, tâchèrent de le forcer à diriger un mouvement quelconque contre le Gouvernement.

Il admet lui-même qu'il est censé avoir à la fois deux ambitions, — être Premier Ministre et gagner le Derby —, et ajoute que de ces deux ambitions il ne lui en reste plus qu'une aujourd'hui. Lord Derby s'intéresse encore aux courses où j'espère qu'il aura du succès. Il est moins probable qu'il soit jamais Premier Ministre. Mais il aura toujours une certaine autorité et peut remplir de hautes fonctions quand cela lui plaira : M. Lloyd George déploie sa sagesse habituelle en ne le négligeant pas.

Du côté conservateur, il n'y a presque personne d'autre pour qui le Premier Ministre doive avoir des égards. Lord Robert Cecil peut devenir incommode, mais ne sera pas un rival. Il est le M. Dick de la politique : l'Église, comme la tête du roi Charles, peut être introduite dans toutes les questions. Une telle faiblesse lui donne un désavantage sérieux comme adversaire d'opportunistes.

Comme lord chancellor, Lord Birkenhead a obtenu un succès à la fois à la Chancellerie et dans les débats à la Chambre des Lords, ce qui a réjoui et quelque peu surpris tout le monde politique. C'est une chose bien connue qu'il n'a aucune intention d'être limité par des traditions sur ce que les anciens lords chancellors devaient ou ne devaient pas faire. Sous ce rapport, ses idées correspondent plutôt à celles de Lord Brougham[1] qu'il égale en vivacité (quoiqu'il ne soit pas aussi versatile) et dépasse en raison. Lord Birkenhead remplira encore sans doute diverses fonctions. Mais il n'est pas impossible que l'ancien espoir du parti Tory dirige un jour ce parti ou son successeur.

La position actuelle d'Austen Chamberlain ne semble pas être très claire. Il a une direction à la Chambre des Communes, mais on ne peut guère le considérer comme chef réel et défini du parti conservateur dans le pays. Le fait que Lord Derby signale Lloyd George comme le chef rationnel de ce parti indique la situation dans laquelle Chamberlain se trouve placé.

Parmi les nouveaux venus, il n'y en a qu'un qui donne de réels espoirs. Sir Robert Horne a acquis une position importante en peu de temps. Il est certainement plus Tory que ne le fut jamais M. Bonar Law ; que ceci soit un avantage ou non est une tout autre question. Il est probable qu'il ira loin : mais aujourd'hui il n'est pas possible comme chef.

Quoiqu'il en soit, le parti conservateur est dans un état de flux, sinon effectivement en voie de dissolution.

---

1. La seule raison qui empêcha Brougham de revenir au pouvoir après avoir été Chancelier fut qu'après cette expérience personne ne voulait travailler avec lui. A un moment donné, il eut l'idée passagère de se faire naturaliser Français afin de pouvoir être élu député.

Le mot « Unioniste » a cessé d'avoir une application. Le mot « Conservateur » n'en a pas beaucoup plus, sauf d'indiquer le parti le moins extrême de l'État.

Disraëli semble avoir entrevu assez clairement ce qui est arrivé et avoir trouvé le seul moyen pour que son parti tienne le pas avec les événements sans être submergé. La Démocratie Tory de Lord Randolph Churchill, bien qu'imparfaite, était entièrement d'accord avec le Disraëlisme. Mais Lord Salisbury adopta une autre attitude. M. Paul Cambon me dit une fois que Lord Salisbury lui donnait l'impression d'un homme qui continue à combattre, sachant que la bataille est perdue, mais sans aucune intention de céder à la tendance de l'époque. Ce n'était pas du Disraëlisme. Mais ceci nous rappelle la remarque réputée de Bismarck à la Conférence de Berlin : « Lord Salisbury est une latte peinte afin de ressembler à du fer, mais le vieux Juif est rusé en affaires. »

Lord Salisbury fut remplacé par Balfour qui compléta la ruine de son parti. Il ne fit aucun effort soit pour conserver les votes d'une classe soit pour obtenir ceux d'une autre classe. Il retourna au Torysme de propriétaire rural, — vie assez agréable, en somme, mais peu propre à gagner des victoires pour le Parlement. Si le parti conservateur avait eu un autre chef, les progrès du parti travailliste auraient été moins rapides. Mais M. Balfour perdit ce qu'on appelait le vote de la classe ouvrière (la base de la force du Torysme une fois que la franchise fut étendue) et ne fit rien pour obtenir l'appui de la classe moyenne que Gladstone avait fortement rivée à la cause libérale. Enfin il fut coupable de l'erreur tactique de refuser d'avoir recours à une élection lorsqu'il devint évident que le Gouvernement était discrédité.

Selon l'avis unanime, M. Balfour a beaucoup de charme. Mais son détachement est quelque chose de presqu'inhumain. Je l'ai entendu, à un moment critique de la guerre et pendant qu'il était Secrétaire d'État aux Affaires Étrangères, discuter après dîner les perspectives, les chances que nous avions de gagner ou de perdre la guerre avec l'intérêt d'une personne observant un grand phénomène qui ne la toucherait en aucune façon : l'intérêt qu'on s'attendrait à voir manifester par un visiteur de Mars venu pour quelques jours sur la terre.

Lorsque Lord Queenborough entra à la Chambre des Lords, quelqu'un, qui se trouvait être des invités à une maison de campagne parmi lesquels se comptait aussi Balfour, mentionna l'élection partielle de Cambridge et celui-ci demanda comment il se faisait qu'il y eût une vacance : « Qu'est-il advenu d'Alméric ? demanda-t-il. » Et, lorsqu'on le lui eut appris, il dit qu'il ignorait que M. Paget eût passé à la Chambre des Lords.

Je répétai ceci à feu Lady X., qui jusqu'à son dernier jour conserva l'intérêt qu'elle avait toujours montré à la politique et aux courses. Elle dit qu'elle n'avait jamais pu déterminer si l'attitude de M. Balfour, de ne pas savoir ce qui se passait dans le monde, était une pose ou simplement une répugnance naturelle à s'occuper de telles questions. Elle me cita un autre exemple: lorsqu'il était chef du parti, il exprima son ignorance d'une prochaine élection partielle (Peterborough, je crois) de quelque importance. L'impression de Lady X. était que ce qui, au début, avait été une pose était depuis longtemps devenu une habitude.

Je ne fus donc pas surpris lorsqu'une dame française bien connue me dit récemment que la première fois que M. Balfour assista à la Conférence de la Paix (c'était, je crois, le premier jour de la Conférence), elle déjeuna avec M. Balfour, Lord Robert Cecil et d'autres. Quand M. Balfour fut obligé de partir, afin de se rendre à la Conférence, elle fit un petit discours de circonstance : « Une intéressante et mémorable occasion historique, etc. — Oui, acquiesça M. Balfour entre un soupir et un bâillement, mais quelle corvée ! »

Quand il devint impossible que M. Balfour restât chef de son parti, le choix tomba (dans des circonstances auxquelles j'ai déjà fait allusion) sur un homme pour qui le respect général s'est accru d'année en année; mais qui n'était pas vraiment un Tory et ne possédait pas les qualités requises pour être un grand chef, — excepté qu'il peut diriger un parti des bancs de la Chambre des Communes.

D'après cela, les perspectives qu'aurait M. Lloyd George de conclure un marché plus ou moins selon ses propres conditions pourraient paraître favorables. Mais là-contre il faut opposer le fait qu'il n'a pas d'organisation de parti et pas un très grand nombre de partisans sûrs de leurs sièges. Un parti en quête d'un chef n'est pas dans une position enviable ; mais un chef en quête d'un parti est dans une situation encore plus mauvaise. Personne ne connaît mieux la force de cet argument que Sir George Younger qui, sans doute, s'en est servi plus d'une fois dans ses discussions avec le Premier Ministre. A la fin, Lloyd George ira probablement plus loin qu'il ne le voudrait dans la voie indiquée par Younger. Mais nécessité oblige. La guerre et les coalitions ultérieures précipitèrent seulement une fin inévitable. Et les débris du parti ni M. Lloyd George ne perdront au change. Ce qui est plus important, le pays y gagnera ; car ce n'est jamais dans l'intérêt public qu'un des deux principaux partis politiques de l'État se trouve à l'abandon.

Telle était la situation jusqu'à ces derniers mois. Mais depuis que ceci fut écrit il s'est produit un changement d'atmosphère. Peu avant la Conférence de Cannes, M. Lloyd George et ceux de son entourage avaient, pour ainsi dire, décidé d'avoir une élection générale. Sir George Younger s'opposa fortement à cette décision. Mais M. Lloyd George trouvait évidemment qu'il était le plus fort et que, si l'on en venait à une issue, le parti unioniste céderait plutôt que de perdre son chef. Par conséquent, il tint ferme. S'il y avait eu une réunion du parti (ce qui est toujours très peu satisfaisant), il est possible qu'il eût remporté la victoire. Mais Younger dirigea toute l'affaire lui-même ; et, à la surprise et au grand chagrin de Lloyd George, il accepta ce qui revenait presqu'à un défi et déclara ouvertement que les Unionistes s'opposaient à une élection générale inutile. Il est probable que M. Lloyd George ne regretta jamais si vivement que la seule faction sur laquelle il pouvait absolument compter fût en minorité. Dans ces circonstances, il fut forcé de battre en retraite, et fit par conséquent tout son possible pour prouver qu'il n'avait jamais conçu une pareille idée. Le vaillant et débonnaire Sir George fut pour le moment laissé en possession des champs de bataille ; il devait se demander en souriant : « Qui a parlé d'élection générale ? »

A la vérité, Younger alla plus loin. Car, dans un discours ultérieur, il définit plus clairement que ne l'avait fait M. Chamberlain la position indépendante que les Unionistes, selon son opinion, occupent dans la Coalition. Ceci amena M. Lloyd George à avertir M. Chamberlain qu'il démissionnerait, si ses collègues unionistes au Ministère ne pouvaient mieux contrôler leurs partisans. Sa lettre demandait presque d'expulser Younger de son poste comme chef de l'organisation du parti conservateur. Au premier coup d'œil, il semblerait peut-être que le Premier Ministre n'exigeât seulement qu'une mesure raisonnable de discipline de parti. Mais il est nécessaire de se reporter un peu plus en arrière, afin de voir la chose sous son véritable aspect. Qui créa ce trouble et provoqua Sir George Younger à parler si ouvertement ? Tout simplement l'insistance temporaire de M. Lloyd George pour une élection générale contre les désirs des Unionistes ; c'est-à-dire en opposition aux vues de ceux qui ne sont pas de son parti, mais qui lui assurent une majorité dans la Chambre des Communes.

Donc, en réalité, M. Lloyd George va beaucoup plus

loin qu'un appel à la discipline de parti. Il élève la prétention que, dans l'avenir, il sera un dictateur incontesté, — comme il l'a parfois été dans le passé. Ou, tout au moins, il pose cela comme condition de son maintien au pouvoir.

Au moment où j'écris, le résultat de cette crise est encore incertain. Mais il est peu probable que M. Lloyd George ait le désir sincère de se retirer ; et que ce soit là une menace qu'il n'accomplirait qu'à regret. Cependant, s'il le faisait, parce qu'il refuserait de se laisser ruiner par le parti unioniste, il aurait toutes les chances de diriger un autre parti, — et un parti plus radical —, dans peu de temps. Etre à la tête d'un tel parti : est-ce ce qu'il préfèrerait, si seulement cela pouvait s'effectuer sans la transition désagréable et incertaine qui suivrait son départ de Downing Street !

Si M. Lloyd George demeure Premier Ministre (ce qui est probable), ce sera une affaire de conditions entre lui et le parti unioniste. Si ce dernier venait à céder entièrement, cela voudrait simplement dire qu'il a été mis en liquidation volontaire et que la vente a eu lieu. A vrai dire, il ne resterait pas grand chose à vendre. Il ne possède pas de grands chefs. Même le *Morning Post* ne peut proposer que M. Balfour, âgé maintenant de 74 ans et ayant sous bien des rapports perdu contact avec la génération actuelle, prenne la succession de M. Lloyd George. Depuis longtemps le parti unioniste a renoncé à ses principes. Bref, sa valeur principale est le nombre de sièges dont il dispose à la Chambre des Communes actuellement.

Même si M. Lloyd George n'obtient pas toutes les assurances qu'il demande, il aura du moins divisé le parti unioniste, comme il a déjà divisé le parti radical, quoiqu'à un degré moindre. Il aura accru sa propre indépendance et sa valeur politique, tout en diminuant d'une manière correspondante celle d'un grand parti. C'est faire de la politique personnelle sur une grande échelle.

Quel qu'en soit le résultat final, cette crise a précipité la fin de la Coalition, et a exposé la faiblesse de M. Chamberlain.

Mais, si le parti conservateur est en état de dissolution, l'ancien parti libéral est mort et presqu'enterré. Avec la croissance du parti du Travail, il était évident qu'un des partis préexistants disparaîtrait tôt ou tard. Le Gouvernement parlementaire prit naissance en Angleterre ; et sa base, son essence même, est qu'il y ait deux partis dans l'État avec des opinions contradictoires sur les principales questions du jour. Il n'y a jamais eu plus de deux partis, excepté quand il s'est produit une division dans l'un de ces deux partis et que l'aile de la minorité n'a pas encore passé de l'autre côté ou a été résorbée, — comme, par exemple, les Peelites —, ou lorsqu'il s'est élevé un parti pour une fin unique et particulière, comme le parti nationaliste irlandais. La principale raison qui a empêché les pays latins d'avoir le même succès avec un gouvernement parlementaire est attribuée à leur incapacité apparente de former et de maintenir des partis au lieu de groupes. Ce fut, je crois, M. Bodley qui écrivit un jour avec à-propos, que, quoique la Constitution fût une chose excellente, elle ne devait pas cependant être transportée et adorée partout comme le Saint-Sacrement. Si l'un des partis, soit conservateur, soit radical, devait céder le pas au nouvel élément des travaillistes, il est clair que c'était les radicaux qui devaient disparaître ; car de toutes les promesses contenues dans leur programme rien n'était omis dans celui des travaillistes, avec l'avantage qu'ils promettaient de les remplir plus complètement. L'élection de 1918, venant ainsi immédiatement après la fin des hostilités, précipita la chute du libéralisme gladstonien. Mais le résultat aurait été le même dans tous les cas, quoique l'issue finale aurait pu en être quelque peu retardée autrement. Il est significatif que, depuis lors, il y ait eu un désir sournois de la part des Radicaux de conclure un arrangement avec le parti du Travail. Mais l'ancien parti libéral a peu de chose à offrir excepté un coffre d'argent, — accessoire très utile et même nécessaire pour une campagne, mais insuffisant en lui-même. Le parti a peu de sièges. Il n'a pas de chefs susceptibles de soulever quelque intérêt ou d'exciter le moindre enthousiasme. M. Asquith a perdu contact non seulement avec le pays, mais avec une Chambre des Communes qu'il ne comprend pas. Le renouveau d'activité de Lord Grey relèvera le ton de la vie publique. Mais toute chance qu'il ait jamais pu avoir de devenir un grand chef disparut le jour où il passa, plutôt de mauvais gré, à la Chambre des Lords. Sir Donald Mac Lean est estimé même par ses adversaires, mais il ne sera jamais dangereux. Il n'est pas très probable que M. Mc. Kenna, qui unit de réels talents au don de se faire détester pour des raisons sans profondeur, quitte une certitude dans le monde de la haute finance pour une incertitude dans celui de la politique. M. Masterman rêve toujours d'une alliance entre le libéralisme et le Travail. Mais sa voix prêche dans le désert. Sir Herbert Samuel (occupé pour le moment à gouverner la Palestine) est ambitieux ; mais son esprit n'est pas aussi vif que celui de son cousin Montagu ; et, pour lui rendre justice, ses liens politiques et personnels ne lui pèsent pas non plus aussi légèrement. Car de toutes les désertions commises contre M. Asquith celle de Montagu fut la moins excusable. Il ne passa pas dans un autre parti comme d'autres de ses collègues d'alors, en décembre 1916, lorsqu'ils acceptèrent le risque de défier le pouvoir d'Asquith. Il resta avec Asquith et ne le quitta que plus tard, lorsqu'il ne s'agissait plus d'hommes se groupant ensemble dans l'intérêt de leur pays pour renverser un Premier Ministre incompétent, mais simplement d'un Montagu voulant entrer au Ministère. Ce qui rend la transaction encore plus odieuse, c'est le fait que Montagu était le protégé particulier d'Asquith. Ce fut le Premier Ministre libéral qui lui ouvrit le chemin du succès politique et qui en fit son plus jeune collègue. En vérité, M. Asquith, le plus loyal des hommes, n'a pas été heureux dans le choix de ses partisans.

Le fait que le Libéralisme a peu à offrir aux Travaillistes est de toute évidence pour les chefs de ce dernier parti. Il est improbable qu'il se produise un amalgame, à moins que ce ne soit un amalgame grâce auquel le parti du Travail absorberait les débris du parti libéral. D'un autre côté, le parti du Travail n'a pas eu avec le Parlement actuel le succès qu'il prévoyait. Il n'a pas produit beaucoup d'hommes de premier plan, mais là ne semble pas être la cause de son insuccès puisque cette pénurie existe aussi dans les autres partis. La raillerie de Winston Churchill sur l'incapacité du Travail de gouverner, — incapacité dans le sens qu'il n'a pas la qualité administrative voulue — est absurde. Un ministère dont aucun membre n'aurait jamais été au pouvoir auparavant aurait certainement à subir bien des difficultés préliminaires. Mais il y a plusieurs chefs du Travail qui ont eu des charges ministérielles avant la guerre. Quant aux talents réels, que peut-on dire du Banc du Ministère actuel ? Si l'on élimine Lloyd George, Bonar Law, Winston Churchill lui-même, Sir Robert Horne (qui fut une vraie trouvaille), comment doit-on classer les autres ? On peut dire quelque chose en faveur de l'habileté administrative de M. Chamberlain, mais aussi beaucoup contre elle. Sir Worthington Evans, comme avoué, était clairvoyant et capable et fera preuve des mêmes qualités dans toute charge ministérielle. Mais le parti du Travail peut produire tout aussi bien que cela. Et si l'on prend tout le Banc du Ministère à commencer par Horne comme le plus haut type d'efficacité et en terminant par le malheureux et incompétent Dr Addison à l'autre bout [1], on verra

---

1. Écrit avant que le traitement du Dr. Addison ne lui fût retiré.

que le milieu n'est certainement pas au-dessus de la
moyenne que tout parti peut raisonnablement espérer
avoir.

La difficulté présente du parti travailliste provient
de la période transitoire par où passent tous les partis
en ce moment et aussi du fait que son effectif a trop
rapidement augmenté au Parlement pour son propre
bien. Il n'est pas probable qu'il y ait rétrogression ;
au contraire il y aura certainement un accroissement
progressif pour quelque temps dans l'avenir. Mais le
manque de faculté d'assimilation, le manque de discipline de parti (discipline dans le sens propre), le manque
même d'un George Younger inférieur prive le parti,
pour le moment, de l'influence qu'il pourrait autrement
avoir. Un parti dont les chefs prêchent leur fidélité à
la constitution et leur foi dans les méthodes constitu-
tionnelles, tandis qu'un de ses chefs de file se rend ridicule en essayant d'insulter le souverain, lutte avec un
certain désavantage.

Mais tels sont des défauts minimes qui disparaîtront
sans doute à mesure que ce parti se préparera à gouverner le pays à son tour. La principale difficulté vient
d'ailleurs. Il est essentiel que le parti du Travail s'appuie sur le pays en général. Mais un parti qui représente
simplement des syndicats ouvriers n'arrivera jamais au
pouvoir en Angleterre, ce dont on peut se féliciter car
ce serait un gouvernement de classes des plus prononcés.
D'un autre côté, il n'y a aucune possibilité d'accroître
le nombre de syndicats ouvriers jusqu'à quelque chose
approchant le chiffre voulu pour arriver au pouvoir.

Il y a actuellement environ 8.000.000 de membres
de syndicats ouvriers en Grande-Bretagne. Ce n'est
pas suffisant pour assurer une majorité à la Chambre
des Communes. Une grande partie de ce que l'on prétend sur le pouvoir absolu des Travaillistes est par conséquent absurde. Le pouvoir du parti du Travail de créer
des ennuis, de faire perdre de l'argent aux employés et
aux patrons également, d'interrompre temporairement

le courant de la vie ordinaire et de faire du tort au pays en général, est presqu'incalculable. Mais ceci n'est pas assez, spécialement en Angleterre. Pendant un certain temps, l'organisation des syndicats ouvriers permit au Parti du Travail de prendre une attitude qui donna une idée exagérée de sa réelle influence, s'il était placé devant une épreuve décisive. Mais, lorsque l'on comprit l'origine de cette force, d'autres intérêts dans l'État commencèrent aussi à s'organiser. La grève des chemins de fer en 1919, et, plus récemment, la grève de charbon ont démontré clairement que, tant qu'il y aura un Gouvernement parlementaire, le pays ne permettra pas à une minorité d'imposer sa volonté à une majorité. Une action directe sur une grande échelle résoudrait probablement la question d'une manière rapide, — à la déconvenue du Travail ; et les chefs travaillistes qui le savent aussi bien que n'importe qui n'ont, pour la plupart, aucune inclination pour une politique à laquelle plusieurs d'entre eux font opposition et dont beaucoup d'autres mettent en doute la sagesse. Ils comprennent que le pays ne se laissera pas intimider et qu'un parti, en Angleterre, qui proclame ouvertement les droits d'une minorité à gouverner ne fait que se barrer la route du pouvoir. Les extrêmistes ne l'admettront jamais. Mais les grèves récentes — et leur échec — ont convaincu tout le monde que là n'est pas le succès. Le seul moyen qui leur reste est celui d'attendre sur le terrain du gouvernement constitutionnel et d'augmenter leurs forces. Pour en arriver là, ils devront faire ce que tout autre nouveau parti a fait avant d'arriver au pouvoir, — des compromis. S'ils le font maintenant avant qu'il ne soit trop tard, alors que le pays n'est pas satisfait de la puissance du parti actuel et avant que ne surgisse autre chose des cendres du bûcher libéral, ils ont chance de constituer la base d'un des deux grands partis.

Les chefs travaillistes sont donc en présence de ce problème : s'assurer, par un moyen quelconque, une grande proportion de vote des classes moyennes que Gladstone avait si bien su s'attacher et qui resta toujours fidèle au parti libéral jusqu'à la guerre. Ceci ne peut être accompli qu'avec une politique libérée, autant que possible, de tout soupçon de vouloir dominer les classes. L'idée fixe que les hautes classes recevaient trop et donnaient trop peu à l'État, — qu'elles piétinaient les autres —, fut responsable de la solidarité des classes moyennes contre le Torysme. Malheureusement pour le parti du Travail, les classes moyennes maintenant ont dans l'idée que les Syndicats Ouvriers veulent à leur tour imposer leur suprématie. Plusieurs choses, — comme les grèves arbitraires et irréfléchies, — ont donné lieu à cette conviction, et, d'autre part, la hausse des impôts, dans plusieurs municipalités gouvernées par les Travaillistes, semble indiquer qu'un gouvernement de Travail serait sans rival pour dépenser avec prodigalité l'argent du contribuable.

Tous ces faits et d'autres sont portés à l'attention des classes moyennes par les organisations qui ne forment pas de parti avec l'espoir d'empêcher ce vote de favoriser le Travail. Mais, si ce parti a quelque idée sincère d'un rôle national, il comprendra bientôt qu'il est impossible à présent d'espérer gagner le pays à l'idée de soutenir cette législation de classes pour la seule raison que d'autres furent assez mal avisés, dans le passé, pour contraindre une législation en faveur d'une classe plus fortunée. Dans le but d'adopter une politique plus large, il lui faudra se débarrasser de son élément extrêmiste. En retour, il obtiendra probablement ce vote tant convoité des classes moyennes qui le conduira un jour au pouvoir. Entre temps, il pourrait adopter avec avantage la proposition du *Manchester Guardian* qu'il ne devrait pas faire opposition aux candidats choisis des autres partis et qui représentent le progrès.

Il est douteux que le pays se convertisse jamais au nationalisme. La grande difficulté que rencontrent les chefs du parti du Travail en prêchant cette doctrine est leur incapacité à montrer un seul pays où il fût un succès. Plusieurs pays l'ont adopté, — mais il s'est toujours à l'épreuve révélé défectueux et souvent dans la pratique il fut abandonné. Les chemins de fer de l'État en France ne peuvent entrer en comparaison avec ceux qui sont contrôlés par des propriétaires privés, — sauf quant au montant de leurs déficits annuels. Les services des postes et télégraphes sont lamentables. Aux États-Unis, lorsque le Gouvernement exerça son droit de propriété durant la guerre, la confusion régna dans chaque service contrôlé par lui. Car le point essentiel, dans le droit de propriété et d'opération nationales, n'est pas seulement qu'il coûte plus cher, mais qu'il produit moins ; le manque d'efficacité en est toujours remarquable. On pourrait naturellement supposer que l'Allemagne, gouvernée si sévèrement, aurait pu nous donner un exemple utile de ce côté, mais les chemins de fer allemands n'ont jamais été un modèle de première classe pour leur confort et leur vitesse.

Une occasion se présenta pendant la guerre de constater comment le caractère anglais s'accordait avec le droit de propriété national. Le résultat fut de prouver encore une fois qu'un contrôle exercé par le Gouvernement voulait dire extravagance et mauvaise administration [1]. Cela ne pouvait être réduit que par des restrictions que le public trouvait extrêmement mortifiantes, et il est curieux de remarquer que pendant la guerre aucune section de la société ne fit à de telles restrictions des objections aussi fortes que celle du Travail.

Le parti du Travail doit aussi établir qu'il a une idée quelconque d'administration économique, d'autant

---

1. Le dernier « Livre Bleu » donnant des informations sur ce sujet (juin 1921) démontre que les expériences du Gouvernement comme marchand furent aussi désastreuses, les pertes sur des exploitations variées s'élevant à des millions de livres sterling.

plus que quelques-uns de ses extrémistes ont déclaré
un peu trop ouvertement qu'ils comptaient dépenser
l'argent des autres.

Finalement, un autre obstacle à leur succès aux élections est l'attitude du parti sur la conduite des affaires
étrangères. Le jour est encore loin pour l'Angleterre
où une majorité du pays consentira à ce que sa politique
étrangère soit contrôlée par des hybrides internatio-
naux, par un congrès à Berne ou à Amsterdam,— non
plus que par des ordres venant de Moscou. Ceci est une
infection dont le Parti du Travail devra se purger
avant d'arriver au pouvoir.

On n'oubliera pas de sitôt, ni en Angleterre, ni en
France, la dernière intervention active du parti du
Travail dans les affaires internationales. C'était quelques jours avant la guerre, quand les chefs du parti
du Travail allemand firent leur possible pour convaincre Jaurès et leurs autres amis français qu'il n'y aurait
probablement pas de déclaration de guerre ; mais que,
s'il y en avait, le parti du Travail allemand et les membres socialistes du Reichstag refuseraient de voter les
crédits nécessaires. La plupart votèrent comme des
agneaux et combattirent ou bataillèrent comme des
tigres [1]. Le sentiment national dont ils firent preuve
n'est pas (selon moi) à leur discrédit. Mais il ne s'accorde avec aucune prétention à l'internationalisme.

Tout ce que le gouvernement allemand fit pendant la
guerre était dans l'intérêt de son propre capital et de
son travail (car il était entendu qu'ils se donnaient
nécessairement la main) et pour l'extinction et l'oppression après la guerre du capital et travail de leurs
ennemis. Le parti socialiste français a perdu toute

---

1. Au commencement de la guerre, Liebknecht (qui se repentit plus
tard) approuva la violation du territoire belge et, en ces premiers jours,
quand une victoire rapide sembla en vue, aucun groupe politique n'était
plus pro-allemand que le parti socialiste. C'est seulement quand le résultat
devint incertain et qu'il comprit qu'il pourrait en payer les forfaits au lieu
d'en partager les bénéfices qu'il recommença à bavarder sur les bienfaits
de l'internationalisme.

influence politique précisément à cause de l'horreur
que le pays ressent pour toute teinte d'internationalisme sous les auspices de l'Allemagne. Sans doute les
chefs du parti du Travail anglais ont-ils déjà découvert
une lecture instructive dans *Les Industries de la France
envahie*. C'est un livre de 482 pages, publié en février
1916 (contenant plusieurs plans et tables), œuvre de
200 officiers allemands servant en France, choisis en
raison de leurs connaissances techniques de diverses
industries. Il fut envoyé à toutes les Chambres de
Commerce allemandes et autres associations financières
et commerciales dans tout le pays. Une copie de cette
publication confidentielle fut donnée au Conseil Suprême en février 1919. Son but était de montrer comment le capital allemand et le travail allemand pouvaient profiter de la destruction effectuée en France ;
soit qu'elle fut causée par le cours de la guerre ou qu'elle
fut faite systématiquement et avec délibération. Il
abonde en déclarations telles que celles-ci : « Blanchi-
ment et teinture. Tout ce qu'il y a comme cuivre a été
pris et envoyé en Allemagne. Et un important débouché
est ainsi ouvert pour les machines manufacturières
allemandes ». « Filatures de laine. Dans les usines presque toutes les parties en cuivre des chaudières et les
courroies en cuir ont été emportées... L'Allemagne
doit être en posture de redonner sa pleine production
au moins deux ans avant la France. »

Si le parti du Travail se limite à une détermination
de maintenir la paix et de repousser tout dessein d'expansion territoriale de la part d'aucun pays, il se tiendra
là sur un terrain solide. Mais s'il adopte quelque marque
d'internationalisme comme faisant partie de son code,
il n'est pas susceptible d'être au pouvoir pour les
années futures.

D'après toutes probabilités, le parti du Travail
subira de grands changements dans une période com-
parativement brève. Dans son mécanisme intérieur,
il y a beaucoup plus à admirer qu'on ne le croit générale-

ment. Les membres de ce parti représentent leurs électeurs plus véritablement et d'une façon plus indépendante que ne le font plusieurs députés appartenant à l'autre bord de la Chambre. La plupart d'entre eux sont des hommes sans moyens personnels, avec de petits traitements, qui pourraient, à présent, gagner beaucoup plus d'argent hors de la politique. Lors d'une récente enquête sur le traitement des députés, un des membres du parti Travailliste dit comment son allocation parlementaire était dépensée, — à suppléer aux besoins de l'existence, — et ajoute qu'il donnait en tout 5 livres sterling par année en souscription aux organisations charitables et autres dans sa circonscription. Car le peuple qui envoie ces hommes au Parlement défraye les dépenses de leur propre association politique sans demander aucune assistance. Il élit qui il veut et ne doit rien et n'est pas l'obligé de ses députés. Et cependant combien parmi ceux qui sont assis aujourd'hui à la droite de l'orateur donnent une partie (ou la totalité) de leur allocation parlementaire pour soutenir l'association du parti dans leur propre circonscription, sans compter les multitudes de dons faits aux organisations religieuses, charitables, sportives et autres. Les hommes qui appartiennent aux associations du parti conservateur ou de la coalition sont plus fortunés que ceux qui envoient les députés du parti du Travail à Westminster. Mais ils sont aussi beaucoup moins indépendants. Ils attachent si peu de valeur à la franchise qu'ils ne veulent pas même payer leurs propres frais. Le Lord Chancellor (en parlant des lois du divorce) a dit à la Chambre des Lords que la Loi était assez habile pour parer à toutes conditions. Il est possible qu'une grande enquête fournisse un jour l'évidence qui conduirait à une législation très nécessaire sur ce sujet.

Quoiqu'il n'y ait pas beaucoup de députés du parti Travailliste qui se soient distingués à la Chambre des Communes, il y en a qui peuvent fort bien être comparés à leurs adversaires. J'en nommerai deux seulement. M. Clynes, avec son attitude composée et ses déclarations lucides, peut toujours être écouté attentivement à la Chambre. Peut-être plus qu'aucun autre de son parti pourrait-il inspirer confiance comme ministre de la Couronne dans un Gouvernement travailliste. M. J. H. Thomas est énergique ou persuasif à volonté et discute généralement un sujet d'un point de vue original. Il a prouvé maintes fois en dehors du Parlement qu'il possède un grand courage moral, lorsqu'il a déclaré en langage clair aux réunions Travaillistes le résultat des grèves injustifiées. Comme négociateur lors d'une crise difficile, il a plus d'une fois rendu de grands services à son pays. Mais il est regrettable que M. Thomas, qui n'est pas du tout aussi convaincant, lorsqu'il écrit que lorsqu'il parle, ait commis récemment l'imprudence de devenir auteur. Il fit une peinture de l'avenir, alors que le parti du Travail gouvernera, — qui fut sans doute peu appréciée de la majorité de ses concitoyens, et, d'autre part, ses mensonges et ses contradictions en firent une proie facile pour quiconque voulut analyser son œuvre plutôt superficielle. Malheureusement pour le chef du parti du Travail, le Duc de Northumberland semble avoir soupiré : « Oh ! que mon ennemi écrive un livre ! » Il prêta son attention à M. Thomas et démolit complètement son ouvrage, même selon l'opinion de ceux qui auraient préféré pouvoir partager l'avis de M. Thomas plutôt que celui de ce Duc. Ce n'est pas que celui-ci écrive rien de très fort, mais l'œuvre de M. Thomas était à la fois faible et élémentaire.

Il est à espérer que M. Thomas, qui est une valeur nationale, prendra la leçon à cœur : le savetier doit rester à son métier. Il excelle à parler et à persuader, mais non à écrire ni à méditer. De plus, un chef d'un parti progressif s'abrutit lui-même quand il essaye d'écrire le dernier mot d'une foi politique ou sociale. Le duc de Northumberland a le droit de le faire, parce qu'il a des opinions que ni le temps ni les événements ne changeront. Mais M. Thomas s'est seulement créé pour lui-même une source d'embarras futurs.

Un jour viendra, sans le moindre doute, où M. Thomas et M. Clynes, M. Hodges, M. Jack Jones et autres iront passer leurs fins de semaines à Chequers Court, servis par des valets de pied et autres gens du personnel assuré par Lord et Lady Lee lorsqu'ils ont fait leur généreux don. L'argent amassé en Amérique a souvent été dépensé d'une manière étrange et bien peu selon les rêves de qui créa telle fortune. Mais il est difficile d'imaginer quelque chose de plus fantastique qu'une fortune, faite à la Bourse ou dans des transactions de banques avec et pour des syndicats capitalistes, et employée à procurer une maison de campagne à ceux qui sont les ennemis invétérés de telles combinaisons commerciales.

Quand tout a été dit, il semblera que M. Lloyd George puisse encore dormir tranquille au n° 10 de Downing Street. Dans le monde politique il n'y a personne hors de son filet qui puisse lui faire grand tort. Son maintien au pouvoir semble être assuré.

Malheureusement pour la tranquillité d'esprit du Premier Ministre, il a un ennemi beaucoup plus puissant qu'aucun adversaire parlementaire jusqu'ici nommé et dont la voix porte plus loin que celle du plus retentissant orateur : Lord Northcliffe et ses nombreux satellites sont constamment sur le qui-vive ; ils ne prennent pas de repos et n'en donnent pas non plus.

CHAPITRE X

LORD NORTHCLIFFE ET SA PRESSE

C'est presque un drame que l'homme qui, plus que
tout autre, est susceptible aux critiques des journaux se
soit fait un ennemi de celui qui contrôle les journaux
les plus influents et les plus impitoyablement francs
de l'Angleterre.

La faiblesse de Lloyd George à cet égard a depuis
longtemps été une source d'amusement pour les hommes
d'État européens. Ils sont incapables de comprendre
comment quelqu'un qui, depuis tant d'années, a été
dans la vie publique, puisse se tourmenter indûment
des critiques ou des attaques de la Presse. M. Painlevé
me parla une fois de cette caractéristique de M. Lloyd
George à qui, dit-il, déplaisaient particulièrement les
articles d'un certain journaliste français que Painlevé
cita par le pseudonyme sous lequel il écrit. Je prononçai
son vrai nom, sur quoi Painlevé fit observer que le
fait qu'il n'avait jamais encore su qui il était indiquait
le degré d'importance que les hommes politiques français ont coutume d'attacher à de tels articles.

Le seul résultat pratique de la susceptibilité excessive
du premier Ministre aux critiques des journalistes est
qu'il a exposé son point faible comme point d'attaque
à tous ceux qui lui sont hostiles et s'en est aliéné d'autres qui n'étaient pas disposés à être malveillants. La
Presse française rit (et non sans raison) de la façon dont
Lloyd George sursaute sous les critiques de « Pertinax »
dans *l'Echo de Paris* et de M. Jules Sauerwein dans *Le
Matin*. Il a, de temps à autre, cherché à apaiser le premier, mais son aversion pour les déclarations nettes

du second est si bien connue qu'au moment de la Conférence de Londres en 1921 un journal [1] parisien déclara qu'il avait songé à faire déporter Sauerwein ; quoique n'importe qui au courant des méthodes anglaises doive savoir que, quelle qu'ait été l'irritation de M. Lloyd George, il ne pouvait y avoir aucune base solide à ce rapport.

Ce n'est pas la différence entre les gouvernements anglais et français qui est primitivement responsable de la défaveur avec laquelle la Presse française considère M. Lloyd George, mais simplement son système de sacrifier tout et tout le monde, afin de protéger ses propres susceptibilités.

Il y a quelques mois, M. Frank Simmonds, qui est peut-être mieux connu en France et en Angleterre qu'aucun autre journaliste américain, écrivit que, si le Premier Ministre anglais assistait à la Conférence de Washington, il se trouverait être un « objet de soupçon ». Les raisons données étaient des incidents tels que la tentative que M. Lloyd George fit pour arrêter la publication dans le *New-York World* d'un article qu'il jugeait politiquement gênant et aussi sa conduite à la Conférence de la Paix où « ses querelles avec la Presse parisienne sont suffisamment notoires pour qu'il n'y ait pas besoin de les rappeler ».

M. Simmonds déclara franchement que « si M. Lloyd George venait aux États-Unis, entouré du groupe d'amis journalistes et d'agents de presse qui servirent ses intérêts à Paris et s'il employait les mêmes méthodes, — c'est-à-dire s'il cherchait à supprimer les nouvelles, — un tort presque incalculable serait causé à toute la cause de l'amitié anglo-américaine. Lord Riddell est sans doute responsable pour beaucoup. Cet homme excessivement capable a peut-être des talents voulus pour être un excellent agent de la Presse, mais il était grotesquement déplacé en traitant avec la Presse étran-

---

1. *Aux Ecoutes*, 24 juillet 1921.

gère. Il manquait à la fois de connaissance et d'expérience. Il empêcha sans doute parfois que les susceptibilités de M. Lloyd George fussent froissées ; mais ses méthodes n'étaient pas de nature à créer de bons sentiments parmi les Alliés. Car, malgré bien des dîners pris en compagnie de ceux-ci, la vérité est que, quand Lord Riddell n'amusait pas, il exaspérait ceux pour qui il était de son devoir d'agir comme intermédiaire.

On peut résumer toute la question en disant que la Presse américaine et la Presse française sont toutes deux résolues à n'être ni malmenées ni trompées. La presse est évidemment assez indifférente à la louange ou au blâme de M. Lloyd George, mais est déterminée à rapporter ses actions telles qu'elle les voit. Le fait subsiste que le Premier Ministre ne comprendra jamais que les commentaires des journalistes sont bien dans la destinée de l'homme politique. Il les craint et les ressent à la fois. Parfois il tempête en réponse. Parfois il cherche à cajoler ses critiques ou à étouffer leurs attaques.

Lorsque le *Daily Chronicle*, autrefois son appui fidèle, commença à le tourmenter par ses critiques, ses amis l'achetèrent et placèrent le contrôle en mains sûres. En somme, il adoptera tout moyen possible pour éviter d'avoir une Presse hostile. La seule chose qu'il soit par tempérament incapable de faire est d'accepter un reproche de bonne grâce.

Ceci fut démontré, il y a bien des années, par la malheureuse affaire Marconi. On se rappellera que Lloyd George (de même que Lord Reading, alors Sir Rufus Isaacs) firent de très humbles discours à la Chambre des Communes, reconnaissant une grave erreur de jugement, mais niant tout mal conscient et alors, selon le précédent, se retirèrent pendant que la Chambre décidait de leur sort. Au résultat, le Premier Ministre et le futur lord chef de justice et vice-roi furent tous les deux sauvés de ce qui faillit être la conséquence de leur spéculation Marconi : la fin de leur carrière politique. Mais

quelques jours après, M. Lloyd George, étant alors
sain et sauf, prononça au National Liberal Club un
discours qu'on ne peut décrire que comme très
agressif et qui aurait sans doute tourné la majorité
contre lui s'il l'eût prononcé à la Chambre des Communes au lieu du discours plus contrit par lequel il
chercha judicieusement à se concilier cette assemblée.

La susceptibilité du Premier Ministre aux attaques
de journaux provient en partie du fait que la popularité
est essentielle à son bien-être (ce dont Clemenceau se
moquait derrière son dos et dont il tirait parfois avantage pendant ses négociations) et en partie, de l'injustice qu'il y a, selon lui, à ce que celui qui veut à tout
prix plaire et être approuvé de ses compatriotes soit
attaqué par eux.

Lloyd George est naturellement un faiseur de sentiment public. En une occasion, — la plus critique de
toutes, — il en prit la direction ; et le souvenir en sera
toujours son plus grand titre à la renommée. Mais si
l'on ne tient pas compte de cette occasion notable, un
examen de sa carrière montrera que, tout en ayant
parfois excité les passions d'une classe, il a rarement
formé le jugement du pays. Il préfère découvrir ce
qu'est l'opinion publique (et nul n'est aussi habile que
lui dans l'art de la deviner) et l'adopter comme sienne.
Il est positivement peiné quand la force des circonstances l'oblige à suivre une ligne qu'il sait ne pas devoir
être populaire ; et malheureusement pour M. Lloyd
George les conditions après une grande guerre sont
telles que tout gouvernement doit faire bien des choses
qui contribuent à le rendre impopulaire.

Ces caractéristiques du Premier Ministre sont responsables de l'habitude qu'il a prise d'injurier la presse
chaque fois qu'elle diffère d'opinion avec lui ou avec
sa politique. Aucune épithète n'est alors assez mauvaise
pour elle ; aucun bon motif ne lui est alors imputé. La
Presse anglaise est si libre et si incorruptible qu'elle ne
prend probablement jamais de telles explosions au

sérieux ; d'autant moins qu'il est très connu qu'aucun homme politique dans notre histoire n'a fait, ainsi que M. Lloyd George lui-même, un pareil usage des journaux. Mais néanmoins, c'est un pernicieux état d'affaires lorsqu'un homme d'État quelconque, par suite de son inaptitude à supporter aucun blâme, impute de vils motifs à des journaux qui peuvent sincèrement le trouver en faute. La situation est devenue à la fois plus grave et plus ridicule lorsque les autres Ministres de la Couronne se sont mis à suivre l'exemple de leur chef. Après tout, M. Lloyd George, avec ses grandes qualités, avec ses faiblesses et par-dessus tout avec l'état des services rendus au pays, est, dans un sens, un personnage à part ; et il faut avoir assez d'indulgence pour ses défauts. Mais c'est une autre affaire quand ses collègues se sentent obligés de l'imiter ; quand par exemple Sir Worthington Evans commence à sermonner la Presse comme il le fit à la Chambre des Communes durant la dernière session.

M. Bonar Law, avec son infaillible bon sens, a un sentiment des proportions beaucoup plus pur. Parlant en 1915, il dit :

« C'est le droit, non seulement de chaque membre de la Chambre, mais de chaque journal dans ce pays, sur toute tribune, s'il croit sincèrement qu'un membre du gouvernement est incompétent, ou ne fait pas convenablement son ouvrage, de chercher à s'en débarrasser, même si ses efforts dans ce but créaient un manque de confiance dans le gouvernement. »

Depuis ces dernières années, la querelle constante de M. Lloyd George a été avec Lord Northcliffe. Pendant la guerre leurs rapports varièrent. Parfois, ils étaient d'accord, parfois la Presse de Northcliffe attaquait M. Lloyd George. Parfois celui-ci était des plus conciliants. Lord Northcliffe fut envoyé plusieurs fois en mission par le Gouvernement. On lui offrit, paraît-il, le Ministère de l'Aviation. Le pays ne fut jamais informé de ceci par aucune annonce officielle ou semi-officielle et, curieusement, Lord Cowdray, qui remplissait alors cette charge, ne le fut pas non plus. Mais Lord Northcliffe publia une lettre qu'il avait écrite pour refuser le poste et dans laquelle il incorporait aussi un petit sermon sur les fautes du Ministère. Plus tard, il fut à la tête du département chargé de l'œuvre de propagande dans les pays ennemis. Mais ce fut après l'armistice que leurs rapports se tendirent jusqu'à ce que finalement ils atteignirent le point de rupture. On dit que Northcliffe désirait être l'un des représentants de l'Angleterre à la Conférence de la Paix et que le Premier Ministre refusa de considérer la suggestion. Aucune preuve directe n'a jamais été avancée que de telles ouvertures eussent été faites par Lord Northcliffe ou de sa part, bien qu'il soit vrai qu'avant la fin de la guerre, en 1917, il était généralement censé nourrir cette ambition. Mais il est significatif que M. Lloyd George, en parlant à la Chambre des Communes, le 16 avril 1919, ait fait clairement comprendre que Lord Northcliffe (qu'il ne nomma point par son nom) avait demandé quelque chose qu'il n'avait pas jugé à propos de lui donner, et que c'était là la cause de l'hostilité acharnée de la Presse Northcliffe envers son gouvernement.

La nature offensante de ces commentaires sur Lord Northcliffe fut aggravée par le fait qu'en parlant de lui Lloyd George toucha son front comme pour indiquer un désordre mental.

De telles remarques faites dans un tel endroit et d'une telle façon rendrait toute conciliation difficile même entre hommes de peu de sensibilité.

M. Lloyd George avait indubitablement une provocation pour faire son attaque. Mais l'impression générale parmi ceux qui entendirent le discours, parmi les hommes modérés qui étaient des partisans politiques du Gouvernement et loin d'être des admirateurs de Lord Northcliffe, fut qu'il avait été trop loin. On trouvait regrettable qu'un Premier Ministre se fût en une

telle occasion servi d'un pareil langage ou se fût abaissé
à répondre à ce qu'il considérait évidemment comme
des attaques personnelles. Cela, je crois, sera aussi le
jugement qui sera prononcé, lorsque l'incident aura
passé dans l'histoire.

La sagesse de l'assaut est encore plus susceptible
d'être mise en doute. Les journaux de Northcliffe ne
peuvent peut-être pas faire tout le tort à M. Lloyd
George que beaucoup de gens semblent croire, (le
degré d'influence que les journaux ont sur l'électorat
est généralement exagéré), mais il est tout à fait possible que la continuelle dépréciation par une presse
puissante ayant beaucoup de ramifications ait quelque
effet défavorable. Cela ne contribue certainement pas
à son bien. D'ailleurs la lutte n'est pas égale. Car,
tandis que Lord Northcliffe peut nuire à Lloyd George,
celui-ci ne peut, par aucun moyen, faire de mal à Northcliffe. La base de la prospérité et de la puissance des
journaux est leur circulation. Les plaintes du Premier
Ministre et de ses collègues au sujet de l'injustice
alléguée de la presse Northcliffe peuvent trouver quelque
écho dans le monde politique et dans un cercle restreint au dehors. Mais le résultat principal et plus
direct de chacune de ces protestations est probablement d'augmenter la vente des journaux Northcliffe. Tout à fait inconsciemment, M. Lloyd George
s'est constitué un des agents les plus efficaces de Lord
Northcliffe.

Naturellement l'immunité de Lord Northcliffe ne
tient que tant qu'il reste derrière le rideau de sa
propre presse. Il est comme un homme dans une forte-
resse. Lloyd George se trouvant à l'extérieur est forcé
de passer, de temps en temps, à portée des canons de
l'ennemi. Il lui est presque impossible de faire des
contre-attaques. Par exemple, la proscription de Northcliffe par notre ambassade de Washington ne servit
qu'à proclamer encore plus son pouvoir. Mais la situation change si Lord Northcliffe s'aventure au dehors.

Lloyd George n'est pas homme à laisser échapper de
telles occasions. Il tira certainement le meilleur parti
d'une opportunité que l'imprudence de Northcliffe
lui donna récemment. Il suffira de rappeler brièvement
les faits. Le vendredi 29 juillet 1921, le Premier Ministre communiqua à une Chambre des Communes
assez étonnée un message du Roi démentant la vérité
de certaines déclarations qui lui étaient attribuées dans
une interview donnée en Amérique par Lord Northcliffe et publiée dans le *New-York Times* et dans un
— ou davantage — des journaux de Lord Northcliffe
en Angleterre et en Irlande.

Lord Northcliffe, de son côté, câbla là-dessus au
secrétaire du Roi, niant s'être jamais servi des paroles
citées par le Premier Ministre et ajoutant : « Je n'ai
donné aucune interview de la sorte. »

Il aurait peut-être mieux valu pour lui qu'il fît
preuve d'un peu plus de franchise. Car il apparut dans
la suite que, tandis qu'il n'avait pas donné l'interview,
la personne toutefois directement responsable était
M. Wickham Steed, l'éditeur du *Times* et le compagnon
de voyage de Lord Northcliffe, qui avait fait les déclarations en question le lundi précédent. Comment cela
avait été attribué à Lord Northcliffe dans ses propres
journaux est une affaire qui a, sans doute, à présent,
été fixée entre lui et ses subordonnés. Mais ce que le
public voudrait savoir, c'est pourquoi son câblogramme
au secrétaire du roi n'a pas dit toute l'histoire ; pourquoi il n'a pas franchement avoué que les déclarations
dont il s'agit avaient été faites par le rédacteur de
Northcliffe et pourquoi, bien que l'interview ait été
publiée le lundi à New-York (où Northcliffe était alors),
il ne fit jamais la moindre protestation jusqu'à ce que
la Chambre des Communes eût été informée que le Roi
avait dénoncé les déclarations comme fausses.

Le *New-York Times* a justement attribué l'interview
à M. Wickham Steed. Mais il maintint l'exactitude de
son rapport sur ce que celui-ci avait dit. M. Wickham

Steed promit de donner des explications. La seule qu'il donna publiquement était l'excuse assez mauvaise qu'il avait dit des choses qu'il ne croyait pas devoir être publiées, laissant ainsi intact le fait que ces déclarations sur l'autorité du Roi étaient fausses. Après quoi Lord Northcliffe et M. Wickham Steed quittèrent promptement New-York. Le premier traversa le Continent aussi vite que possible ; et même sa presse diligente ne put trouver aucune parole de lui à inscrire jusqu'à ce qu'il ait établi une distance rassurante de 3.000 milles entre lui et ce malheureux incident.

Un Français qui, à cause de ses relations politiques aussi bien que pour d'autres raisons, a depuis longtemps joué un rôle dans la politique internationale et qui était en bons termes avec Lloyd George et Northcliffe me dit qu'on lui demanda, il y a quelque temps, de tâcher d'apaiser les différends entre eux. Il fit la proposition à Lloyd George, disant qu'il verrait aussi Northcliffe si le premier Ministre y consentait. Mais celui-ci répondit qu'il avait décidé que, s'il fallait qu'il eût un ennemi, il préférerait que ce fût Northcliffe plutôt qu'un autre.

Il se pouvait qu'il y eût de très bonnes raisons pour que Lloyd George ne voulût qu'aucune ouverture ne fût faite à Northcliffe, mais je doute que celle-là ait été la véritable.

Ceux-là mêmes qui n'ont aucun motif spécial pour aimer Lord Northcliffe (et je compte parmi ceux-là) sont forcés d'admettre qu'il possède un grand caractère national et qu'il est à certains moments une grande valeur nationale. Un livre de feu M. Kennedy Jones donna récemment lieu à quelque discussion sur la question de savoir s'il avait fait arriver Lord Northcliffe ou vice-versa. Un critique dit que, d'après l'histoire de M. Kennedy Jones, on s'imaginerait que le jour où ils se rencontrèrent fut un jour très heureux pour Northcliffe, mais que Fleet Street trouvait que Kennedy Jones était celui qui y avait gagné. La vérité n'est probablement dans aucune de ces directions. Kennedy Jones surpassait sans doute Northcliffe dans la direction d'un journal quotidien, (on affirme qu'il avait un talent particulier pour éliminer brutalement tous les incompétents) et aurait fait fortune, même s'il n'eût jamais présenté à M. Alfred Hannsworth la proposition des *Evening News*; tandis que Lord Rothermere est probablement un homme d'affaires plus fin que Lord Northcliffe. Mais Northcliffe a un trait de génie ou de grandeur qu'aucun des deux autres ne possède et ce n'est certainement pas le fait d'avoir Kennedy comme associé ou Lord Rothermere comme frère qui le lui a fait acquérir.

En France le monde politique n'a jamais eu d'hésitations sur la valeur de Lord Northcliffe. Dans les conversations auxquelles j'ai déjà fait allusion, lorsqu'on témoignait de l'indifférence au sujet de la démission d'Asquith, pourvu que Lloyd George demeurât au Ministère, les hommes d'État qui soutenaient cette opinion ajoutaient : « Vous n'avez vraiment que deux grands hommes en Angleterre : Lloyd George et Northcliffe. » Si à la fin de la guerre Northcliffe ne figurait pas aussi haut que Lloyd George dans l'opinion publique française, c'était surtout à cause de la position officielle occupée par ce dernier.

Pour ma part, je crois que Northcliffe est plus grand comme personnalité, infiniment plus que sa presse, et la façon dont ses journaux parlent constamment de lui tend à la fois à diminuer sa position et à amoindrir leur influence. Toutes ses actions et démarches sont publiées. On ne laisse échapper aucune de ses paroles. L'état de sa santé est enregistré avec un soin méticuleux. Mais le seul résultat de ce zèle déplacé de la part de ses satellites est de créer un certain amusement indulgent à la fois en Angleterre et sur le continent.

Deux exemples de ce que je veux dire suffiront. Un jour, récemment, on pouvait lire dans le *Times* les item de nouvelles suivantes :

« Le comte de Lathom est de retour à Londres.

« Le comte et la comtesse de Scarborough reviennent à Londres aujourd'hui, après une courte visite au comte et à la comtesse de Midleton à Peper-Harrow, Godalming.

« Le vicomte Northcliffe est arrivé au Cap Martin *en bonne santé.*

« Lord Glentanar a quitté Londres pour l'Écosse.

« Lord Colum Crichton-Stuart est parti pour quelques mois à l'étranger. Lord Queenborough arrivant de Nostell Priory, Wakefield, est rentré au 39 Berkley Square. »

(Les italiques sont de moi.)

La nuance est légère mais typique.

Cette sollicitude à maintenir devant le public le nom du principal propriétaire doit faire s'agiter les cendres de Delane et tous les Walters dans leur tombe. Et cela n'a même pas l'excuse de se faire par déférence pour l'usage actuel.

On cherchera en vain dans les collections du *Daily Telegraph* pour trouver de tels comptes-rendus aussi complets et minutieux des faits de Lord Burnham. Le *Morning Post* fait rarement allusion à Lady Bathurst. Lord Beaverbrook n'occupe pas une place excessive dans les colonnes du *Daily Express* .

La même publicité est accordée aux faits de tous les membres de la famille Harmsworth en faveur auprès de Lord Northcliffe. Et même, c'est à un tel point que les comptes rendus de la Presse Northcliffe ne sont pas toujours pareils à ceux des autres journaux.

Le 23 juin 1921, il y eut un débat à la Chambre des Communes concernant le traitement du Dr Addison. On peut faire une comparaison intéressante dans laquelle les prédilections politiques ne peuvent jouer aucun rôle, en mettant à côté l'un de l'autre les comptes-rendus faits dans le *Morning Post* et ceux des journaux de Northcliffe, — tous les deux également opposés à M. Lloyd George sur cette question. D'après les derniers, on croirait que M. Esmond Harmsworth avait dirigé avec succès une attaque contre le Gouvernement. D'après les premiers (ainsi que d'après les autres journaux) il paraîtrait que le mouvement n'avait pas réussi ; tandis que le nom de M. Esmond Harmsworth n'est même pas parmi les noms cités dans les nombreuses colonnes réservées au compte-rendu de ce débat.

Le seul résultat fut de rendre ridicule un des jeunes membres les plus capables, qui promet le plus parmi sa génération dans la Chambre des Communes ; et de donner droit à la remarque d'un homme politique français que le titre du *Daily Mail* de Paris devrait être changé en celui de *Family Herald*.

Il y a quelques mois, la publication d'un livre intitulé *The Mirrors of Downing Street* donna lieu a beaucoup de commentaires qui furent encore augmentés du fait que le nom de l'auteur n'était pas révélé. Un petit volume de 174 pages qui contenaient des croquis et caractères de divers personnages, entre autres Lloyd George, Winston Churchill, Lord Fisher, Lord Kitchener, M. Asquith, Lord Haldane et M. Arthur Balfour. Sur 14 chapitres, un de moins de 9 pages est consacré à Lord Northcliffe. Le livre fut analysé dans le *Times* du 15 octobre 1920. Le critique du *Times* s'efforce de faire ressortir tout le bien qui est dit de son propriétaire tout en laissant dans l'obscurité les remarques plus désagréables. En somme, reste à discuter si le critique donne un compte-rendu sincère ou non sur ce que l'auteur a actuellement écrit de Northcliffe. Il est impossible de citer en entier l'article de *Mirrors of Downing Street*, mais ce n'est pas faire violence au texte que de reproduire les phrases suivantes : « Je dirais qu'il n'a aucun scrupule moral dans le combat, pas un seul ; je doute beaucoup qu'il se soit jamais demandé si quelque chose est bien ou mal. Je dirais même qu'il n'a qu'une question à demander au destin avant de se préparer au combat. Ceci sera-t-il un succès ou un échec ?... Mais il est déjà évident que par manque d'équilibre et de continuité morale dans sa direction de politique, Lord Northcliffe n'a rien fait pour élever l'esprit public mais a fait beaucoup pour le dégrader. Il a sauté de sensation en sensation. Il n'a jamais vu dans l'ensemble de l'opinion publique un esprit qu'il fallait patiemment et méthodiquement éduquer vers un noble idéal, mais l'a considéré plutôt comme un troupeau qu'il pousse soudainement dans la direction que lui-même a soudainement conçue comme étant la direction du succès... Lorsqu'il sera jugé, Lord Northcliffe aura à répondre de la condition morale et intellectuelle du monde, état d'où seul un grand palingéniste spirituel peut délivrer une civilisation. Il a reçu le prix de cette condition dans les nombreux sous du peuple ; il a trafiqué consciemment ou inconsciemment de son ignorance, pourvu à ses besoins vulgaires et excité ses passions les plus basses et les plus abjectes ; s'il avait eu un autre guide, le porte-monnaie de Lord Northcliffe aurait été vide. »

Il est vrai que la même esquisse lui accorde des qualités aussi louables que celles d'être « un bon fils et un hôte charmant et des plus attentifs » ; elle déclare qu'il est romanesque, généreux et jeune d'esprit. Quelques-unes de ses fautes sont excusées en raison de sa santé ; d'autres sont attribuées à son caractère romanesque. Le jugement final est qu' « il ne peut être de propos délibéré un méchant homme ». Mais pour qu'un critique juge bienveillant un article qui accuse un homme de s'être fait le ministre complaisant des goûts les plus bas afin de devenir riche (il a trafiqué de leur ignorance, contribué à leurs besoins vulgaires et excité leurs passions les plus basses et les plus abjectes ; s'ils avaient eu un autre guide, son porte-monnaie aurait été vide), il faut que ce critique ne voie que d'un œil. Les mots exacts du critique en ce qui touche l'esquisse de Lord Northcliffe (il est caractéristique que, tandis que seule-

ment 9 des 174 pages du livre sont accordées à Northcliffe ; 29, sur une analyse de 129 lignes y compris les
citations, lui sont consacrées) sont les suivants : « Son
Lord Northcliffe est subtil, parfois très pénétrant,
bienveillant, en somme. Il aura, paraît-il, à répondre
au jugement de l'état moral et intellectuel du monde,
mais son but politique, du commencement à la fin, a
été, j'en suis convaincu, de servir ce qu'il conçoit être
les intérêts les plus élevés de son pays. Je le considère
en fait d'intention comme un des hommes les plus hono-
rables et les plus courageux du jour. » Et encore : « Tout
de même, c'est la plus grande des erreurs pour ses ennemis de déclarer qu'il n'est rien de mieux qu'un égoïste
cynique trafiquant de la prodigieuse ignorance des
classes moyennes d'Angleterre. C'est un garçon plein
de goûts aventureux, romanesques, fantaisistes, considérant la vie comme le plus beau conte de fées du
monde, jouissant de chaque incident qu'il rencontre
sur son chemin, que ce soit le plus acharné et le plus
cruel des combats ou l'occasion d'accomplir un bienfait
romanesque envers quelqu'un. On peut voir la jeunesse
de son caractère dans l'ardeur avec laquelle il s'est
d'abord adonné à la bicyclette, ensuite à l'auto et après
à l'aviation. Il aime énormément la mécanique. Il se
plaît à tout jeu qui entraîne des risques physiques et
demande beaucoup de courage. Il aime l'Angleterre non
pour ses marchands et ses ouvriers, mais pour la jeunesse masculine qu'elle possède. »

La Presse Northcliffe fut au moins conséquente ; car,
peu après, elle publia plusieurs articles par l'auteur des
Mirrors of Downing Street ! L'auteur inconnu ne le fut
guère autant, lorsqu'il consentit à être à la solde du
journal qu'il avait condamné comme dégradant le
goût public. Ces articles prétendaient, autant qu'on
peut s'en rendre compte, être une critique mordante
de l'état de la société telle que le révélaient récemment
les livres du Colonel Repington et de Mrs. Asquith. Je
crois qu'indirectement c'est la Presse Northcliffe qui

est en grande partie responsable de ces œuvres, car si
cette Presse n'avait pas, pendant ces vingt dernières
années environ, alimenté le public d'articles personnels,
il n'y aurait jamais eu le marché qu'il y a aujourd'hui
pour de telles effusions.

Le livre du Colonel Repington donne une idée juste
de la société, dans le sens que son récit du genre de
conversation habituelle qui règne à dîner ou à déjeuner,
(et la plus grande partie du livre y est consacrée) est
suffisamment exact. Mais les déductions qui pourraient
naturellement être tirées d'une narration si plate sont
suffisantes pour choquer ceux dont l'opinion est fondée
uniquement sur une telle lecture. La peinture n'était
évidemment pas du goût de l'auteur de *The Mirrors of
Downing Street*. Au risque de faire une erreur insigne,
je suis tenté de croire que cet auteur anonyme ne fré-
quente pas le même monde que le Colonel Repington.

Ce qui est plus important que d'avoir scandalisé ce
mystérieux personnage est que cette histoire au jour
le jour de la vie en temps de guerre a donné une idée
fausse à beaucoup de nos alliés. Cela leur a fait croire
que la société anglaise était égoïste et que les femmes de
cette société étaient dépourvues de cœur. Il est vrai
qu'à Paris on ne permettait pas de musique pendant
la guerre, que la danse était une chose inconnue, que
personne ne s'habillait pour dîner et que le côté sérieux
en tout fut mis en relief. Toute autre chose était de
mauvais ton.

En de telles questions les différents pays doivent
être guidés par leur propre point de vue. En Angleterre
on considérait de mauvais ton de trop insister sur ses
propres pertes et souffrances. Mais pour ce qui est du
travail réellement effectué, les sacrifices réellement
faits, les femmes anglaises appartenant au milieu que
le livre du Colonel Repington cite le plus, ont des
états de services qui ne sont égalés par les femmes
d'aucun autre pays. Et cette classe à laquelle elles
appartiennent donna de son sang au moins aussi géné-

reusement que toute autre partie de la population de la
Grande-Bretagne.

La publication de ce livre à ce moment fort regrettable, — car cela provoqua bien des malentendus, —
ne servit aucune fin apparente. D'ici une génération
cela aurait pu faire un récit utile et intéressant sans
causer le moindre tort. Mais sa publication aujourd'hui
fut avant tout un abus de confiance colossal.

Pendant la période en question j'avais coutume de
rencontrer fréquemment Repington dans plusieurs des
maisons où il déjeunait et dînait constamment. Personne ne sait mieux que lui que les conversations
auraient été quelque peu différentes, si quiconque
avait prévu que dans 3 ou 4 ans ses remarques seraient livrées, imprimées, au public. Nul ne sait mieux
que Repington que tout le système social anglais serait
changé, que les relations deviendraient beaucoup moins
libres et agréables, si tout le monde sentait que rien
n'était confidentiel, que de parler à dîner était comme
déclamer sur les toits.

Le Colonel Repington rapporte d'une manière inexacte (uniquement, j'en suis sûr, parce qu'il comprit
mal) plusieurs choses que je lui mentionnai, d'une
façon qui me causa quelque embarras. J'eus ma pleine
compensation dans le plaisir que je pris à lire les indis-
crétions des autres. Cependant le livre rappelle les vers
qui circulèrent lors de la publication de la première
partie des mémoires de Charles Gréville :

> For forty years he listened at the door,
> He heard some secrets and invented more.

Repington n'écouta pas à la porte, mais, en un sens,
il est beaucoup plus blâmable que Gréville. Celui-ci
ne donna rien au monde de son vivant et laissa ses
mémoires à Henry Reeve pour être publiés, lorsque
celui-ci jugerait que le moment favorable était arrivé.
S'ils furent publiés trop tôt, comme le pensait la Reine
Victoria (bien qu'elle crût probablement qu'ils ne dé-

vraient jamais voir le jour), la faute en fut à Reeve, non à Gréville.

Winston Churchill a écrit que l' « autobiographie » de Mrs. Asquith « pourrait bien trouver une place dans la bibliographie de l'ère victorienne », tandis que, selon M. Charles Masterman, « la première chose à remarquer est que c'est de la bonne littérature. Mrs. Asquith a produit un livre qui, simplement par sa forme, pourrait être envié par le plus grand des écrivains contemporains. »

Il est gênant de se trouver en contradiction avec des critiques si distingués, mais il n'est pas donné à tous de voir ce livre sous le même jour. Je crois que l'impression qu'il donne à ceux qui, comme moi, ne connaissent pas intimement Mrs Asquith est l'énorme vitalité qu'elle possède, sa bonté de cœur, sa loyauté envers ses amis et son étonnante indiscrétion. Il serait difficile de dire quel but profitable il y a à raconter des incidents tels que ses coquetteries avec Peter Flower ou l'histoire déplaisante de l'homme qui la suivit un soir à Dresde ou celle également désagréable sur Charles Dilke. Ce n'est ni de la bonne littérature ni de l'histoire ; et ils n'ont même pas le mérite d'être sainement amusants.

Une des meilleures choses du livre est l'unique occasion où Mrs Asquith est drôle sans le savoir. Elle écrit (page 79) : « Il me répugnait alors comme maintenant d'exposer les secrets et les sensations de la vie. La réticence devrait protéger l'âme. Lorsque je regarde parmi mes morts ou que je surveille mes amis vivants, je ne vois presque personne en possession de cette qualité. » On dit que les amis de Mrs Asquith (elle nomme deux exceptions, à part sa propre famille) ne furent pas contents de lire que, comparés à elle, ils manquaient de réticence. Mais il y a un certain manque d'humour chez une femme qui peut affirmer qu'il lui répugne d'exposer les sensations de sa vie alors qu'elle raconte en détail dans le même livre ses aventures d'amour et les événements les plus intimes de sa vie de famille, et qu'elle analyse ses sentiments les plus secrets et expose au public les vertus et les défauts de ses amis encore vivants.

La vérité est que les livres de Repington et de Mrs Asquith furent tous les deux publiés parce qu'il y avait de l'argent à gagner en écrivant sur des personnalités pour lesquelles l'appétit public avait été développé par la Presse Northcliffe.

J'ai suggéré que Lord Northcliffe nuisit à sa presse en l'identifiant trop étroitement avec sa propre personnalité. En ce qui regarde la plupart de ses journaux cela est vrai, parce que tout le monde juge les opinions qu'ils expriment pour être celles de Northcliffe, même celles qu'il propage à ses propres fins. Ces fins sont sans doute généralement patriotiques et généreuses. Mais il arrive même à Jupiter de s'assoupir dans les moments perdus. Personne n'imagine que la politique soutenue par le *Daily News* ou le *Manchester Guardian* soit celle d'un individu. Bien que Lord Burnham soit le propriétaire du *Daily Telegraph*, personne ne pense que les rapports de ce journal expriment ses prédilections personnelles. Mais les paroles de la Presse Northcliffe sont invariablement tenues pour être ce que Lord Northcliffe pense et veut. Ceci n'affecte pas leur circulation, mais le résultat est que l'influence de ces journaux, pour former l'opinion publique, n'est pas en rapport avec leur circulation. Car, dans ce pays, l'on n'a pas tendance à estimer un homme omniscient ou d'un jugement impeccable ; et, si l'on croit que Lloyd George a parfois tort, l'on ne croit pas que Lord Northcliffe ait toujours raison. La seule façon d'avoir un grand poids, pour un journalisme personnel, est lorsque le propriétaire lui-même est connu et populaire parmi la masse des gens qui lisent son journal. On ne peut pas en dire autant de Lord Northcliffe, mais cela explique pourquoi le seul journaliste anglais qui, avec succès, immergea sa publication dans sa propre identité est M. Horatio Bottomley.

Le cas du *Times* est différent. Non seulement c'est, à plus d'un titre, le plus grand journal du monde, mais il a dans ces derniers 15 ans fait plus de progrès qu'aucun de ses contemporains. Envisagé simplement du point de vue du mérite d'un journal, rien n'a diminué la distance qui séparait le *Times* de tous les autres. Cependant, son influence sur le Continent qui, même de nos jours, fut énorme, n'est maintenant guère plus grande que celle de deux ou trois de ses rivaux. La principale explication en est exactement celle que j'ai déjà indiquée. Un homme d'État européen, avec qui j'ai récemment discuté la question, déclara : « Le *Times* peut, comme vous dites, être le meilleur journal, mais c'est la voix d'un homme et, bien que nous partagions souvent les opinions de cet homme, nous n'oublions pas ce fait. » Ce n'est pas la voix d'un parti, mais la voix d'une personne cherchant à influencer des partis ou à en former un. Le *Times* et le *Daily Mail* racontent la même chose, — avec un développement différent. Lord Northcliffe n'a pas deux voix. Que vous lisiez ses opinions dans l'un ou l'autre, cela dépend purement du style que vous préférez, du temps que vous avez à disposer ou de la somme que vous tenez à payer. Quand Northcliffe acheta le *Times* et lui donna les mêmes textes qu'au *Daily Mail*, il ne fit pas un petit *Times* du *Daily Mail*. Au contraire, il abaissa le *Times* au modèle d'un grand *Daily Mail*.

Un correspondant du *Times* dans une capitale européenne n'est plus la puissance qu'il était autrefois. Naturellement un de Blowitz à qui des premiers ministres rendaient visite ne se présente pas deux fois au cours d'une génération. Mais l'importance des représentants du *Times* à l'étranger n'est maintenant plus proportionnée à la grandeur de ce journal. Peu sont cités, excepté pour la forme. Leurs opinions n'ont pas beaucoup de poids. Malheureusement il faut avouer que, relativement aux affaires étrangères, les journalistes anglais sont pour la plupart dépassés par leurs collègues français, ainsi que par bien des écrivains allemands.

A tout prendre, Northcliffe ne sacrifie aucun principe dans le but de donner libre cours à ses sentiments personnels contre Lloyd George. Un premier Ministre qui se charge du fardeau du pouvoir dans la période qui suit une guerre doit nécessairement éprouver bien des difficultés et commettre quelques erreurs. Il n'a pas le droit de s'attendre à ce que ses ennemis ignorent de telles erreurs. La Presse Northcliffe a très bien tiré parti du gaspillage allégué de la part du gouvernement. Il est difficile évidemment de réduire les dépenses aussi vite que tout le monde le désirerait, tandis qu'il est facile de faire des critiques qui seront toujours favorablement accueillies du contribuable. Mais, quand toutes les parts sont faites, il faut dire que le gouvernement ne montra aucune disposition à agir énergiquement jusqu'à ce que le pays l'y eût forcé. Dans cette affaire Lloyd George donna beau jeu à Northcliffe. Comme cependant la Presse Northcliffe appuya son gouvernement sur d'autres sujets, il est évident que Northcliffe ne s'écarta pas de ses propres idées pour attaquer le premier Ministre ; mais qu'il n'est pas fâché lorsque celui-ci s'expose et qu'il sait profiter de l'occasion.

Lloyd George peut faire peu, sinon rien, pour nuire à Northcliffe. L'indépendance de celui-ci constitue sa force ; c'est aussi sa faiblesse, car cela ne lui laisse aucune responsabilité, excepté envers lui-même, ce que le corps électoral apprécie pleinement. Pourtant il est inutile de prétendre que son imagination et son énergie ne sont pas employées pour ce qu'il juge être le bien de son pays.

Lorsqu'on lit les comptes rendus des flottements de M. Lloyd George à la Conférence de la Paix, ses sombres prédictions que les Allemands ne signeraient pas chaque fois qu'il avait été effrayé par une conversation avec un chef du parti travailliste, au dernier moment, son désir de changer toutes les décisions et de céder à l'Allemagne sur tous les points importants, lorsqu'on se rappelle ce qui est arrivé depuis que le Traité fut signé, on regrette que le premier Ministre n'ait pas eu Northcliffe près de lui à Versailles et après : la situation en Europe aurait été aujourd'hui plus claire et plus saine.

CHAPITRE XI

L'INCIDENT DE FRANCFORT ET M. KRASSINE

Deux malentendus qui se sont élevés entre l'Angleterre et la France depuis 1919, — dont l'un fut un incident passager qui, néanmoins, faillit précipiter une crise, l'autre une différence de politique qui persiste aujourd'hui, — méritent une mention à part : l'occupation de Francfort par les Français en avril 1920, et le traité commercial conclu par le Gouvernement anglais avec les Soviets de Russie.

Le 19 août 1919, le maréchal Foch, comme chef de l'État-Major interallié, émit un protocole qui limitait le nombre de troupes allemandes dans la Ruhr à 17.000 jusqu'au 10 avril 1920, et stipula que, passé cette date, il ne devait plus y avoir aucune troupe allemande dans cette zone. Ce protocole fut accepté par le Gouvernement allemand.

Le 28 mars 1920, M. Millerand dit au Chargé d'affaires allemand que le Gouvernement français, quant à lui, n'autoriserait pas une augmentation de troupes allemandes dans la Ruhr, à moins d'une occupation simultanée des troupes françaises de Francfort, Darmstadt, Homburg, Dalon et Dieburg.

Le jour suivant, M. Gœppert, envoyé extraordinaire du Gouvernement allemand, délégué à Paris pour discuter cette affaire, assura le Gouvernement français qu'on ne permettrait pas à d'autres troupes de pénétrer dans ce district à moins d'une permission préalablement obtenue.

Le 2 avril, M. Millerand répéta au Chargé d'affaires

allemand la déclaration qu'il lui avait déjà faite le 28 mars.

Néanmoins, le soir du 3 avril, M. Gœppert admit que des troupes dépassant le nombre autorisé par le protocole interallié avaient été envoyées dans la Ruhr. Il demanda qu'une autorisation formelle fût alors donnée pour couvrir ce qui avait déjà été fait sans autorisation ; ce qui avait été fait en violation du traité ; ce qui avait été fait contre le refus exprès du Gouvernement français ; et ce qui avait été fait contre sa parole donnée, qu'une telle démarche n'aurait pas lieu à moins que le consentement n'en ait d'abord été obtenu.

De plus, le même jour, le sous-Secrétaire allemand des Affaires Étrangères dit au général Barthélemy à Berlin que le Gouvernement allemand avait donné au Commissaire Impérial une entière liberté d'action au sujet de l'emploi des troupes dans la Ruhr et qu'il en assumait une pleine responsabilité.

Le 6 avril, des troupes françaises entrèrent à Francfort et sur d'autres points du territoire allemand.

On devrait ajouter que la question avait déjà été considérée lors d'une réunion du Conseil Suprême à Londres, qui, le 25 mars, avait exprimé l'opinion que le moment n'était pas opportun pour l'occupation de Francfort et de Darmstadt.

Le seul reproche qu'on pourrait en toute justice faire à la France (le pays le plus affecté et peut-être menacé par ce défi au Traité) serait qu'un temps suffisant n'a pas été donné entre le jour où l'occupation fut décidée et la date de son exécution effective pour permettre d'aviser raisonnablement tous les Alliés.

Quand la nouvelle arriva en Angleterre, le Parlement avait ajourné sa session en raison des fêtes de Pâques. Devant plusieurs exemples de ces manquements allemands au Traité, le Gouvernement de M. Lloyd George avait prudemment (quelquefois peut-être trop prudemment) évité d'en faire part au public jusqu'à ce qu'il fût forcé de le faire par la Chambre des Communes ; et, même alors, ne le fit-il que partiellement et avec une répugnance évidente. Mais en cette occasion, on ne prit pas avantage du fait que le Parlement ne siégeait pas. Le Gouvernement n'attendit pas qu'on lui demandât son opinion sur l'occupation française de Francfort. Encore moins attendit-il qu'on le pressât de se prononcer. Au contraire, les journalistes furent appelés en toute hâte, on employa une agence de la presse et le Gouvernement lui-même publia une déclaration semi-officielle, disant qu'il n'y avait pas de raison que le monde entier ne sût pas que tous les alliés désapprouvaient l'action de la France.

Cette annonce extraordinaire fut envoyée par un fonctionnaire du Gouvernement, d'un ministère et sur les instances seules du Gouvernement. L'instigateur de ce mouvement fut M. Philip Kerr, du Secrétariat du Premier Ministre et son conseiller particulier dans la conduite des affaires étrangères. Le Ministère des Affaires Étrangères fut-il consulté avant ou dut-il faire face à un fait accompli et être ainsi forcé de marcher sur les traces du partisan de Lloyd George ? Il est impossible de le dire. En tous cas, ce n'aurait pas été la première fois que Lord Curzon eût été mis de côté par M. Philip Kerr, et ce n'aurait pas été davantage la première fois que ce dernier eût donné un exemple frappant de son indiscrétion. Son manque de sagacité avait déjà été démontré, à sa confusion, par l'épisode Bullitt.

Ce qu'il y eut de plus regrettable dans cette étrange action fut que les faits publiés étaient absolument incorrects. Il n'était pas vrai que tous les Alliés désapprouvassent ce que la France avait fait. Au contraire, la Belgique témoigna son approbation en mettant ses chemins de fer à la disposition du Gouvernement français. Et au moment où cette déclaration était publiée dans la Presse, ni l'Italie ni le Japon n'avaient encore exprimé d'opinion. C'était en effet la première occasion, — qui fut suivie de plusieurs autres —, où le Gouvernement de M. Lloyd George sembla prétendre qu'en parlant à la France il pouvait présumer de le faire seul au nom de tous les Alliés.

Au début de cette dissidence, Lloyd George avait quitté Londres pour rencontrer d'autres ministres des Puissances Alliées à San Remo. S'y rendant par mer, il fut ainsi capable, pendant quelques jours, de laisser les événements suivre leur cours. Pendant ce temps, le Parlement se réunit de nouveau. M. Bonar Law évita plusieurs questions à la Chambre en promettant de faire une déclaration au nom du Gouvernement. Le point principal de ses remarques fut que, même si les points de vue français et anglais différaient, il était avant tout important d'éviter toute discussion qui pût attirer l'attention de l'Allemagne sur ce désaccord passager. L'idée était en elle-même bien fondée. Mais, en raison des circonstances, d'être ainsi exprimée par l'orateur du Gouvernement était une impudence. L'audace de la chose ne pouvait être excusée qu'au moyen de cette défense que les causes désespérées demandent des remèdes désespérés. Car c'était le Gouvernement anglais lui-même qui avait fait tout ce qu'il avait pu pour attirer l'attention de l'Allemagne sur le fait qu'il n'approuvait pas l'action de la France dans son occupation de Francfort.

Quelques jours plus tard, on demanda directement à M. Bonar Law, à la Chambre des Communes, si le Gouvernement admettait ou non sa responsabilité pour la communication faite à la Presse — qu'il n'y avait pas de raison que le monde entier ne sût pas que tous les Alliés désapprouvaient l'occupation française de Francfort. Il n'y eut pas de dénégation indignée de la part de M. Bonar Law. Au contraire, il répondit : « Je dois prier mon honorable ami de ne pas poursuivre la question. »

Aucune admission ne pouvait être plus complète.

L'occupation de Francfort fut un des rares cas où le mépris allemand du traité et le défi envers les Alliés

furent suivis d'une action immédiate au lieu de longues
conférences qui faisaient transiger et souvent céder.
L'effet en fut excellent.

De plus, l'occupation elle-même fut admirablement
conduite. Il n'y eut ni désordre au début ni oppression
d'aucune sorte pendant sa durée. Quand les Français
quittèrent Francfort, ils purent placarder dans toute
la ville des affiches écrites en allemand : « Les Français
tiennent parole. »

Depuis ce temps, il y eut quelque raison pour l'impression ressentie que la sainteté attachée au traité
de Versailles par M. Lloyd George variait selon que ce
qu'il avait promis à ses électeurs s'y trouvait impliqué
ou non.

Lorsque le Premier Ministre arriva à San Remo, il
suivit sa méthode habituelle, quand il est embarrassé
par ses propres actes : il défendit la position qu'il
avait prise en attaquant lui-même. Il assaillit M. Mille-
rant en suggérant que par l'occupation de Francfort,
la France avait prouvé qu'elle nourrissait des desseins
d'expansion territoriale. Il blêmit (ainsi que M. Millerand l'a raconté plus tard), quand il dénonça l'alliée
de l'Angleterre pour avoir montré à l'Allemagne qu'elle
ne pouvait impunément se moquer du traité de Versailles et des ordres du maréchal Foch.

Il est difficile de croire que l'explosion de M. Lloyd
George provînt d'une foi sincère que la France convoitait une partie de l'Allemagne ou avait quelque intention d'aller au-delà des termes du traité. Les conseillers
devaient être singulièrement mal informés et étrange-
ment s'abuser, s'ils concevaient de telles idées. Ils ne
disposaient certainement d'aucun fait pour soutenir
cette théorie, et M. Millerand dut être surpris d'être
appelé à calmer des alarmes si injustifiables.

Mais toute la scène est en rapport avec la conduite
du Premier Ministre à la Conférence de la Paix. Selon
l'opinion de M. Lansing, le Secrétaire d'État Américain,
il agit plus comme un politicien que comme un homme

d'État et était porté à attaquer son adversaire quand lui-même avait commis une erreur. « Il se plaisait mieux à l'attaque qu'à la défense... Quelquefois lorsqu'il semblait avoir le dessous dans un argument, il prenait un ton de moquerie et de fanfaronnade qui s'alliait mal avec la dignité du Conseil des Dix... Si on lui prouvait que son argument était basé sur de fausses déclarations, il changeait sans rougir ces déclarations, mais non l'argument. »

M. Millerand était de si bonne foi dans l'incident de Francfort qu'il n'éprouva aucun embarras à expliquer sa position. Et il ne prit pas non plus bien au sérieux l'attitude assumée par le Premier Ministre sur ce sujet. Ce fut tout de même là un commencement peu favorable à la Conférence de San Remo, et la situation générale ne fut pas améliorée par le ton qu'adopta M. Lloyd George pour discuter les revendications de la France au sujet des réparations. Dans quelques milieux, on jugea qu'il avait été jusqu'à montrer une hostilité absolue à la France. Le rapport secret du Gouvernement sur les discussions qui eurent lieu à San Remo créa la plus profonde surprise à Paris. Ni M. Deschanel (alors Président de la République), ni M. Poincaré n'hésitèrent à exprimer leur stupéfaction et leur déception lorsqu'ils parlèrent de ce sujet à un homme politique anglais quelques jours plus tard.

En cette occasion, sans le moindre doute, M. Lloyd George ne donna pas à la France le soutien qu'elle était en droit d'attendre et par sa conduite il endommagea le Traité et affaiblit l'Entente entre les deux pays.

Il est difficile, tout de même, d'admettre que le Premier Ministre puisse être justement critiqué d'adopter une politique qu'il pense convenir pour le mieux aux intérêts de l'Angleterre sur une autre matière non comprise dans le Traité de Versailles. Que les opinions de notre Alliée reçoivent la considération qui leur est due, cela va sans dire, mais il n'y a aucune raison pour que le Gouvernement anglais adopte les vues du Quai d'Orsay à moins qu'il ne les juge avantageuses pour l'Angleterre et les Alliés.

La Presse Française a constamment blâmé le Gouvernement de M. Lloyd George d'avoir fait un traité de commerce avec la Russie des Soviets. Elle avait tout droit d'exprimer son opinion, si elle se bornait à la suggestion que cet accord était futile ou peu sage au point de vue anglais. Mais l'idée que le Gouvernement anglais devait s'abstenir de faire un pacte avec M. Krassine, simplement parce que la France ne voulait pas en faire autant, est absurde. M. Lloyd George a peut-être eu tort et a peut-être eu raison dans sa conception et dans sa foi en les résultats de cette transaction. Mais rien ne prouve que le point de vue français soit correct ; et le Gouvernement anglais fit son devoir en ouvrant des négociations dont il se rendait pleinement responsable devant le pays.

Des incidents tels que le message de M. Lloyd George envoyé à la Pologne en 1920, sans qu'il en eût antérieurement avisé le Quai d'Orsay, et l'action également regrettable du Ministère des Affaires Étrangères français (imputable, dit-on, à M. Maurice Paléologue, ancien ambassadeur en Russie), la reconnaissance de Wrangel avant d'en avoir franchement prévenu Downing Street, causèrent des malentendus plus stupides dans leurs origines que sérieux dans leurs conséquences. Les mésintelligences qui en résultèrent furent d'une nature passagère. Mais quant à la question de reconnaître le Gouvernement des Soviets ou d'entrer en relations avec celui-ci, le point de vue anglais différait autant du point de vue français en juin 1920 qu'un an auparavant.

Quand ce sujet fut discuté à la Conférence de la Paix, M. Clemenceau s'opposa à toute rencontre ou communication avec les représentants du Gouvernement bolchéviste, craignant d'accroître par là le prestige de ce régime. M. Lloyd George avait fait objection à diverses conditions que la France voulait imposer à l'Allemagne sous le prétexte que, si l'on exaspérait cette dernière, l'on obtiendrait l'effet indirect de renforcer le Gouvernement des Soviets. Néanmoins il ne vit pas les choses du même œil, quand on discuta l'idée des négociations avec Moscou. Finalement il fut surtout responsable de l'absurde plan Prinkipo qui, par ses suites, provoqua chez Clemenceau plus d'amusement ironique que de réelle anxiété.

Quant à l'épisode Bullitt, on peut l'écarter en disant que, si M. Philip Kerr fut indiscret et mal avisé d'écrire une telle lettre (même si elle était marquée « Privé et confidentiel »), ce n'est pas une excuse pour Bullitt d'en avoir fait usage publiquement comme il l'a fait.

Cet incident rappelle forcément l'histoire, sans doute apocryphe, de cet officier de sous-marin allemand supposé avoir dit à l'Anglais qui l'avait capturé : « Vous savez que nous ne serons jamais des « gentlemen », mais vous serez toujours des idiots [1]. »

Le statut du Gouvernement russe fut encore discuté à la Conférence de San Remo. Il fut alors décidé, sur les instances urgentes de M. Lloyd George, que les Alliés devraient avoir des conversations avec les représentants que le Gouvernement des Soviets envoyait en Angleterre. Mais il fut entendu que ces entrevues seraient strictement limitées aux négociations relatives à un arrangement commercial avec les Bolchévistes et ne devaient pas reconnaître ceux-ci politiquement.

Le Premier Ministre anglais donna ce qui sembla d'abord être une interprétation libérale de ce pacte. Car, peu après son retour à Londres, il reçut lui-même avec le Secrétaire d'État des Affaires Étrangères, Lord Curzon, M. Krassine.

Quelques jours après, le vendredi suivant, j'eus une longue conversation avec ce dernier. Il fut à ce moment

---

1. Ce ne fut pas seulement l'indiscret et imprudent M. Philip Kerr qui eut lieu de se plaindre du mépris que M. Bullitt a montré pour les principes qui ont toujours prévalu au sujet des communications confidentielles. Le compatriote de M. Bullitt, M. Robert Lansing, le censure pour une pareille faute. *(The Peace Negotiations*, pages 240 et 241.)

décidé entre nous que, quel qu'en serait le résultat, aucun de nous ne divulguerait ce qui se dirait à nos réunions. M. Krassine observa fidèlement cet accord. De mon côté, je parle de cette affaire pour la première fois sans donner aucun des détails qui me furent communiqués confidentiellement. Je dois dire que non seulement M. Krassine parla ouvertement, mais qu'il répondit aussi sans trop de réserve à toutes les questions directes, même quand les réponses n'étaient pas de nature à servir sa propre cause. Il n'est peut-être pas nécessaire d'ajouter que je n'entendis pas prononcer une syllabe de propagande, pas plus que là-dessus je n'ai jamais échangé un mot avec nul autre que M. Krassine.

Krassine me frappa comme étant un homme d'affaires plutôt qu'un rêveur et un fanatique et comme quelqu'un qui préférerait construire plutôt que détruire. Il ne sembla pas non plus être un homme politique. Cette impression fut confirmée, quand il exprima le regret que le Gouvernement anglais eût refusé de permettre à Litvinoff d'entrer en Angleterre, disant que, pendant qu'il était préparé à discuter les affaires commerciales, il ne se sentait pas également sûr au sujet des considérations politiques et diplomatiques que pourrait soulever, entre autres, la question de la Dette extérieure.

Quand la guerre éclata, Krassine était le représentant russe d'un groupe important d'intérêts électriques allemands. Son amitié avec Lénine date de plusieurs années. Feu M. Joseph Reinach me dit un jour que M. de Saint-Sauveur, qui représentait la société Creusot-Schneider en Russie, avait des relations d'affaires avec Krassine, ce qui les amenait parfois à déjeuner ensemble et qu'en l'une de ces occasions M. de Saint-Sauveur fit remarquer que Krassine serait peutêtre embarrassé par l'annonce récente que quelqu'un de son nom était devenu membre de l'administration bolchéviste. Krassine répondit qu'il était lui-même l'individu et que Lénine, un ancien condisciple, l'avait déjà protégé pendant une période où il courait quelque danger personnel.

Certainement les vues de Krassine avaient été un facteur important dans l'évolution graduelle de Lénine.

Le représentant du Gouvernement des Soviets et moi-même nous vîmes naturellement plusieurs choses — presque toutes choses — sous un angle tout à fait différent. Cependant, nous n'étions pas intéressés à débattre les théories politiques, mais plutôt à discuter s'il serait possible ou non d'en arriver à un certain résultat pratique. M. Krassine désirait entamer des négociations avec la France aussi bien qu'avec l'Angleterre. Il admit que la France n'abandonnerait jamais entièrement sa revendication au remboursement des emprunts russes lancés en France ; qu'aucun gouvernement français ne pouvait le faire, même s'il le voulait, mais il contesta qu'aucun mode de règlement éventuel fût nécessairement une affaire de négociations et qu'aussi un tel règlement devrait dépendre d'une reconnaissance quelconque du gouvernement soviétique par la République française. Il se plaignit que, tandis que M. Lloyd George et Lord Curzon lui avaient ouvert leurs portes, la France n'eût envoyé que des attachés commerciaux qui n'avaient pas le pouvoir ni l'autorité de discuter toute l'affaire.

M. Krassine ne me cacha pas que le résultat d'un refus de l'Angleterre et de la France de traiter toutes deux avec la Russie signifierait une guerre avec la Pologne. Il admit qu'une telle guerre serait peut-être longue et dit que la Russie faisait des préparatifs en conséquence.

Je ne discutai pas alors ni plus tard avec M. Krassine la doctrine bolchéviste, ses aspirations ou ses effets. Mais de moi-même j'insistai sur le fait que, si la Russie des Soviets adressait une demande pour être admise dans la Société Générale des Nations, elle devrait être prête à se conformer aux règles établies et aux coutumes des relations internationales, spécialement en ce qui concernait la propagande ; que, sinon, tout arrangement ne serait, sans nul doute, que temporaire ; et que par une terminaison brusque la situation ne ferait qu'empirer. J'ajoutai que l'attitude du Gouvernement français était strictement conforme à l'accord de San Remo, — négociations commerciales, mais non politiques —, et que ce n'était pas un secret que le Quai d'Orsay était fort surpris qu'il ait été reçu par le Premier Ministre et le Secrétaire des Affaires Étrangères.

Néanmoins, à ma seconde entrevue avec M. Krassine, le jour suivant (le samedi) et après une conversation que je ne me juge pas libre de transcrire entièrement de mon journal, je consentis à voir M. Millerand et à lui soumettre certaines propositions. Je téléphonai plus tard dans la journée au Ministère des Affaires Étrangères, et reçus une réponse que M. Millerand me recevrait le dimanche ; je partis pour Paris ce même soir.

Je suis naturellement obligé de m'abstenir de répéter en détail ce que dit M. Millerand dans le cours de notre conversation au Quai d'Orsay. Le résultat peut ainsi s'en résumer : le Président du Conseil ne se soucia pas d'entamer de négociations avec le Gouvernement soviétique ni de recevoir un envoyé qui pourrait lui présenter formellement les propositions soumises ainsi d'une manière officieuse.

Quelle que fût la mesure exacte de l'arrangement conclu avec M. Lloyd George à San Remo, il était évident que c'était grandement dû à l'insistance de ce dernier ; que M. Millerand concevait qu'il avait agi personnellement en déléguant des attachés commerciaux pour être présents aux entrevues avec M. Krassine ; et qu'il n'avait pas l'intention d'en faire davantage. Selon toute apparence, il comptait sur quelques développements futurs en Russie, mais sans aucune notion certaine de la tournure qu'ils prendraient. D'un autre côté, il fut surpris que le Premier Ministre anglais et le Secrétaire des Affaires Étrangères eussent vu Krassine, ce qui donnait ainsi peut-être une signification politique à sa mission [1]. La réponse évidente était qu'en traitant avec la Russie il était difficile de définir exactement où finissaient les questions commerciales et où commençaient les questions politiques.

Mon rôle dans la conversation, — en mettant à part l'exposé de certaines propositions à M. Millerand et la réponse à ses questions sur certains points, — se borna à insister sur ma conviction que M. Lloyd George ferait certainement un arrangement avec la Russie des Soviets ; et que, quoiqu'il serait probablement critiqué dans certains milieux, le Premier Ministre Anglais n'irait pourtant pas contre l'opinion publique en agissant ainsi. Je me risquai à suggérer que le fait que la France était la plus grande créancière de la Russie ne serait pas considéré en Angleterre comme un obstacle aux relations commerciales, à moins que la France elle-même pût proposer une politique plus applicable que celle d'une intervention militaire ou plus pratique que celle de ne rien faire, en laissant les événements suivre leur cours.

Rien de ce qui est arrivé depuis n'a démenti mes prédictions ni changé mes vues. M. Lloyd George a dûment conclu un accord avec M. Krassine comme il en a toujours eu l'intention. Il est vrai que la brillante campagne dirigée par le général Weygand fit naître des illusions dans quelques milieux que le pouvoir des Soviets était sur son déclin. Mais le seul effet véritable du succès polonais fut un traité qui donna au Gouvernement de Moscou le temps de se retourner et de chasser

---

1. Je retournai à Londres le lundi soir et allai à la Chambre des Communes, car on annonçait que Lloyd George devait parler sur ce sujet. J'arrivai à temps pour entendre le Premier Ministre dire que, dans tout ce qu'il avait fait, y compris sa réception (de concert avec Lord Curzon) de M. Krassine, il avait agi en accord complet avec M. Millerand. Cette déclaration était inexacte. M. Millerand m'avait dit le jour précédent qu'il avait été stupéfié en apprenant cette réunion.

hors du pays Wrangel, reconnu par le Gouvernement français [1].

La sagesse pratique de l'attitude française peut être mise en question. Elle est d'autant plus douteuse que la France est le pays de l'Europe ayant le moins à craindre l'incursion du Bolchévisme. L'effet principal de cette théorie politique semble avoir été la division des terres parmi les paysans (on dit que plus de 99 $^o/_o$ en sont maintenant ainsi détenus), tandis que la théorie du Communisme prive le possesseur de toute propriété personnelle quant aux produits. Mais dans un pays où presque tout le monde est propriétaire il y a peu de chance de succès pour une doctrine politique qui limite cette possession déjà acquise par l'addition des principes communistes qui ne seraient qu'un handicap aux propriétaires.

La France, plus qu'aucun autre pays, devrait se souvenir qu'une révolution ne peut être jugée que par la génération suivante. La Révolution française fut accompagnée d'excès qui, pendant un certain temps, exclurent presque la France de la société des nations. Et cependant, elle laissa sa marque ineffaçable sur l'Europe. Quand ses résultats furent examinés à fond, on y trouva du bien et un bien qui dure jusqu'à ce jour. C'est M. Clemenceau lui-même qui a dit en une mémorable occasion que la Révolution française devait être prise « en bloc » — le bon avec le mauvais.

En Russie, pays tellement plus vaste que la France, dont la population est si clairsemée et où la masse du peuple en 1916 était plus ignorante et moins intéressée dans le développement politique que ne l'étaient les Français en 1789, il était évident qu'un soulèvement serait plus puissant et plus effroyable ; et qu'un des

---

1. La plupart des troupes de Wrangel parvinrent à s'enfuir en Turquie. Pendant quelque temps, elles furent soutenues par le gouvernement français ; mais finalement elles durent choisir entre retourner en Russie, être envoyées au Brésil ou ailleurs ou bien être laissées à leurs propres ressources.

résultats immédiats serait de voir le pouvoir **absolu**
entre les mains de quelque petit groupe.

M. Maurice Paléologue, dans le journal qu'il a tenu
pendant qu'il était ambassadeur à Pétrograd, a
répété les propos qu'un grand financier russe lui tenait
en juin 1915 : « Dans notre pays la Révolution sera
nécessairement destructive, parce que la classe édu-
quée ne représente qu'une très petite minorité sans
organisation ou expérience politique, sans aucun
contact avec les masses. Là est, selon mon opinion, le
grand crime du Tsarisme : avoir refusé de permettre
l'existence d'un « foyer » de vie politique en dehors de
sa propre bureaucratie »[1].

Il est difficile de concevoir pourquoi la loyauté
anglaise envers la France exigerait qu'elle n'eût aucun
rapport avec la Russie des Soviets. Même si la France
avait proposé un plan défini, il aurait été du devoir du
Gouvernement britannique d'examiner avec grand soin
jusqu'où il devrait sacrifier à l'Entente une politique
considérée comme devant servir les intérêts de l'Angleterre. Mais ce point ne fut jamais soulevé, car la
France ne proposa jamais de plan pratique.

En se tenant à l'écart et en ne faisant rien, la France
retarde la date de payement de la dette russe. Au contraire, il est probable que la principale sécurité qui
reste au sujet de cette dette, — les ressources natu-
relles du pays, — se trouve ainsi être diminuée de
valeur. Il est certain que sa réalisation en est retardée.
Et la France ne gagne rien à ce que les autres pays la
devancent en renouant des relations avec la Russie et
en obtenant sans doute bientôt des concessions appré-
ciables. Malheureusement aucun Gouvernement français n'a proposé une politique sur ce sujet excepté
celle « d'attendre ». C'est exactement ce que les autres
pays ne feront pas.

---

1. *La Russie des Tsars pendant la guerre.* — *Revue des Deux Mondes,*
1ᵉʳ mai 1921, page 136.

La situation serait différente s'il y avait quelque indication d'un rétablissement possible des Romanoff.

Mais ceci n'est plus dans les limites de la politique pratique. Évidemment le Gouvernement des Soviets ne représente pas le peuple russe dans un sens constitutionnel, mais c'est le gouvernement *de facto*. Et parce qu'il n'y a pas de restauration à escompter, aussi n'y a-t-il aucune perspective immédiate à l'intérieur d'un développement constitutionnel convenable. Plus probablement, le présent régime, après quelques dissensions entre les deux éléments extrêmes, s'adaptera aux besoins du pays et continuera à détenir le pouvoir actuel.

Pendant ces mois derniers, la scission entre Lénine et les Extrémistes est devenue plus prononcée. Les actes de Lénine semblent démontrer qu'il a renoncé aux principes du communisme absolu. Dans une lettre privée, publiée en avril 1921 par *La Vie Russe*, et dont l'authenticité n'a pas été niée, il admet explicitement les erreurs et les vues peu pratiques dont il était autrefois l'auteur. Mais l'insuccès de ses théories semble avoir sapé son énergie ; et il est peu probable qu'il ait la même vigueur pour poursuivre une réaction.

La famine n'aura peut-être pas d'autre effet politique que d'éliminer les adversaires extrémistes de Lénine et de Krassine et peut-être aussi préparera-t-elle la voie à la reprise des relations avec le reste du monde.

Dans l'intervalle, le temps marche contre les intérêts de la France. C'est encore à l'avantage du Gouvernement soviétique d'entrer en relations commerciales avec la France, mais c'est moins essentiel que lorsque M. Krassine en reconnaissait l'importance prépondérante en juin 1920, et voulait que M. Millerand prît en considération certaines de ses propositions. C'est moins essentiel parce que le Gouvernement anglais a déjà fait un traité avec la Russie, parce que d'autres gouvernements sont sur le point d'en faire autant et parce que chacun de ces arrangements est une assurance de plus que la France tôt ou tard devra en faire de même, afin de se protéger .Mais plus la France tardera à négocier, moins elle aura de chance d'imposer ses conditions [1].

1. Depuis que ceci fut écrit, le Gouvernement français a commencé (février 1922) certaines négociations avec le Gouvernement des Soviets. Il est bon de remarquer que cette possibilité d'un arrangement quelconque alarme sérieusement la Wilhelmstrasse.

CHAPITRE XII

LE TRAITÉ DE VERSAILLES

Napoléon a dit un jour : « Vaincre n'est rien, il faut profiter du succès. » La vérité de cette remarque est prouvée par ce qui s'est produit depuis l'armistice.

Pendant toute la guerre il y eut dans divers pays des conflits entre les autorités militaires et politiques. En plus d'une occasion et dans plus d'un cas, les unes pensèrent et parfois déclarèrent que les autres étaient bornées dans leurs conceptions et inintelligentes pour les exécuter. Ceci n'était qu'une répétition de la dispute qui a toujours lieu et qui aura toujours lieu lorsqu'un pays doté d'institutions parlementaires se trouve en guerre. L'équilibre exact de la nécessité absolue et de l'utilité entre les généraux et les hommes d'État ne sera jamais atteint. Le seul fait indéniable est qu'en dernière analyse aucune guerre ne peut être gagnée sans l'homme au front qui soutient le choc de la bataille.

Mais, depuis l'armistice, les hommes politiques ont eu les mains libres et n'ont certes pas tiré le meilleur parti de ce que les soldats avaient gagné. Pendant les trois années où ils ont parlementé, ils ont même parfois fait courir des risques à ce qui fut si péniblement gagné par quatre ans de lutte.

En essayant d'établir la responsabilité l'on se trouve en présence de trois questions principales : l'armistice fut-il accordé au moment propice et ses conditions sauvegardaient-elles suffisamment la victoire ? Faut-il imputer la faute principale de la situation actuelle aux auteurs du traité de Versailles ? Ou, dans l'alternative,

est-ce ceux qui sont chargés de l'exécution de ce traité
qu'il faut blâmer ?

On peut traiter le premier point d'une façon som-
maire et concluante. Ceci a déjà été fait dans plus d'un
exposé publié. Mais, en vue de détruire une légende
absurde qui a trouvé beaucoup d'adhérents, la vérité
ne peut être trop répandue.

Le 25 octobre 1918, le maréchal Foch (à qui le Conseil
interallié de la guerre avait soumis toute la question)
demanda à Pétain, Haig et Pershing de le rencontrer
à Senlis et d'exprimer leurs opinions. Haig qui parla le
premier croyait que ce qui importait le plus était de
rédiger des conditions si modérées que les Allemands
fussent forcés de les accepter. A son avis, les armées
alliées étaient hors d'haleine. Le pouvoir militaire de
l'Allemagne n'était pas brisé ; il était donc désirable de
ne pas laisser échapper cette occasion et de mettre fin
à la lutte. D'après lui, il suffisait que les conditions
principales fussent l'évacuation de la Belgique, des
régions envahies de la France et l'Alsace-Lorraine.

Pétain se faisait une idée tout autre de ce que l'armistice devrait être. Il proposa que les troupes allemandes dussent se retirer en Allemagne sans emporter
un seul canon ou aucun matériel de guerre, excepté les
armes qu'elles avaient en main et, d'autre part, il croyait
essentiel que les armées alliées occupassent à la fois la
rive gauche du Rhin et une zone de cinquante kilomètres sur la rive droite.

Pershing était du même avis que Pétain [1]. Foch ne
donna pas alors à entendre qu'il fût arrivé à une décision quelconque, mais le jour suivant il envoya un
mémoire concis à M. Clemenceau, rédigeant les conditions qu'il croyait être nécessaires. En résumé, on peut
dire que son plan, tout en allant plus loin que celui de
Haig, n'était pas tout à fait aussi rigoureux que celui

1. Le général Gillain, chef d'État-Major des armées belges, avait aussi
été convoqué à cette entrevue, mais il lui fut impossible d'arriver à
temps.

de Pétain. La grande différence consistait en ce qu'il n'exigeait pas le total abandon de l'artillerie allemande.

Quelques jours plus tard (du 27 au 31 octobre), ce mémoire fut examiné par les représentants des puissances alliées et des États-Unis. Au cours de ces conversations le colonel House demanda directement à Foch si, comme militaire, il préférait que l'Allemagne acceptât ou refusât les conditions offertes. Foch répondit : « On ne fait la guerre qu'afin d'obtenir des résultats. Si les Allemands signent l'armistice sur lequel nous nous sommes décidés, nous aurons obtenu ces résultats. Le but ayant été atteint, personne n'a le droit de faire couler une seule goutte de sang de plus. »

Et, répondant ensuite à une autre question, le maréchal Foch déclara : « Les conditions proposées par vos conseillers militaires sont les mêmes que nous devrions et pourrions imposer après le succès de nos prochaines opérations. Donc, si les Allemands les acceptent à présent, il est inutile de continuer la bataille. »

Il est ainsi hors de doute que ce fut sur l'avis du maréchal Foch que la lutte ne fut pas prolongée et que les conditions de l'armistice furent celles qu'il proposa lui-même [1].

Il est vrai que, plus tard, Foch différa aigrement avec M. Clemenceau à propos de certaines clauses du traité. Mais cette dissension (sur laquelle je reviendrai plus loin) n'avait rien à voir avec l'armistice dont Foch est principalement responsable. Il serait futile de chercher sur une question militaire à outrepasser la haute autorité du commandant des Forces alliées ou de mettre en doute la prudence d'un arrangement pour lequel il se prononça sur un ton aussi catégorique. Mais il faut noter que M. Poincaré fut parmi ceux qui soutinrent toujours qu'un armistice ne devrait être accordé qu'après une victoire finale et décisive. Au commencement

---

1. Quelques changements légers aux propositions initiales de Foch furent faits durant les conférences.

d'octobre, l'esquisse des propositions auxquelles Foch songeait alors (elles étaient probablement moins sévères que celles qu'il suggéra finalement) fut communiquée au Président de la République. Celui-ci trouva qu'elles étaient loin de renfermer ce que les Alliés avaient le droit d'exiger et insista fortement sur ce point de vue auprès de M. Clemenceau pendant une conversation qui eut lieu le 12 ou le 13 octobre. Un jour ou deux plus tard, il répéta ses objections dans une lettre à Clemenceau, protestant contre un armistice qui « couperait les jarrets de nos soldats ». M. Poincaré avait coutume d'écrire fréquemment et longuement aux divers premiers ministres qui furent au pouvoir pendant la guerre. En général, M. Clemenceau ne répondait pas. Mais, en cette occasion, il le fit avec quelque aigreur, exprimant son étonnement que le Président ne comprît pas que le Cabinet étant seul responsable avait seul le droit de décider comme il le jugerait à propos, et menaça de démissionner s'il était importuné par de nouvelles interventions de cette sorte.

On peut ajouter que cette opinion sur les droits respectifs du Pouvoir exécutif et du Cabinet dans la Constitution n'est pas universellement admise en France.

Avant de critiquer la Conférence de la Paix, il faut d'abord reconnaître qu'elle se trouvait en présence d'une tâche colossalement difficile. Dès le début, il dut être évident pour tous (excepté peut-être pour le président Wilson) qu'il était impossible que le résultat, quel qu'il fût, pût satisfaire toutes les nations intéressées. Le fait même que dans chaque pays il y a une partie puissante de l'opinion publique mécontente du traité, un sentiment que ses représentants furent dépassés par ceux des autres pays, est le signe le plus infaillible que, si le traité n'est point parfait, il n'est pas du moins injuste et partial.

La vérité est qu'aucun des Quatre ne l'emporta jamais sur ses collègues. Comme Clemenceau le fit une fois remarquer, la Conférence montra à chacun qu'ils étaient plus Anglais, plus Français, plus Italiens ou plus Américains qu'ils ne l'avaient cru eux-mêmes. En résumé le sentiment national était aussi fermement que jamais inculqué dans le cœur humain.

On peut dire que Clemenceau obtint ce qu'il put ; Lloyd George eut à peu près tout ce qu'il voulait, tandis que Wilson sacrifia tout, y compris l'avenir immédiat de l'Europe, à sa résolution obstinée d'avoir le pacte de la Société des Nations incorporé comme partie du Traité. Il aurait en effet mieux valu pour le monde entier que les États-Unis fissent plus de demandes matérielles (comme ils auraient en toute justice pu le faire) en compensation de la part qu'ils avaient prise dans la guerre. Dans le jeu de concessions mutuelles, le président Wilson aurait alors été forcé de traiter des questions pratiques d'une façon pratique.

Mais participant en personne à la Conférence, Wilson méprisa l'avis de ceux qui avaient le devoir de le conseiller en même temps qu'il méconnut le jugement de beaucoup d'autres. L'opinion du colonel House n'est pas encore généralement connue, mais il ne serait pas surprenant que cet homme discret eût été d'avis depuis le début même que Wilson aurait plus de pouvoir en restant à Washington et qu'il se fût aussi dès le début rendu compte qu'il ne servirait à rien de faire valoir cette politique.

Woodrow Wilson a été, pendant la plus grande partie de sa vie, instituteur ou professeur. Il n'est pas un homme érudit selon le sens que l'on donne généralement en Europe à cette phrase. L'observation que M. Keynes a faite sur ce point est tout à fait exacte. Mais il a toutes les caractéristiques de ceux qui suivent une profession où ils peuvent chaque jour faire la loi à d'autres n'ayant aucun droit d'appel, autrement dit un maître d'école.

Ceci fut illustré d'une manière curieuse peu après que Wilson fut devenu président. Théodore Roosevelt avait une emprise sur son pays que Wilson n'obtint jamais. Si Roosevelt tombait malade, ou quand, par exemple, une tentative d'assassinat était faite contre lui pendant une campagne politique, l'état quotidien de sa santé était un souci national. Lorsque la santé de Wilson s'altéra durant sa tournée pour persuader le pays d'appuyer ce qu'il avait fait à Paris, l'indifférence générale fut presque brutale. Cependant Roosevelt, avec son grand courage et son immense popularité, ne put jamais dominer son parti sur des questions domestiques comme le fit Wilson. Il dut, à de nombreuses reprises, faire des concessions à ces puissants personnages connus en Amérique sous le nom de « party-bosses ». Ce fut parce qu'il refusa enfin de supporter plus longtemps ce système qu'il essaya imprudemment de former un troisième parti et se livra ainsi aux mains de ses adversaires politiques.

Mais Wilson adopta et avec beaucoup de succès le système du maître d'école. La dernière mesure qu'un directeur prend envers un élève indocile est d'écrire à ses parents. Wilson inaugura la coutume d'aller lui-même au Congrès, quand il désirait obtenir quelque chose, et d'annoncer ses intentions et ses raisons aux législateurs assemblés. Une heure après, ses paroles étaient publiées à travers toute l'étendue du pays. A partir de ce moment, les sénateurs et les représentants étaient sur la défensive pour expliquer à leurs électeurs leur opposition au président. Dès lors l'affaire reposait à peu près sur ses propres mérites. Il y avait peu d'opportunité pour les méthodes dérobées des politiciens professionnels. Les exposés publics de Wilson au Capitole eurent un effet plus puissant que n'importe quel nombre de conférences particulières à la Maison Blanche.

Mais l'utilité de ce procédé avait, comme tous les autres, ses bornes. M. Wilson commit une erreur capitale en essayant de l'appliquer dans ses rapports avec les autres nations ; oubliant que tout le monde ne l'acceptait pas comme un maître d'école, ignorant que ceux avec qui il négociait n'étaient pas de fourbes meneurs politiques, mais des hommes animés d'un patriotisme aussi élevé que le sien et possédant une connaissance beaucoup plus profonde de la conduite des affaires étrangères.

Malheureusement, non seulement M. Wilson ne sut pas reconnaître ce fait, mais il perdit aussi tout sens de la mesure. M. Stéphane Lauzanne a publié le compte-rendu d'une entrevue que M. Wilson, avant de venir en Europe, donna à plusieurs journalistes étrangers. Sur le moment même, ce ne fut communiqué qu'aux Gouvernements alliés. Cette entrevue appuie pleinement l'idée énoncée ci-dessus. Le Président des États-Unis parla comme s'il était le dictateur de l'univers. M. Lauzanne paraît avoir soupçonné que cela présageait un affaissement physique ou cérébral. Mais une exhibition du même genre, plus publique et plus lamentable, fut donnée quelques mois plus tard, lorsque Wilson outragea toutes les convenances en se permettant de s'adresser au peuple italien en passant pardessus son propre gouvernement. Tout ceci fut peut-être le développement naturel d'un homme qui avait toujours été intellectuellement arrogant, qui n'accepta jamais d'opposition ou même de critique en bonne part, qui, pendant de nombreuses années, avait été, comme instituteur ou professeur, en grande partie exempt de l'une et l'autre et qui fut soudain placé dans une position où il eut plus d'autorité que nul autre dans l'histoire moderne.

L'opinion du colonel House au sujet de la dose de sagesse dont M. Wilson fit preuve en allant à Paris ne sera peut-être jamais connue. Mais M. Robert Lansing, secrétaire d'État dans le cabinet de M. Wilson et aussi l'un des cinq plénipotentiaires américains à la Conférence de la Paix a fait savoir au monde qu'il avait prévu les difficultés capables de surgir et qu'il conseilla au président de rester à Washington.

Le livre de M. Lansing projette une lumière curieuse
mais non inattendue sur la façon avec laquelle M. Wilson traitait les autres commissaires américains. Aucun
d'eux, excepté le colonel House, n'était entièrement
au courant de ce qui se passait. Wilson agissait sans
rien faire connaître à Lansing (qui comme secrétaire
d'État était en quelque sorte l'équivalent du Ministre
des Affaires Étrangères [1]) de ce qu'il comptait faire, pas
plus qu'il ne lui communiquait ce qu'il avait fait. De
plus, lorsque, de temps à autre, Lansing écrivait pour
énoncer ses vues sur une question importante, ses
lettres demeuraient généralement sans réponse.

Le 23 décembre 1918, Lansing envoya au président
une longue lettre renfermant divers mémoires concernant « La puissance de garantie proposée pour la
Société des Nations ». Sa lettre était désignée comme
« secrète et urgente ». « Or, écrit M. Lansing, je ne reçus
ni réponse ni même accusé de réception. » Lansing
insinue assez malicieusement que cette omission était
due à ce que « les visites de Wilson à la Royauté exigeaient de lui tant de temps qu'il lui était impossible
de s'occuper de l'affaire. » Il semble toutefois que ce
fût l'habitude de Wilson d'ignorer toute lettre de ses
conseillers, s'ils se permettaient de différer d'opinion
avec lui en quelque manière. En janvier 1919, Lansing
écrivit encore, pour faire valoir une certaine politique.
Cette lettre non plus « ne reçut jamais de réponse et il
n'agit pas d'après cette idée ou ne la discuta pas, autant
que je sache, avec aucun de ses collègues. »

Le 3 février 1919, M. Lansing écrivit au président
au sujet des tribunaux à établir dans la Société des
Nations. Ceci était une question purement légale, sur
laquelle l'opinion de Lansing était évidemment de
quelque valeur, non seulement parce qu'il était un
juriste distingué (tandis que M. Wilson n'était avocat

---

1. Mais selon la constitution américaine Lansing n'était pas directement responsable devant le Congrès.

que de nom), mais parce qu'il avait pris part aux travaux de cinq cours internationales d'arbitrage. Néanmoins cette lettre eut le même sort que les autres : « Aucune réponse, soit écrite soit orale, ne fut jamais faite à ma lettre du 3 février. »

La suffisance de Wilson le conduisit à l'erreur de se choisir pour collègues comme plénipotentiaires des hommes qu'il pouvait dominer ou ignorer. Il fit des erreurs également graves dans le choix de ses autres conseillers. L'impression lamentable produite par ceux qui semblaient les plus proches du président persiste encore aujourd'hui. Écrivant dans *Le Matin* en juillet 1921, M. Stéphane Lauzanne (dont la connaissance de la politique et des hommes politiques américains embrasse plus d'une génération) dit : « Wilson était un honnête homme et son esprit, tout en étant obscur, ne manquait pas du sens de la justice. Mais à côté de lui étaient ses partenaires et derrière lui était l'ombre inquiétante d'un Warburg, financier international, d'un Baruch vantard et frivole, d'un Tumulty affairé et épris de plaisirs, d'un Creel ignorant et vulgaire » ; et il compare ces hommes-là, à leur désavantage, à Hughes, Hervey et Lodge qui aujourd'hui entourent Harding.

Dans le premier de ses fameux « Quatorze points », M. Wilson avait posé comme essentiel au bien du monde que les conventions de paix seraient conclues ouvertement. M. André Tardieu qui, d'un bout à l'autre de son compte-rendu de la Conférence de la Paix, est scrupuleusement juste et même généreux dans ses commentaires sur M. Wilson, dit que celui-ci expliqua qu'il n'avait pas voulu parler des négociations publiques, mais seulement des débats publics sur toutes les décisions prises avant qu'elles devinssent définitives. Bien que ceci ne semble pas s'accorder tout à fait avec la première déclaration de M. Wilson, c'était une restriction sage et pratique. Mais en réalité le président paraît

avoir caché ses propres négociations à la plupart même
de ses collègues. M. Lansing raconte que « les commissaires américains autres que le colonel House étaient
tenus dans une ignorance presque complète des négociations préliminaires (il parle de la Société des Nations)
et contraints de recueillir telle information qu'ils
pouvaient des délégués des autres puissances qui,
supposant naturellement que les Américains possé-
daient l'entière confiance du Président, parlaient en
toute liberté. Naturellement les Commissaires américains étaient embarrassés et placés dans une position
peu enviable par le mystère que le président répandait
sur ses rapports avec les hommes d'État étrangers et les
procédés de la Commission sur la Société des Nations.
De plus, ses négociations secrètes eurent comme conséquence que la majorité des délégués à la Conférence et
aussi le public perdirent foi dans la réalité de sa conviction pour la diplomatie ouverte qu'il avait si nettement proclamée dans le premier de ses « Quatorze
points ». Un autre mot dangereux que Wilson avait
adopté comme sien fut « self-determination ». Il alla
même jusqu'à énoncer à une session du Sénat et de la
Chambre des représentants réunis, le 11 février 1918,
que « self-determination n'est pas une simple phrase,
c'est un principe d'action impératif que les hommes
d'État ignoreront dorénavant à leurs risques et périls. »
M. Wilson, l'auteur d'une histoire des États-Unis,
aurait dû se rappeler que son pays, durant les quatre
années de la guerre civile la plus acharnée que le monde
ait jamais connue, renia ce droit.

Pourtant, dans l'article III de sa première ébauche
du Pacte de la Société des Nations Wilson inséra ces
mots, mais on ne les trouve pas dans l'article VII revisé
(qui remplaça l'article III) et qu'il soumit à la Commission sur la Société des Nations, ni dans l'article X du
traité de Versailles qui lui correspondait. M. Lansing
suggère que cette élimination est due à de l'opposition

de la part de M. Lloyd George et de quelques-uns de ses collègues [1].

Que cela soit ou non, M. Wilson eut d'autres occasions de faire valoir sa croyance dans « le principe d'action impératif que les hommes d'État ignoreront dorénavant à leurs risques et périls ». Cependant le traité qu'il signa refusa de reconnaître à l'Autriche le droit de former une union politique avec l'Allemagne, ce qui est manifestement en contradiction avec la dangereuse doctrine wilsonienne de « self-determination ». Je ne m'arrête pas à la question notoire de Fiume. Mais le règlement de la question de Changtung mérite de retenir l'attention, à la fois parce que M. Wilson y acquiesça, nonobstant les protestations vigoureuses de trois ou quatre de ses collègues, et aussi parce que M. Lansing allègue que Wilson n'agit ainsi que dans la conviction qu'autrement le Japon n'adhèrerait pas à la Société des Nations.

Je n'ai pas l'intention de traiter si la décision même de Changtung était juste ou nécessaire : je me contente de dire que, tout en pouvant la soutenir à l'aide de divers arguments, personne ne peut prétendre qu'elle soit conforme à aucune théorie de « self-determination ». Il en résulta immédiatement que la Chine protesta de la seule façon digne qui lui était possible, en refusant de prendre part au traité de Versailles.

En cette circonstance, ce fut le général Bliss qui écrivit au président. Il déclara qu'il exprimait en même temps les opinions de M. Lansing et de M. Henry White ; en d'autres termes, les sentiments de trois des cinq plénipotentiaires américains. Le général Bliss choisit apparemment ses mots dans le seul but de se

---

1. M. Lansing dit : « L'opposition de ces hommes d'État qui représentaient l'Empire Britannique par contraste avec ceux qui représentaient des puissances britanniques autonomes. » Les puissances britanniques autonomes elles-mêmes font essentiellement partie de l'Empire britannique. Il est à présumer qu'en écrivant « Empire Britannique » M. Lansing voulut dire le Royaume-Uni de Grande-Bretagne et d'Irlande.

faire entendre du Président avec une absolue clarté. La conclusion de sa lettre, qui suit un argument serré, vaut la peine d'être citée :

« S'il est juste pour un agent de police qui retrouve votre porte-monnaie d'en garder le contenu et de prétendre qu'il a rempli son devoir en rendant le porte-monnaie vide, alors la conduite du Japon peut être tolérée.

« S'il est juste que le Japon annexe le territoire d'un allié, alors il ne saurait être injuste que l'Italie retînt Fiume pris à l'ennemi.

« On n'a pas le droit d'agir mal, même pour obtenir la paix. La paix est à souhaiter, mais il y a des choses encore plus précieuses que la paix : la justice et la liberté. »

Ce dernier sentiment rappelle singulièrement quelques-uns des discours du président Wilson. Mais ses actions furent basées sur d'autres considérations. M. Lansing dit que le président envoya effectivement à la Délégation chinoise une lettre où il regrettait qu'il lui eût été impossible d'en faire davantage pour la Chine et où il disait qu'il avait été contraint d'accéder aux demandes du Japon afin de sauver la Société des Nations.

M. Wilson obtint sa Société des Nations ainsi qu'il la voulait : faisant partie du Traité de Versailles. Il réalisa sa menace de les souder ensemble de telle façon que ses adversaires politiques ne pussent accepter le traité et rejeter la Société. Mais, en agissant ainsi, il prouva que son égoïsme colossal avait obscurci tout le talent qu'il ait jamais possédé comme tacticien politique. Il savait que son parti était en minorité dans les deux Chambres du Congrès. Les Démocrates avaient été battus en novembre 1919, probablement parce qu'à la veille presque de l'élection le président avait été assez mal avisé pour publier une lettre au peuple américain dans laquelle il affirmait, pour ainsi dire, qu'il ne serait pas patriotique d'appuyer les candidats républicains.

Wilson, au contraire de Roosevelt, n'eut jamais beaucoup de partisans personnels aux États-Unis, et cet avertissement injustifiable tourna le vote flottant contre son propre parti.

Comme il savait que tout traité qu'il rapporterait de Paris ne pourrait être ratifié qu'avec l'appui de ses adversaires politiques, une prudence élémentaire exigeait qu'il les consultât et les rendît en partie responsables de tout ce qui était fait à la Conférence de la Paix. Mais M. Wilson ignora les dirigeants de l'opinion publique qui n'étaient pas de son parti et sur qui il ne pouvait compter pour agir comme sur ses instruments [1]. Il se fiait aveuglément à son pouvoir d'obliger la législature à ratifier tout ce qu'il ferait. Il alla encore plus loin. Dans un discours prononcé à New-York, avant son départ pour la France, il menaça publiquement de contraindre la majorité républicaine à accepter le Pacte de la Société des Nations de la façon ci-dessus indiquée en l'incorporant au traité de Paix. Il comptait évidemment soulever l'opinion publique à un tel degré que le Congrès n'oserait pas désavouer ce que le président du Pays aurait fait à Paris. Dans sa fatuité il semble n'avoir jamais imaginé que le résultat de la manœuvre serait le rejet du traité lui-même et que le Sénat serait appuyé par le pays en refusant la ratification. Il est probable que le malheureux homme commença à comprendre ce fait pour la première fois quand il se rendit compte du peu de succès obtenu dans la tournée qu'il fit lors de son retour de Paris, — la tournée qui se termina si tragiquement.

On peut résumer le rôle que le Président Wilson joua à la Conférence de la Paix en disant qu'il fut responsable de la perte d'environ deux ou trois mois pour l'élaboration intempestive d'un document qui fut

---

1. Il est certain que si M. Elihu Root ou M. Taft avaient été parmi les plénipotentiaires américains, ils n'auraient jamais signé un traité dont ils n'approuvaient pas plusieurs points importants, ce que, selon son propre récit, fit M. Lansing.

rejeté par son propre pays, amenant ainsi des complications qui auraient pu être évitées si le Congrès avait ratifié le traité lui-même. Pour arriver à ce but, M. Wilson sacrifia ses propres principes et aussi les intérêts du monde civilisé. Clemenceau obtint tout ce qu'il put pour son pays, bien que, finalement, il n'arrivât pas à procurer dans la mesure voulue les deux choses dont la France avait le plus besoin : la sécurité militaire et l'allègement financier. La justification de ces deux désirs semblait claire et accablante. Mais les intérêts impliqués se heurtaient. Il est vraisemblable que personne d'autre n'aurait obtenu autant que le fit M. Clemenceau, et, probablement, si lui ou M. Tardieu eussent été au pouvoir, ils auraient rendu leur œuvre plus productive que ne l'ont fait leurs successeurs durant ces deux ou trois dernières années.

Quant à la sécurité militaire, M. Clemenceau demanda l'occupation permanente de la rive gauche du Rhin. M. Lloyd George et le président Wilson s'y opposèrent tous deux. Ils proposèrent comme alternative des traités entre la France d'un côté et la Grande-Bretagne et les États-Unis respectivement de l'autre par lesquels ces derniers pays consentaient à apporter du secours militaire à la France dans le cas d'une agression allemande. M. Clemenceau prit quelque temps pour considérer cette offre. Finalement, en échange de la promesse de ces traités, il consentit à ce que l'occupation fût limitée à 15 ans. Naturellement, ces traités ne pouvaient être effectifs que si le Parlement et le Congrès les avaient ratifiés et après cette ratification. De plus, il fut stipulé que les obligations de chaque pays dépendraient de la ratification d'un traité par l'autre.

Mais, durant la Conférence, le maréchal Foch, à la demande de M. Clemenceau, soumit ses opinions aux « Quatre ». Foch lut un rapport dont la conclusion était que, sans une occupation permanente, il n'y avait aucune certitude de désarmement, et que le Rhin était la barrière indispensable pour la sécurité de l'Europe occidentale et par conséquent pour la sécurité de la civilisation.

Lorsque Clemenceau transigea sur une occupation de 15 ans (l'étendue de pays occupé étant diminuée tous les 5 ans), Foch réitéra ses objections, d'abord au Gouvernement français[1] et ensuite, le 6 mai 1919 (24 heures avant que le traité ne fût remis aux Allemands) à la Conférence entière. Il fit ressortir clairement que ce qu'il demandait était l'occupation du Rhin, « depuis Cologne jusqu'à Coblence et Mayence, et non des Pays Rhénans » ; jusqu'à un certain point il fondait son argument sur des raisons économiques. Ceci a permis à M. Tardieu de riposter que l'expérience postérieure a prouvé l'inefficacité de l'occupation militaire pour obtenir des paiements. Mais, néanmoins, le fait existe que Foch insista du point de vue purement militaire sur l'idée qu'une occupation permanente ou qu'un État-tampon relativement indépendant était nécessaire pour la sécurité de la France et de la Belgique. Sur des questions économiques l'autorité du maréchal Foch peut être discutée, mais il en est autrement lorsqu'il parle de nécessités militaires. Or, son conseil, accepté pour l'armistice, fut rejeté en ce qui regarde le traité[2].

A tout prendre, je ne crois pas que les observations de M. Tardieu sur ces faits comme il les expose lui-même jettent une lumière juste sur ce sujet.

---

1. Cette réunion du Conseil eut lieu le 25 avril ; la demande que Foch fit auparavant d'être écouté par la délégation française à la Conférence ayant été refusée, Foch présenta un mémoire à chaque membre du gouvernement et l'appuya ensuite d'un discours. Ses vues ne furent soutenues que par M. Poincaré. Outre les membres du Gouvernement, M. Jules Cambon, M. Tardieu et le général Weygand furent aussi présents.

2. En réalité, ce ne fut qu'en 1815 que la Prusse s'établit sur la rive gauche du Rhin. Pendant toute la guerre, les hommes d'État français avaient cette idée dans l'esprit, mais évitaient plutôt de l'exprimer et n'étaient peut-être pas tout à fait francs car, lorsqu'en janvier 1917 M. Doumergue alla en Russie, il obtint une promesse formelle que le gouvernement du tzar appuierait la France sur cette question. Cet accord ne fut pas révélé au gouvernement anglais.

Lorsque l'Allemagne demanda un armistice, Foch, comme commandant suprême et conseiller militaire de toutes les Puissances alliées et associées du Front occidental, fut appelé à en rédiger les conditions. Il se chargea de l'entière responsabilité et n'hésita pas à s'engager sans restriction d'aucune sorte. Aujourd'hui, lorsqu'on insinue que le conflit aurait dû rejeter l'Allemagne plus loin, M. Tardieu et les autres amis politiques de Clemenceau invoquent la décision réfléchie de Foch.

Quand on discuta la question de l'occupation du Rhin, Foch était toujours le conseiller militaire des alliés. Ce fut en cette qualité que M. Clemenceau, comme il est dit plus haut, l'appela à exprimer ses opinions en présence des « Quatre » : opinions que Foch répéta sur sa propre demande, très rigoureusement, devant toute la Conférence [1]. M. Tardieu aurait bien pu exposer que, sur une question touchant à divers degrés toùs les alliés, l'opinion de leur conseiller militaire fut ignorée. Il aurait pu le faire avec d'autant plus de raison que le long mémoire qu'il rédigea lui-même au commencement de 1919 et qui servit de base à toute la discussion à la Conférence fut, comme il l'avoue, la conséquence directe d'une note soumise par Foch à Clemenceau, le 27 novembre 1918, et dont ce dernier avait à ce moment décidé d'appuyer les conclusions.

Le mémoire de Tardieu insistait surtout sur l'insuffisance de toute garantie résultant d'une restriction des forces militaires de l'Allemagne ou de l'autorité de la Société des Nations. Il concluait lui-même que c'était l'occupation militaire et seulement l'occupation militaire qui pourrait donner la sécurité nécessaire contre une agression allemande dans l'avenir. Il ne fut pas question d'une occupation de 15 ans ni de toute

---

1. Foch, selon son propre récit, dit à Clemenceau qu'il doutait de pouvoir, en conscience, être présent, lorsque ces traités seraient signés à Versailles. Il fut finalement persuadé par feu M. Jean Dupuy que Clemenceau envoya dans la suite auprès de lui.

autre période limitée. Selon M. Tardieu (M. Tardieu au commencement de 1919), il n'y aurait de sécurité pour la France et la Belgique, et éventuellement pour les autres alliés, que si la frontière allemande était fixée au Rhin et les ponts du Rhin gardés par des forces alliées.

De prime abord, l'on est porté à considérer le mémoire de M. Tardieu (fortifié par l'opinion du maréchal Foch) comme décisif et d'autant plus qu'on peut très bien admettre que, dans le cas d'une autre guerre avec l'Allemagne, la frontière anglaise serait pratiquement sur le Rhin plutôt qu'à Douvres ; mais, après ces arguments puissants, il est assez troublant de lire que, tandis qu'au début de 1919 M. Tardieu était certain que l'occupation permanente était une nécessité, il n'admet pourtant pas franchement que ce qui fut finalement convenu était, selon sa propre thèse, une dénégation virtuelle de la sécurité future, cette sécurité que, tout le long de la guerre, la France avait réclamée comme condition essentielle de la paix.

M. Tardieu donne à entendre que de pousser les choses plus loin aurait rompu l'Entente et peut-être aussi la Conférence elle-même. « Il était impossible d'aller plus loin. »

Peu de gens soutiendront qu'il aurait été possible à un autre d'arracher ce que M. Clemenceau, aidé de M. Tardieu et de M. Loucheur, ne put obtenir. Mais cela n'est pas le fait principal. Si M. Tardieu était sincère dans son mémoire alors, selon l'idée qu'il y a nettement exprimée, le traité ne garantit pas suffisamment la France d'une future attaque de l'Allemagne. M. Tardieu ne fait qu'embrouiller la question quand il discute [1] la justesse de la remarque du maréchal Foch : « Occupons la rive gauche et nous serons payés. »

Foch put se tromper sur ce point, bien qu'il vaille la

1. Voir *La Paix*, (Payot, Paris) p. 268.

peine de remarquer que M. Poincaré ait exprimé le regret qu'aucun rapport direct n'eût été établi entre l'occupation du Rhin et le paiement de la dette allemande, rapport semblable au rapport établi quand, après 1870, le général de Manteuffel eut son quartier général à Nancy.

Quoiqu'il en soit, les devoirs de Foch étaient ceux d'un conseiller militaire et non d'un expert économique. Son avis concernant l'aspect militaire de la question fut clairement donné. Il fut adopté et développé par M. Tardieu et il aurait été plus utile d'avoir l'opinion de M. Tardieu concernant le rejet de l'avis que ses critiques sur les vues de Foch au sujet de l'occupation comme moyen de forcer le paiement [1].

Il est certain que M. Clemenceau et ses collègues français n'attachèrent pas assez d'importance à la probabilité que le traité ne fût pas ratifié par le Congrès. Cela apparaît clairement d'après l'exposé de M. Tardieu lui-même à la Chambre des Députés, le 2 septembre 1919.

« La question qui se pose à vous, après s'être posée à nous, est aussi simple qu'elle est grave. Elle se pose dans une seule formule que je vais mettre devant vos yeux, et sur laquelle, de même que le gouvernement a décidé, vous aurez dans quelques jours à décider aussi. Cette question la voici : laquelle des deux solutions suivantes valait le mieux pour la France ? Ou bien l'occupation d'une rive gauche du Rhin séparée de l'Allemagne pour une durée non définie, mais avec nos

---

1. M. Tardieu raconte que, le 6 mars 1919, après que le maréchal Foch (qui avait permis avec quelque indiscrétion que ses opinions devinssent publiques) eut déclaré nettement à la Conférence ce qu'il croyait être nécessaire, M. Bonar Law fit observer à l'un de ses collègues que « si un général anglais adoptait une telle attitude envers son gouvernement il ne conserverait pas son commandement cinq minutes ». M. Bonar Law oubliait momentanément que, pendant la guerre, le gouvernement anglais fut, au moins en une occasion, défié par Haig, et que M. Lloyd George dit lui-même à un ministre français que sa force dans le pays était telle qu'il ne pouvait pas l'obliger à lui faire faire ce qu'il voulait.

seuls moyens, mais sous notre propre responsabilité, mais dans une position d'isolement politique et militaire en face d'un pays toujours plus peuplé que le nôtre, mais aussi sans droit contractuel de vérifier ce qui se passait en Allemagne au point de vue militaire, mais enfin et surtout malgré les objections formelles de la Grande-Bretagne et des États-Unis ; ou bien l'occupation de cette même rive gauche qui demeure allemande dans les conditions que définit le traité, mais avec le droit de prolonger l'occupation et de réoccuper, mais aussi avec la destruction des forteresses rhénanes et la neutralisation de la rive gauche et de 50 kilomètres sur la rive droite, mais aussi avec le droit d'investigation, mais aussi avec la participation de nos alliés à l'occupation rhénane, mais enfin et surtout avec l'engagement d'aide militaire immédiate de la Grande-Bretagne et des États-Unis ? »

Cette brève exposition prouve clairement ou bien que M. Tardieu ne tint pas compte de la possibilité que les États-Unis rejetassent le traité (annulant ainsi la certitude de l'alliance avec la Grande-Bretagne), ou qu'il n'exposa pas l'affaire franchement à la Chambre. Cette dernière hypothèse est naturellement insoutenable. Il n'y a donc aucun doute que la répudiation du traité par le Congrès ne fût pas sérieusement envisagée. Autrement M. Tardieu aurait-il osé diriger l'attention de la Chambre « enfin et surtout » sur les engagements militaires de la Grande-Bretagne et de la France sans attirer l'attention sur le fait que, dans le cas d'un tel rejet, la France se trouverait dans la position d'avoir irrévocablement renoncé à son droit d'occupation permanente sans obtenir aucune garantie de secours si elle était attaquée.

De plus, quand M. Barthou, rapporteur général du traité, dit : « Le Gouvernement français... a apporté à la France des garanties solides. Peut-on nier la force importante qu'elles représentent ? Elles se complètent les unes les autres. » — il parlait sans doute de ces engagements militaires qui reposaient sur un édifice si peu solide. En effet, M. Tardieu déclare lui-même explicitement ailleurs dans son livre[1] que ce fut « en échange de ce double engagement (l'assistance militaire de la Grande-Bretagne et des États-Unis) que M. Clemenceau céda sur le point qu'il avait soutenu de la frontière allemande au Rhin.

Mais, s'il pouvait exister quelque doute, M. Clemenceau le dissipa par la façon dont il posa lui-même la question essentielle : parlant à la Chambre des Députés, le 24 septembre 1919, il dit, se référant au traité de garantie : « Si les États-Unis ne le votent pas, si l'Angleterre ne l'avait pas voté, si personne ne le vote, alors il n'y aura rien ; cela est entendu et le vote que vous aurez donné sera nul. »

Il est donc évident que M. Clemenceau se rendait entièrement compte de la conséquence de la non-ratification par le Congrès. Mais il ne crut jamais qu'il pût y avoir en perspective un rejet du traité. C'est la meilleure excuse qu'on puisse lui offrir.

En somme, M. Clemenceau renonça à quelque chose de défini en échange d'un gain éventuel. L'arrangement aurait été ce que M. Tardieu cherche à prouver qu'il est, si le traité avait stipulé que la frontière allemande fût sur le Rhin, à moins que les législatures anglaises et américaines ne ratifiassent les traités. Je ne suggère pas que cette mesure aurait été possible, mais je démontre simplement l'inexactitude des rapports de M. Tardieu.

M. Tardieu dit que la possibilité pour le président Wilson de n'être pas soutenu par le Congrès fut envisagée. Il proteste qu'il n'y avait aucun autre moyen que de traiter avec Wilson. Cela est indubitable. Mais, comme, selon l'allégation de M. Tardieu lui-même, les traités proposés étaient d'une telle importance que leur offre eut pour effet de réduire la demande française

----

1. *La Paix*, p. 233.

d'une occupation permanente à une occupation d'une période de 15 ans contre l'avis du principal conseiller militaire, on croirait que les chances de M. Wilson avait d'être appuyé ou non aurait été attentivement scrutées. Car, bien que les traités eussent certainement été une source de sécurité pour la France, ils furent cependant comme il est dit plus haut, offerts à la condition que la France abandonnât sa première prétention à la sécurité, — l'occupation permanente.

D'ailleurs, si M. Wilson avait été averti qu'il courait le risque que son œuvre ne fût pas adoptée par le Sénat, les gouvernements anglais et français n'ignoraient pas non plus la position. M. Tardieu le reconnaît. Il demande ce que les plénipotentiaires français auraient pu faire de plus. La question en litige est claire. Il s'agit simplement de savoir s'ils risquèrent ou non trop sur la chance d'obtenir autre chose. Si cela était à refaire, M. Tardieu abandonnerait-il tout droit à une occupation quelconque de plus de 15 ans s'il ne devait y avoir aucune garantie de la part de la Grande-Bretagne et des États-Unis ? Si la réponse est « oui », alors les représentants français ont obtenu ce qu'ils voulaient (bien que ce ne soit pas ce que Foch juge nécessaire à la sécurité) et ont joué jusqu'à la limite légitime sur la perspective d'avoir une plus grande sécurité. Si la réponse est « non », alors ils hasardèrent trop sur une chance.

Ma propre conviction, fondée sur diverses conversations qui eurent lieu à cette époque, est que, quoique M. Tardieu lui-même eût pu penser, l'opinion prédominante parmi les hommes d'État anglais et français était que M. Wilson obtiendrait la ratification du traité. Ils paraissaient attacher peu d'importance au fait que le Sénat américain avait, en de précédentes occasions, rejeté des traités signés par des plénipotentiaires américains. Leurs vues ne furent pas beaucoup influencées par le fait qu'ils savaient que Wilson se trouvait en présence d'une majorité hostile qu'il n'avait pas cherchée à se concilier et dont il avait, au contraire, accru l'hostilité. Ils ne semblèrent jamais comprendre entièrement ce que Roosevelt exposa clairement peu avant sa mort : que le président, bien qu'il fût agent de transmission, ne possédait qu'une demi-autorité pour conclure un traité et ne pouvait engager personne, sauf lui-même. Ce serait la même situation, si le roi George signait personnellement un traité qu'il aurait tout lieu de croire en butte à l'opposition de M. Lloyd George et de sa majorité, lorsqu'il serait soumis à la Chambre des Communes.

M. Tardieu raconte que la possibilité de la non-ratification fut discutée avec le président Wilson et qu'en conséquence l'article 429 du traité de Versailles fut modifié. Basant son allégation sur le paragraphe final de l'article, il déclare qu'il existe à présent une entière garantie. Ce paragraphe se lit comme suit : « Si à ce moment (au bout de 15 ans) les garanties contre une agression non provoquée de l'Allemagne n'étaient pas considérées suffisantes par les gouvernements alliés et associés, l'évacuation des troupes d'occupation pourrait être retardée dans la mesure jugée nécessaire à l'obtention desdites garanties. »

M. Tardieu soutient qu'un des cas où les garanties seraient considérées insuffisantes en 1935 serait si le traité entre la France d'un côté et la Grande-Bretagne et les États-Unis de l'autre étaient alors non-existant. Il affirme qu'en ce cas, même si l'Allemagne avait rempli ses engagements financiers, l'occupation pourrait être différée jusqu'à ce que le traité soit ratifié ou que quelque traité équivalent soit donné.

M. Tardieu doit nécessairement savoir ce que cet article prétendait exprimer. J'aimerais, pour tous les motifs, à pouvoir le lire comme il l'interprète. Toutefois le paragraphe dit que la prolongation de l'occupation doit dépendre de la décision des gouvernements alliés et associés.

L'année 1935 est encore bien loin, mais, sûrement, ce

que M. Tardieu voit en 1922 n'est pas de nature à lui donner l'assurance qu'il puisse compter avec quelque certitude sur un consentement de la Grande-Bretagne et des États-Unis à cette occupation d'ici 13 ans.

Depuis que ces lignes furent écrites, M. Tardieu a affirmé dans une lettre au *Temps* (le 13 septembre 1921) que le droit de la France de continuer l'occupation au bout des 15 ans ne pouvait être affecté, même si les autres alliés se retiraient. Il est certain que ni la version française, ni la version anglaise se semblent appuyer cette interprétation [1]. M. Tardieu insista aussi sur le fait qu'aucun allié n'avait soulevé d'objection à l'interprétation de cet article qu'il avait publiquement donnée dans son livre et ailleurs. Mais il semble que par là il ne fait qu'éluder la question. Les gouvernements alliés n'ont pas coutume de répondre à des rapports faits par ceux qui n'ont plus de position officielle. Ils ne vont pas non plus à l'encontre des difficultés. La France, d'après le traité, a plusieurs droits qui n'ont pas été démentis, mais qui ne furent pas reconnus, lorsque le moment fut arrivé. Quoiqu'il en soit, les négociations furent inutilement prolongées, si un négociateur est aujourd'hui sincèrement satisfait, quand il envisage la possibilité que les troupes françaises occupent ce territoire contre le gré de leurs anciens alliés, mais sans que ces derniers les en expulsent.

En ce qui concerne les paiements que doit exécuter l'Allemagne d'après le traité, il est certain qu'ils ne donneront pas à la France tout ce qu'elle espérait. Il est presque aussi certain qu'ils ne procureront pas ce que la France est en droit d'attendre. D'autre part,

---

1. M. Poincaré, dans sa réponse à M. Tardieu *(Le Temps,* 15 septembre 1921) ne fut pas de son avis et adopta l'opinion exprimée ci-dessus. La version anglaise de cet article diffère légèrement du texte français. Elle se lit comme suit : « If at that date the guarantees against un provoked agression by Germany are not considered sufficient by the Allied and Associated Governments, the evacuation of the occupying troops may be delayed to the extent regarded as necessary for the purpose of obtaining the required guarantees. »

les manquements déjà commis par l'Allemagne ont aggravé la situation.

Malheureusement, quelques membres du Gouvernement français avaient porté le pays à croire que les paiements de l'Allemagne allègeraient la tension financière presque aussitôt. A cet égard, M. Klotz, qui était alors Ministre des Finances, fut particulièrement à blâmer : dans un certain discours il donna l'espoir que la France seule obtiendrait dans la suite de l'Allemagne au moins 400 milliards de francs. Cela vaut la peine de rappeler que ce fut à M. Klotz que le maréchal Foch dit immédiatement après que le traité fut signé à Versailles : « Monsieur le Ministre des Finances de la République française, avec un pareil traité vous pourrez vous présenter aux guichets de l'empire allemand et vous serez payé en monnaie de singe. »

Il est vrai que M. Lloyd George avait dit aussi : « L'Allemagne payera pour tout » ; mais, de la part du premier Ministre anglais, c'était là surtout une phrase électorale ; car, à la Conférence même, Lloyd George n'hésita pas à protester contre l'intention des plénipotentiaires français d'exiger les paiements de l'Allemagne. Il est curieux de réfléchir qu'un de ses arguments fut que des demandes excessives auraient comme conséquence de jeter l'Allemagne dans les bras des Bolchévistes ; tandis que lui-même ne prit pas garde plus tard à l'allégation française que la Grande-Bretagne augmenterait le prestige du Gouvernement soviétique en faisant avec lui un traité commercial [1].

Durant toute la Conférence, les représentants français adhérèrent fermement à une idée : ils ne voulaient pas que la totalité de la dette allemande fût alors fixée. A leur avis, il était impossible d'arriver à aucun chiffre, même approximatif, sans se livrer à des enquêtes qui

---

1. Je ne critique pas la politique qui poussa M. Lloyd George à conclure un arrangement avec le gouvernement soviétique. Au contraire, comme il est dit dans un chapitre précédent je crois que, vu les circonstances, c'était la voie à suivre.

prendraient plusieurs mois. Ils atteignirent leur but et le traité stipula que la Commission des Réparations fixerait la somme avant le 1er mai 1921.

L'opinion française était probablement solide en théorie, mais, pendant toute la conférence, il fut évident que ce ne serait que par une lutte de tous les jours que la France obtiendrait même une partie de ce qu'elle demandait. M. Tardieu a rappelé que la France fut la plus grande victime des inconséquences de M. Lloyd George. En outre, ce qui était gagné une semaine était souvent risqué la semaine suivante. Ainsi, après que le premier Ministre anglais eut consenti à l'occupation du territoire allemand pour 15 ans, il changea d'idée, l'Allemagne ayant émis ses objections, et, appuyé par M. Bonar Law et par M. Barnes, désira entamer de nouveau toute la question [1].

Ce fut seulement parce que M. Clemenceau tint ferme pendant trois semaines et déclara hardiment qu'il ne consentirait à aucun changement dans la décision déjà prise après la plus complète discussion que M. Lloyd George et ses collègues cédèrent. Mais ces expériences auraient dû enseigner aux plénipotentiaires français à régler les affaires une fois pour toutes et à éviter autant que possible la nécessité de futurs débats avec les Alliés. Si ceux-ci n'étaient pas faciles à convaincre en 1919, il n'y avait pas lieu de supposer qu'ils le deviendraient davantage lorsqu'ils auraient acquis ce que le traité leur donnait. Cette considération s'appliquait surtout aux paiements que l'Allemagne devait faire ; car, bien que le partage exact entre les Alliés ne fût fixé que quelques mois après, il fut toujours entendu que la majeure partie reviendrait naturellement à la France [2].

---

1. M. Bonar Law résuma son avis sur cette question en disant : « L'occupation n'a que deux buts : protéger la France et garantir l'exécution du traité. Dans chacun de ces cas la période de 15 ans est justifiée. »

2. Le partage sur lequel on s'accorda finalement fut comme suit : 52 pour cent à la France et 22 pour cent à la Grande-Bretagne.

Ainsi, bien qu'il eût certainement été difficile de fixer les obligations allemandes lors de la signature du traité, la France perdit probablement plus (et risqua certainement de perdre plus encore) en ne tranchant pas la question qu'en acceptant et en faisant établir dans le traité un chiffre qui aurait sans doute été inexact.

Ce fut une des questions sur lesquelles M. Clemenceau, grâce à sa force de volonté et à sa patience consommée, triompha. M. Wilson qui devait être convaincu voulait que la somme fût fixée tout de suite, non parce qu'il désirait faire quelque concession à l'Allemagne, mais seulement parce que les experts américains l'avaient informé que, pour des raisons pratiques, il serait préférable de régler la question immédiatement. On peut dire que, par la suite, les événements ont confirmé cette opinion.

Il est juste d'ajouter que ni M. Clemenceau, ni M. Tardieu ni M. Loucheur, ne prévoyaient que la Commission des Réparations deviendrait un corps que les hommes politiques au pouvoir écarteraient ou emploieraient comme il conviendrait le mieux à leurs intérêts de temps à autre.

Finalement, la faute transcendante des auteurs du traité fut de ne pas y insérer de sanctions pénales claires et suffisantes pour les infractions.

M. Tardieu, dans des articles d'une force et d'une lucidité [1] singulières, a protesté avec sa vigueur habituelle contre le manquement constant au pacte dont il fut un des principaux auteurs. Il affirme que le traité contient des sanctions pénales effectives. Il n'en contient certainement aucune qui, de l'avis du gouvernement français, soit automatiquement compétente pour assurer l'exécution des obligations allemandes. Autrement, il n'aurait pas été nécessaire à la France

---

1. Je m'en réfère à la série des articles de M. Tardieu dans *L'Illustration.*

de participer aux diverses conférences des Alliés, que provoquèrent les violations du traité par l'Allemagne.

C'est la France qui se plaint le plus fort de ce que les conditions du traité ne s'accomplissent pas. C'est la France qui souffre le plus aujourd'hui de sa non-exécution. Pendant la Conférence, ses représentants soutinrent maintes et maintes fois qu'ils comprenaient les Allemands et le caractère allemand mieux que tous les autres. M. Clemenceau a dit une fois qu'il ne prévoyait pas une paix bienveillante avec l'Allemagne. Il semblait entendre que, quoiqu'elle pût dire et quoiqu'elle pût promettre, l'Allemagne n'agirait que par la contrainte. Il est inconcevable qu'avec cette ferme conviction et en sachant que toute discussion sur ce point avec l'un des Alliés signifiait un conflit les plénipotentiaires français aient laissé des échappatoires entraînant de futures conférences où leurs droits pourraient être encore mis en doute.

Mais, s'il est possible de signaler certains points par où le traité de Versailles est défectueux, M. Clemenceau et M. Tardieu peuvent riposter que c'est aux hommes chargés de son exécution que doit incomber la plus grande responsabilité pour la situation peu satisfaisante qui existe trois ans après sa signature.

M. Clemenceau émit l'avertissement que le document lui-même revêtu de la signature de l'Allemagne ne suffirait pas seul. « Ce texte, si complexe, vaudra par ce que vous vaudrez vous-mêmes ; il sera ce que vous le ferez » ; telles furent ses paroles.

Si j'ai osé indiquer certaines omissions dans le traité, omissions qui sont forcément obligées de donner lieu à des plaintes que la France n'était pas justement dédommagée ou convenablement protégée, j'admets que toutes les critiques de ce genre sont entièrement réfutées par la réponse : « Nous n'avons pas pu obtenir plus. » Pendant toute la conférence, M. Clemenceau

était, en effet, résolu à ne pas provoquer une rupture
de l'Entente ou une dissolution prématurée de la Conférence elle-même. Tout compte-rendu complet montrera que cela faillit se produire à deux reprises au
moins, et prouvera que M. Clemenceau alla aussi loin
qu'il le put sans causer une mésintelligence absolue.
En évitant cela, il agit de son mieux pour son pays,
car à tort ou à raison le monde aurait alors déclaré que
les demandes françaises étaient responsables de l'écroulement.

La légère critique que je me permets d'adresser au
livre de M. Tardieu est qu'il ne se place pas assez carrément devant ce fait fondamental de l'impuissance
de ses collègues et de la sienne propre à obtenir de meilleures conditions, et qu'il tombe dans l'erreur très
humaine d'exagérer ce qu'ils ont obtenu et de ne pas
jeter une lumière très vive sur ce qu'ils n'ont pas
obtenu.

La vérité est que le traité fut nécessairement le
résultat de concessions de la part de chacune des
grandes Puissances, concessions sur des conflits d'intérêts et parfois sur des conflits de vues. Ce fut une
œuvre engendrée par des mois de labeur pendant lesquels les divergences d'opinions atteignirent plus
d'une fois le point de rupture. Mais, d'un bout à l'autre,
les plénipotentiaires des pays alliés et associés ne perdirent jamais de vue la nécessité d'arriver à un accord
qu'ils pourraient finalement présenter à l'Allemagne
comme leur décision unanime. Mais, puisqu'ils ont
finalement surmonté ces différends, afin d'arriver à
leurs buts, on pouvait penser que dorénavant ils
auraient été également solidaires pour presser l'Allemagne de s'exécuter. Malheureusement, tel ne fut pas
le cas.

M. Clemenceau et M. Tardieu peuvent bien alléguer
que, s'ils avaient représenté la France après la signature
du traité, ils en auraient tiré plus que d'autres ne l'ont
fait. Beaucoup seront du même avis et, plus encore,

admettront qu'il est injuste de rendre responsables des erreurs des autres les auteurs du traité qui n'ont eu rien à voir avec son exécution.

M. Clemenceau et M. Wilson cessèrent tous les deux d'avoir aucun pouvoir quelques mois après la signature du traité, le premier absolument, le deuxième à tous égards en fait.

Mais l'un des principaux auteurs du traité a pris une part prédominante à toutes les négociations suivantes : M. Lloyd George. Nul récit de la marche péripatéticienne du traité, nul examen des causes de son insuccès relatif ne serait complet sans une pleine considération de l'attitude du Premier Ministre, tant à la Conférence de la Paix que depuis lors.

Le portrait que M. Keynes a tracé des trois principaux, négociateurs Clemenceau, Lloyd George et Wilson, passera sans doute dans l'histoire longtemps après que ses opinions et ses prédictions économiques auront été oubliées. Le portrait mérite d'être rappelé, ne serait-ce que parce qu'il souligne l'agilité mentale de M. Lloyd George et la mobilité impressionnable qui parfois lui fit subir l'influence des autres.

M. Clemenceau avait des principes auxquels il se cramponna toujours. Il n'y eut jamais aucun doute dans son esprit sur ce qu'il voulait et sur ce que devait être son attitude par rapport à telle ou telle question. Une fois qu'il avait exprimé son opinion, tout le monde savait qu'il ne la remplacerait pas par une autre le jour suivant. M. Wilson tâtonnait généralement dans l'obscurité et tâtonnait lentement et gauchement ainsi qu'il convenait à sa rigidité mentale. En attendant, M. Lloyd George avait pris sa décision pour ce jour-là.

Mais, outre M. Keynes, il y avait deux délégués à la Conférence de la Paix qui, tous les deux, eurent une plus ample occasion de juger de près et qui ont publié leurs impressions sur M. Lloyd George : ce sont M. Robert Lansing et M. André Tardieu.

M. Lansing, étant probablement très éloigné de la direction future des Affaires Européennes, a consigné ses souvenirs sans réticence. M. Tardieu, sans doute attentif au fait que M. Lloyd George et lui pourraient se trouver un jour ensemble à une conférence, a écrit avec plus de discrétion, mais peut-être aussi avec plus d'intuition.

M. Lansing place M. Lloyd George comme troisième en importance et en influence parmi ceux qu'il appelle les « Grands Quatre » : Clemenceau, Lloyd George, Wilson et Orlando. Il croit que, plus que tous les autres, le Premier Ministre anglais permit à la situation parlementaire dans son pays de diriger tous ses actes. A part sa résolution d'obtenir l'accomplissement des promesses faites à ses électeurs (telles que le procès public de l'ancien Kaiser), il ne semblait avoir aucun principe fixe ou aucun programme arrêté. D'ailleurs, une fois que les affaires touchant la Grande-Bretagne furent décidées, il paraissait trouver que toutes les autres questions n'avaient relativement que peu d'importance et que leur étude attentive serait une perte de temps et d'énergie. Ses décisions rapides indiquaient « de la vivacité plutôt qu'aucune profondeur d'esprit... sa logique, si l'on peut employer ce mot, était celle d'un opportuniste et n'était, en aucune façon, convaincante. Il valait mieux à l'attaque que sur la défense, car celle-ci exigeait une connaissance détaillée de toutes les phases d'une question, tandis qu'en attaquant il pouvait choisir le terrain qui lui convenait le mieux. »

Selon l'opinion de M. Lansing, Lloyd George était un homme politique plutôt qu'un homme d'État sagace. « Sa rapidité de pensée et de parole, son assurance, le firent ce qu'il était : un grand parlementaire. Sous certains rapports il avait des talents qui ressemblaient à ceux de M. Clemenceau, bien que celui-ci parût être d'un caractère plus stable que son collègue anglais. Durant la Conférence, à Paris, ses qualités ne furent en aucune façon aussi efficaces qu'à la Chambre des Communes ou qu'à la tribune politique. M. Clemenceau les écartait judicieusement. Mais M. Lloyd George ne pouvait les bannir ; sans elles il aurait été perdu. Au cours de négociations dirigées par les chefs des Gouvernements et par les Ministres des Affaires Étrangères des cinq grandes puissances, une connaissance précise comptait pour quelque chose et une valeur intellectuelle s'arrogeait le premier rang. Sans l'assistance de M. Balfour et les conseils constants de ses subordonnés, M. Lloyd George aurait, je le redoute, été certainement dépassé. »

M. Lansing fut frappé par-dessus tout du désir qu'avait M. Lloyd George de tout cacher dans la crainte de fournir une arme quelconque à ses adversaires parlementaires. Ceci fut mis en lumière à une réunion du Conseil des Dix, en avril 1919, quand le premier Ministre énonça que le traité ne devrait pas être montré aux petites puissances avant qu'il fût donné aux représentants allemands. En conséquence il ne fut permis aux délégués des pays belligérants de moindre importance d'examiner le texte actuel du traité qu'après qu'il eût été vu par leurs adversaires défaits. Des nations qui avaient vaillamment combattu et tant souffert durant la guerre furent traitées avec moins d'égards que leurs ennemis pour ce qui concernait la connaissance des conditions exactes de la paix. Les arguments qui pouvaient être avancés en faveur de la nécessité pratique que ce fût un petit groupe qui traitât les questions et déterminât les arrangements [1] ne justifient pas l'application d'un secret réglementaire aux délégués qui siégèrent à la Conférence des Préliminaires de la Paix. Ce n'est pas être trop sévère que de dire que l'on outragea ainsi les droits égaux d'États indépen-

---

1. Au début de la Conférence, M. Clemenceau, en réponse à une protestation soulevée par Sir Robert Borden, avait carrément déclaré que le règlement des conditions de la paix ne regardait en dernière analyse que les grandes puissances.

dants et souverains et que, dans des conditions moins critiques, les plénipotentiaires des plus petits pays auraient ressenti ce procédé comme une insulte. Même dans la délégation des grandes puissances il y eut des murmures indignés contre ce traitement inouï et injustifiable envers des alliés. Nul homme dont l'esprit ne fût pas faussé par des préjugés ou dominé par des nécessités politiques ne pouvait l'approuver ou en devenir son apologiste [1]. »

Comme il a déjà été dit, M. Wilson expliqua ou qualifia le premier de ses quatorze points, — d'ouvertes conventions de paix conclues ouvertement, — en disant qu'il n'avait jamais voulu dire que les négociations fussent publiques, mais seulement qu'il y eût une occasion de débats publics sur les décisions prises par les plénipotentiaires. Mais la proposition de M. Lloyd George, que le traité fût donné aux représentants allemands avant d'être montré aux délégués des plus petits pays, dépassa de beaucoup tout ce que M. Wilson avait jamais proposé : car, que pouvait-il y avoir de plus futile qu'un débat parlementaire dans un pays où aucun plénipotentiaire ne pouvait dire qu'il avait vu le traité en entier avent qu'il eût été remis à l'Allemagne ? C'est le plan que M. Lloyd George suggéra ; c'est le plan auquel M. Wilson donna son assentiment et c'est ce qui fut fait.

Je suis bien éloigné d'être un avocat de l' « open diplomacy » telle que, sous ce terme perfide, on l'entend généralement. Mais il est difficile de justifier ces procédés, tandis qu'étant données leurs précédentes déclarations il est surprenant de voir que les hommes responsables de cette politique furent précisément M. Lloyd George et M. Wilson.

Pendant ce temps, M. Clemenceau était plongé dans la contemplation sardonique de ses collègues anglais et

1. M. Lansing fait évidemment allusion à M. Wilson comme étant « faussé par des préjugés » et à M. Lloyd George comme étant « dominé par des nécessités politiques ».

américains, annulant en particulier leurs expressions politiques. Clemenceau croyait que les grandes puissances devraient décider de toutes les questions comme elles jugeraient être pour le mieux. Il l'avait dit carrément, au commencement de la Conférence, en réponse à une protestation de Sir Robert Borden. Mais il ne s'était jamais compromis par aucune remarque au sujet de l' « open diplomacy ». D'autre part, s'il n'avait pas parlé dans ce sens, il avait montré par ses actes qu'il craignait la publicité bien moins que M. Lloyd George et la critique bien moins que M. Wilson. En effet, l'un de ses premiers actes, en devenant Président du Conseil, avait été d'abolir la censure en ce qui concernait les attaques contre lui-même. Néanmoins, à la Conférence, il fut forcé de prendre certaines mesures pour protéger les sentiments de ses collègues plus susceptibles et moins fermes.

M. Lansing résume la question comme suit : « L'insistance que le Premier Ministre anglais apportait à exiger le secret fut une des manifestations de cet opportunisme qui marquait sa carrière publique. Il n'acceptait un principe et ne semblait aucunement disposé à l'appliquer que si cela ne paraissait pas apporter d'avantage pratique à son gouvernement, et, s'il voyait que ses prévisions du résultat avaient été mal fondées, il n'hésitait pas à abandonner ce principe et à en assumer un autre. »

M. Tardieu mentionne également l'aversion de M. Lloyd George pour la publicité et son intolérance à l'égard de toute critique. Dès le 15 janvier 1919, il se plaignit des critiques de la Presse française, et, quelques semaines après, il menaçait de se retirer de la conférence, si divers journaux continuaient à publier certains rapports sur ce qui se faisait. Heureusement pour tous les intéressés, M. Clemenceau ne le prit pas au mot.

M. Tardieu comme M. Lansing remarqua l'insistance manifestée par M. Lloyd George pour le châtiment de l'ancien Kaiser et de ses complices. Pendant 11 séances (du 3 février au 29 mars 1919) de la Commission sur la question des coupables, Sir Ernest Pollack soutint, en opposition au point de vue américain, l'allégation de M. Lloyd George que les accusés devraient être livrés en jugement aux Alliés. Le premier ministre demanda lui-même à 7 réunions du Conseil des Quatre (du 1er avril au 5 mai 1919) que les décisions arrêtées par cette commission fussent rendues plus sévères, et, le 16 juin 1919, son principal secrétaire, M. Philipp Kerr, rédigea la lettre par laquelle, en réponse aux protestations du comte de Brockdorff-Rantzau, les Alliés refusaient de permettre que les coupables fussent jugés par « les complices de leurs crimes ».

Pourtant, quelques mois après, en février 1920, M. Lloyd George fut responsable de la première mutilation du traité lorsqu'il abandonna la clause qui demandait que ces hommes fussent remis aux Alliés.

M. Tardieu croit que M. Lloyd George se désista de ce qu'il avait si instamment demandé à grands cris à cause d'une élection partielle gagnée par le parti des Travaillistes. Quelle qu'en fût la raison, l'expérience de M. Tardieu à la conférence aurait dû l'accoutumer aux changements et aux inconséquences fréquentes de M. Lloyd George.

La crainte presque constante de M. Lloyd George était que les Allemands ne signassent pas le traité. Quel que fût l'accord auquel il était arrivé avec ses collègues, ceux-ci n'étaient jamais sûrs que, sous ce prétexte, il ne voudrait pas en entamer toute la discussion. « Sous l'influence de certains de ses associés tel que le général Smuts, ou après avoir déjeuné avec un chef du parti travailliste, il arrivait à l'assemblée d'un air sombre en annonçant : Ils ne signeront pas ! »

Cette tendance à céder fut encore plus prononcée après que le traité eut été remis aux Allemands et qu'ils commencèrent à présenter leurs objections, c'est-à-dire du 25 mai au 26 juin. Il convient d'ajouter que, selon l'avis de M. Tardieu, ses craintes furent en partie inspirées ou accrues par les opinions de certains membres de son Ministère. Quoiqu'il en fût, M. Lloyd George fut si alarmé par la perspective que l'Allemagne pourrait refuser de signer que, tout en s'excusant de s'y prendre si tard, il proposa de faire des concessions inadmissibles sur toutes les questions : le désarmement, l'occupation, les réparations, Dantzig, la Haute-Silésie [1].

Le comte de Brockdorff-Rantzau se doutait peu de l'état d'esprit de M. Lloyd George à cette époque. J'ai appris en Allemagne d'une haute autorité qu'il déplore encore aujourd'hui son ignorance. Et le discours que, par la suite, le Premier Ministre prononça à la Chambre des Communes n'indiqua pas non plus qu'il avait été l'homme à faiblir ou à chanceler pour imposer ce qu'il appelait lui-même une paix sévère mais juste.

Il est indéniable que les diverses mutilations du traité, les changements sérieux auxquels les Alliés se sont prêtés et aussi les manquements qu'on lui a laissé passer sans aucune sanction au moment propice donnèrent lieu à l'Allemagne de croire qu'elle pouvait impunément ignorer ses obligations.

Chose pire, il lui sembla qu'en répudiant ses engagements à mesure qu'ils échouaient elle ne perdrait rien et pourrait peut-être y gagner ; elle a donc fidèlement adhéré à ce procédé.

---

1. Depuis que fut écrit ce qui précède, M. André Tardieu a catégoriquement exposé, dans une lettre au *Temps* (13 sept. 1921) qu'entre le 2 et le 16 juin 1919 M. Lloyd George demanda continuellement, en déclarant qu'il exprimait l'opinion unanime de son Ministère, que les clauses des réparations dans le traité fussent rendues plus favorables à l'Allemagne, qu'il fût permis à ce pays de maintenir une armée de 200.000 au lieu de 100.000 hommes ; qu'elle fût admise dans la Société des Nations presque immédiatement et qu'il y eût un plébiscite en Haute-Silésie ; mais que sur ce dernier point seulement M. Clemenceau put être amené à céder. M. Tardieu (qui ajoute que M. Lloyd George fut constamment hostile à l'occupation du Rhin) dévoile beaucoup de ce que le Premier Ministre ne jugea pas à propos de dire au Parlement.

Sans entreprendre de donner une liste complète de ces dérogations au traité, je me propose d'énumérer quelques-unes des plus blâmables. La nécessité du désarmement allemand fut un sujet sur lequel tous les alliés s'accordèrent, mais qui était pour la France d'une importance fondamentale, vu qu'elle serait incapable de réduire son armée aux limites définitives et d'accorder toute son attention au travail de récupération avant qu'elle n'eût été assurée que l'envahisseur avait rentré ses griffes.

Conformément au traité de Versailles, l'Allemagne aurait dû abandonner aux Alliés toutes ses armes et son matériel de guerre en sus de ce qu'elle était autorisée à retenir, au plus tard le 10 mars 1920. A cette date, il n'y avait pas l'ombre d'une soumission matérielle. Cependant aucune mesure ne fut prise pour rappeler l'Allemagne à son engagement et pour la contraindre à l'exécuter. A la conférence de Spa, quelques mois après, en juillet 1920, on découvrit que 15.000 canons et plus de 9.000 aéroplanes (pour ne pas parler des quantités considérables d'autre matériel de guerre) n'avaient même pas alors été livrés. Un nouveau délai jusqu'au 1er janvier 1921 fut accordé. Mais, le 5 mai 1921, M. Lloyd George déclara à la Chambre des Communes que, bien que, selon l'avis des Alliés, la destruction des gros canons allemands eût été « tout ce qu'il y a de plus satisfaisant », elle n'était pas encore achevée ; d'autre part, le premier ministre en vint à admettre « qu'il y a encore bien trop de fusils et de mitrailleuses non livrés, assez de mitrailleuses pour armer des forces formidables ».

Les faits qui se rapportent au nombre d'hommes sous les armes sont encore plus frappants. D'après le traité, l'Allemagne s'engageait à réduire son armée, avant le 10 avril 1920, à 200.000 hommes du Reichswehr, et à 100.000 hommes, avant le 10 mai 1920. Conformément à un ordre du Conseil Suprême en date du 1er décembre 1919, elle était aussi contrainte de supprimer toutes ses forces de camouflage organisées par Noske et d'autres avant cette dernière date.

Ces engagements ne furent pas tenus et, cependant, les Alliés ne prirent aucune mesure pratique pour assurer l'exécution du traité. Par conséquent, il est à présumer qu'aucun des délégués à la Conférence tenue à Spa en juillet 1920 n'avait raison d'être surpris de découvrir que la conscription n'avait pas été légalement supprimée et que les forces cachées comptaient alors 800.000 hommes. Dans ce cas aussi, les dates pour l'accomplissement furent étendues jusqu'au 1er janvier 1921. On menaça d'occuper « automatiquement » la Ruhr sans plus d'avertissement, si, alors, il y avait quelque manquement soit à l'égard du matériel de guerre ou des hommes sous les armes.

Le jour fixé s'écoula. Quatre mois après, M. Lloyd George dit à la Chambre des Communes que, bien que, depuis la Conférence de Spa, l'armée allemande eût été réduite de 200.000 à 100.000 hommes, la situation était cependant loin d'être satisfaisante. Suivant ses propres paroles : « Le fait probablement le plus inquiétant est que des organisations irrégulières appelées l'Einwohnerwehr et Sicherheitswehr et d'autres encore existent toujours en Allemagne. Dans la seule Bavière il y a des forces de 300.000 hommes sous le nom de Einwohnerwehr, des forces très considérables en Prusse orientale, en Wurtemberg et en d'autres régions de l'Allemagne ; et ces forces rassemblées deviendraient sans doute le noyau d'une armée des plus formidables. Elles sont armées de fusils, ont des mitrailleuses et on les soupçonne de posséder plusieurs canons. »

Mais l'aveu de M. Lloyd George ne révèle pas toute l'affaire. Le Secrétaire d'État de Bavière déclara publiquement au Landtag que l'Einwohnerwehr bavarois se composait d'environ 320.000 hommes, qu'il possédait 240.000 fusils, 2.780 mitrailleuses et 44 canons. Il y a toute raison de croire que ces chiffres étaient alors au-dessous de la réalité. Au mépris du traité de

Versailles et des Alliés, ces forces furent ouvertement subventionnées par l'État. Pour l'année 1920-1921, la somme allouée fut de 15.074.000 marks. Le Technische Nothilfe, qui se rattache à l'Einwohnerwehr, reçut une subvention de 210.000 marks du Reich.

L'Einwohnerwehr fut gratuitement armé par l'organisation officielle chargée de la destruction des armements, le Reichstreuhandgesellschaft. On partagea avec circonspection ses membres : ceux qui pouvaient être mobilisés pour servir à l'étranger et ceux qui ne seraient utiles qu'à la défense intérieure.

Ceci n'est que la simple esquisse d'un plan dont chaque détail prouve que ces forces étaient destinées à être la base d'une machine militaire qui aurait un usage futur et que ce fut une tentative délibérée pour rendre abortive l'une des stipulations les plus essentielles du traité. Le projet était d'autant plus apparent, en regard de ce qui eut lieu lorsque Napoléon fit un pareil effort pour désarmer le pays le plus traîtreusement agressif que l'histoire d'Europe connaisse. Ses plans étaient parfaits sur le papier. Ils exigeaient que l'armée prussienne ne dût pas dépasser un chiffre déterminé. L'ordre fut observé à la lettre. Mais l'esprit en fut éludé par le stratagème ingénieux de Scharnhorst qui forma des soldats de toute la population mâle en changeant, à de courts intervalles, le personnel de l'armée et en donnant ainsi à tous une brève période d'entraînement militaire intense. Il y avait par conséquent tout lieu d'imaginer que les Allemands tâcheraient encore d'échapper à leurs engagements, ce qui rend d'autant plus inexplicable la conduite des Alliés depuis la signature du traité.

La nécessité de désarmer l'Allemagne fut réglée une fois pour toutes par les Alliés à la Conférence de la Paix. C'est à M. Lloyd George et à d'autres d'expliquer pourquoi ils ont permis que leur décision fût méprisée. La situation, en réalité, s'accorde aujourd'hui beaucoup plus avec les stipulations du traité. Mais, ainsi que

M. Briand l'a démontré à Washington, la France a encore des raisons de s'alarmer pour l'avenir. Elle reste dépourvue de cette sécurité pour laquelle elle a fermement combattu pendant toute la guerre et que le traité de Versailles lui garantissait. Il est futile de prétendre que la Société des Nations pourrait former un obstacle quelconque aux désirs allemands. Certainement, une organisation de ce genre était nécessaire : tout ce qui contribue à empêcher qu'une guerre n'éclate subitement, tout ce qui limite l'étendue du conflit est autant de gagné pour l'humanité et pour la cause de la civilisation ; mais il n'y a aucune raison de croire qu'en ce moment la Société des Nations ait un pouvoir quelconque. Il n'en aurait peut-être pas été de même, si M. Wilson ne s'était pas dédit de ses propres paroles, le jour où il aurait pu les convertir en faits. En 1917, le Président des États-Unis a dit : « Il ne peut y avoir de paix sans concessions et sans sacrifices », — et il se mit en devoir de suggérer qu'après la guerre il faudrait créer un pouvoir si supérieur à tous les pouvoirs des nations et des coalitions que les édits du corps international chargé de sa direction ne pussent jamais éprouver de résistance.

C'était là, en réalité, une proposition de désarmement général ou de limitation des armements. Qu'un tel plan soit faible ou non, cela se discute, mais il est hors de doute que, sans quelque espèce de désarmement, aucune Société des Nations n'aura jamais de pouvoir qui prédomine.

M. Clemenceau, comprenant comme toujours ce qui est pratique et se délectant à la logique, poussa l'idée de M. Wilson jusqu'à son évidente conclusion : il suggéra que la vérification des armements fût obligatoire et que des mesures militaires fussent prises pour contraindre à l'obéissance aux décrets du Conseil Suprême que M. Wilson envisageait. Il se peut que Clemenceau fût réellement favorable à cette proposition. J'ose croire toutefois qu'il désirait simplement mettre Wilson en face de la situation que ses paroles avaient suscitée. Quoiqu'il en fût, le président ne voulut pas y consentir [1].

Plus tard, Wilson reconnut expressément que la Ligue des Nations ainsi constituée ne donnait pas à la France une entière protection. Pendant la discussion qui eut lieu au sujet de l'occupation de la Ruhr, à laquelle Wilson s'opposa d'abord, Clemenceau dit : « Le Pacte peut nous garantir la victoire. Mais, pour le moment, il n'est pas suffisant pour nous défendre contre une invasion. » Le président reconnut que c'était vrai et céda.

Aujourd'hui, la Société des Nations souffre des effets d'avoir trop promis et de ne pas avoir assez accompli. Cela a amené l'homme moyen à réfléchir sur la sagesse de nos aïeux qui, étant plus pratiques avec moins d'idéal peut-être, se contentaient de prier : « Accordez, Seigneur, la paix durant notre temps. »

Les États-Unis se sont résolument tenus à l'écart. Le président Harding s'empressa de faire savoir qu'il ne voyait aucune solution, sauf peut-être un désarmement partiel. L'Ambassadeur d'Amérique à la Cour de Saint-James fut autorisé à faire clairement entendre dans son premier discours public que l'Administration comptait ignorer la Société des Nations. Les paroles de M. Hervey ne prêtaient à aucun doute : « Notre gouvernement actuel ne pourrait inévitablement et irrésistiblement, sans trahir ses créateurs et maîtres, se mettre en rapport avec la Société ou avec toute commission ou comité nommé par elle ou responsable envers elle, directement ou indirectement, ouvertement ou clandestinement, et je vous assure qu'il n'entretiendra absolument aucun rapport avec cette Société des Nations.

---

1. Il y a le pour et le contre sur les possibilités de désarmement *praticable* ; mais il est difficile de comprendre pourquoi les attachés militaires, dont une partie des devoirs est de dénicher les secrets militaires des pays auprès desquels ils sont accrédités, tout en prétendant ne pas le faire, ne seraient pas ouvertement employés à vérifier les armements.

Tous ceux qui étaient au courant de la politique américaine ou du sentiment public en Amérique prédirent avec assurance que ceci se produirait, lorsqu'il fut devenu évident, en l'automne de 1919, que le parti républicain arriverait probablement au pouvoir en 1921, — quoique quelques-uns n'ayant aucune connaissance des États-Unis et d'autres qui croyaient en avoir acquis au bout de quelques mois passés à l'Ambassade anglaise de Washington avec Lord Grey s'efforçassent de répandre la conviction que Washington se rallierait à la Société après l'élection présidentielle.

En conséquence de cette attitude, maintes républiques de l'Amérique centrale et de l'Amérique du Sud se sont mises à traiter la Société des Nations sans grand respect. Elles comprennent que leur sécurité et leurs intérêts résident dans la doctrine de Monroe plutôt que dans une formule universelle. Elles se tournent vers Washington plutôt que vers Genève, et quelques-unes ont déjà commencé à se plaindre de la charge qu'on leur impose de contribuer au soutien d'une institution principalement occupée à considérer les questions européennes et dont les décisions auraient probablement peu d'effet obligatoire dans les deux Amériques.

Le premier résultat fut que les fonctionnaires hautement rétribués de l'organisation ont été obligés de se soumettre à une diminution de leurs appointements, malgré le taux élevé du change qui existe en Suisse.

Certainement, depuis 1919, l'expérience n'a pas démontré que la Société des Nations pût barrer le chemin à l'Allemagne dans ses ambitions, quelles qu'elles pussent être. Elle a même été impuissante à empêcher les petites guerres en diverses parties de l'Europe. M. Balfour exposa la chose sous son vrai jour. Parlant à la Chambre des Communes, le 21 avril 1921, il dit : « La Société des Nations n'a d'autres armes que l'opinion publique universelle. » Il est peut-être permis de faire remarquer que l'opinion publique est rarement universelle. Mais, au mieux, ce n'est pas une arme que la France considère (ou que M. Wilson ou M. Lloyd George considéraient) comme une protection suffisante contre l'Allemagne.

Une autre infraction très importante au traité fut l'arrangement conclu à Spa au sujet du charbon. D'après le traité, l'Allemagne était obligée de livrer aux Alliés 3.500.000 tonnes de charbon par mois, durant 6 mois. A Spa ce total fut réduit à 2.000.000 de tonnes. De plus, le traité stipulait que le prix de ce charbon devrait être le prix payable à la mine. L'arrangement de Spa augmenta ce prix d'une somme fixée à 5 marks or par tonne [1], plus une augmentation variable, à savoir : la différence entre le prix à la mine plus les 5 marks ajoutés et le prix d'exportation F. O. B. à un port allemand ou anglais. Cette dernière somme cependant étant une avance que l'Allemagne devait payer plus tard, cette différence se résout, suivant M. Tardieu (et je ne vois pas de critiques à faire sur ces chiffres) comme suit (naturellement la valeur des 5 marks or en monnaie variait avec le cours du change) :

Prix d'exportation anglais		Frs. : 240,—
Prix domestique allemand. Frs. : 70,—		
Plus-value accordée à Spa. 13,75		83,75
Différence par tonne................		Frs. : 156,25

En somme, cette modification au traité exigeait un paiement mensuel d'environ 27.500.000 francs par rapport à l'augmentation fixée d'environ 312.500.000 francs à cause de l'avance variable accordée de la façon ci-dessus exposée.

---

1. Après la parution de ce livre en anglais, l'un des délégués anglais à la Conférence de Spa m'a informé que ce sont les délégués français eux-mêmes qui firent cette proposition.

La France avait, en vertu de la proportion du charbon allemand qui lui était départie, à payer 206.000.000 francs sur cette somme.

C'est la France plus qu'aucun des Alliés qui fut défavorablement touchée par cette modification. Un des buts mêmes de ces dispositions du traité était de dédommager et de protéger un pays où les mines avaient été systématiquement détruites par l'envahisseur et qui avait besoin d'une abondante provision de charbon pour recommencer sa vie industrielle. Les mêmes clauses mettaient nécessairement la France en mesure de faire concurrence à la Grande-Bretagne. Ni les délégués anglais ni les délégués français à la Conférence n'ignoraient ce point. Mais le résultat de l'arrangement de Spa fut d'éliminer ou de diminuer cet avantage et d'imposer des entraves à la France. Aucun Anglais ne peut nier qu'à ce moment la modification faite à Spa ne parût avantageuse pour son pays ; mais tout Anglais honnête est forcé aussi de reconnaître que ce fut un avantage pour lequel la France eut à payer ; que ce fut une dérogation au traité ; que, seules, l'Allemagne et l'Angleterre profitèrent de cette dérogation ; et que (sans tenir compte d'aucun idéal plus élevé) ce fut peut-être là un profit trop chèrement payé pour la malveillance temporaire qu'il engendra.

Le gouvernement français redouta qu'il y eût quelque tentative pour modifier le traité à la Conférence de Spa. L'extrait suivant de mon journal racontant une conversation que j'eus avec M. Millerand, peu après son retour de San Remo, montre l'inquiétude du Président du Conseil sur ce point : « M. Millerand me dit qu'il s'était absolument opposé à ce que les Allemands fussent convoqués à Spa et qu'éventuellement il n'y consentirait qu'à deux conditions : 1º Qu'il n'y aurait aucune revision du traité, et, 2º que les Alliés conviendraient entre eux de ce qu'ils diraient à chaque réunion. M. Lloyd George avait, dit-il, d'abord consenti aux conditions, puis avait énoncé qu'il ne les accepterait pas, mais l'avait fait finalement. Néanmoins, M. Millerand dit qu'avant la rencontre à Spa il compte les obtenir clairement et nettement et faites par écrit de la main de M. Lloyd George ; ce qui est tout à fait juste. A son avis il ne devrait pas y avoir de conversation avec les Allemands, mais ils pourraient être entendus et alors il serait possible de faire un usage approprié de ce qu'ils auraient dit. Cela est naturellement le point de vue correct. »

Je n'ai pas l'intention de raconter l'histoire des Conférences de San-Remo, Hythe et Boulogne, conférences plus instructives en leçons que fertiles en résultats. Je ne parlerai pas non plus de la mauvaise idée d'un entretien avec les Allemands à Genève qui n'aboutit pas, parce que le gouvernement français refusa sagement et convenablement de s'en mêler en aucune façon.

On pourrait presque dire que ces diverses et différentes oscillations de la part des Alliés constituent quelque excuse aux manquements de l'Allemagne. Elle a été encouragée à croire que, si ce traité-ci n'était pas un chiffon de papier, il était tout au moins quelque chose de très faible. Ce serait faire un pas en arrière, si les nations civilisées adoptaient jamais la barbare conception allemande de la guerre ou la méthode brutale allemande d'imposer la paix ; mais il serait utile de prendre une leçon des Allemands pour leur manière d'obtenir l'exécution d'un traité dûment signé à la fois par le vainqueur et par le vaincu. On est ainsi logiquement amené à s'informer des causes fondamentales de ces changements et de ces concessions et de qui en est le premier responsable.

Le traité de Versailles fut ratifié par les législatures de diverses nations et spécialement par les Parlements des deux pays dont je discute en ce moment les rapports vis-à-vis l'un de l'autre — la Grande-Bretagne et la France. Étant donné que la majorité de ces Assemblées se prononça en faveur du traité, il ne peut main-

tenant y avoir aucune allégation qu'un de ces deux pays
le considère injuste. D'ailleurs la plainte de la France
est que le traité n'est pas exécuté.

Lorsque M. Lloyd George exposa le traité à la Chambre des Communes, il soutint que ses collègues et lui
avaient fidèlement accompli leur œuvre et qu'ils avaient
mené leur tâche immense à bonne fin. Il est à présumer
qu'il est encore de la même opinion. Autrement, il
aurait manifestement été de son devoir de dire au pays,
par l'intermédiaire du Parlement, qu'il s'était trompé
en affirmant que le traité était juste et pratique ; et de
demander un mandat en vue de sa revision.

Une revision (excepté si le traité est absolument
impraticable) est sujette à l'objection pratique qu'une
demande aussi légitime pourrait être faite pour une
revision du traité revisé. Même ceux qui, (comme
moi-même), s'accordent avec M. Lloyd George pour
considérer favorablement le traité dans son ensemble,
reconnaissent franchement qu'il est, comme toute
œuvre humaine, défectueux sur certains points. Mais
une revision quelconque, tout en satisfaisant quelques
critiques, en ferait indubitablement surgir d'autres. Il
ne serait certainement ni parfait ni entièrement satisfaisant pour tous les Alliés.

Mais si M. Lloyd George n'a jamais été jusqu'à déclarer qu'il souhaiterait changer l'œuvre dont il se
glorifiait en juin 1919, il est également vrai qu'il est
largement responsable à la fois de ce que l'exécution
de ses stipulations n'a pas été obtenue et des changements qui ont été effectivement faits de temps à
autre.

Le pays qui retira le plus d'avantages de ces mesures
alternatives, par suite de divers délais accordés ou
autrement, fut l'Allemagne ; et, d'autre part, ces modifications ne nuisirent en rien à l'Angleterre comme à la
France. J'ai déjà parlé de l'accord conclu à Spa concernant le charbon. A l'égard des paiements que l'Allemagne doit faire, bien que la Grande-Bretagne soit

lourdement accablée d'impôts, le délai est cependant plus désastreux pour la France, à la fois parce qu'elle a besoin d'argent pour les réparations et aussi parce qu'elle reçoit 52 pour cent sur ces paiements [1], tandis que l'Angleterre n'en a que 22 pour cent.

De même il est possible que le manquement de l'Allemagne sous le rapport du désarmement soit inquiétant pour quelques hommes d'État anglais ; mais cela ne tient pas le pays dans un état d'angoisse et ne coûte pas un seul shilling au contribuable, tandis que la France est incapable de recourir en toute tranquillité au travail de restauration et est obligée aussi de maintenir sous les armes des forces supérieures à ses besoins, parce que la sécurité garantie par le traité ne lui est pas accordée.

Mais, si la France n'est pas plus satisfaite (et probablement moins qu'aucun des autres Alliés), ceux qui suggèrent qu'elle cherche à s'écarter du traité ou à obtenir quelque chose en plus de ce qu'il lui donne dénaturent les faits. Tout ce que la France demande, c'est d'obtenir, sans retard excessif, la compensation et la protection que le traité lui garantit. Tout ce que la France réclame est que le jugement qui fut prononcé à la Conférence de la Paix ne soit pas ignoré ou révoqué, là où il est en sa faveur, alors qu'il a déjà été en grande partie exécuté, là où il est à l'avantage de quelques-uns de ses alliés.

Pourtant, chacun des principaux changements au traité a été fait soit entièrement soit en grande partie aux dépens de la France.

L'histoire de la Conférence de la Paix montre que M. Lloyd George insista d'un bout à l'autre sur l'importance à attacher à l'opinion publique anglaise. A de fréquentes reprises, il s'opposa à suivre une certaine voie, en donnant comme motif que son pays serait contre lui, tandis qu'une fois au moins il chercha pour

---

1. C'est exprès que je ne parle pas du partage du premier milliard.

la même raison à renverser sa propre décision sur des
questions d'importance primordiale, — l'occupation
du Rhin et les réparations.

Ce n'est pas ici le lieu de discuter si le premier Ministre d'un pays doté d'institutions parlementaires devrait
s'attacher à des principes arrêtés et tâcher de former
l'opinion publique ; ou s'il devrait se laisser gouverner
par cette opinion, jour par jour, dans l'exercice de son
mandat. Il suffit de dire que M. Clemenceau appartient
à la première école et M. Lloyd George à la dernière.
Mais la chose sur laquelle le premier ministre anglais
s'efforça toujours de convaincre ses collègues était
l'importance qu'il croyait devoir être attachée à la
force de l'opinion publique.

Il est, par conséquent, inconcevable que Lloyd
George ne comprenne pas qu' « une opinion publique »
existe en France aussi bien qu'en Angleterre, et une
opinion publique bien renseignée, — beaucoup plus à
l'égard des affaires étrangères que ce n'est le cas dans
ce pays, — et, somme toute, raisonnable.

Lorsqu'en février 1920 M. Lloyd George proposa lui-
même d'abandonner les clauses concernant la livraison
des criminels de la guerre aux Alliés, le Gouvernement
français ne lui rappela pas qu'il en était lui-même l'auteur et qu'il disputa longtemps et ardemment pour les
maintenir ainsi qu'il a été raconté. Les Français crurent,
à tort ou à raison, que son changement de disposition
était dû à une élection partielle perdue par le Gouvernement et que ce revers avait modifié les idées de
M. Lloyd George sur les exigences de l'opinion publique.
Il renonça en 1920 à ce pour quoi il avait lutté
afin de l'obtenir en 1919. Mais, après tout, il cédait
ce qui était à lui. Les Français y demeurèrent indif-
férents. Le monde politique français en fut légèrement
amusé.

Il est naturel que le sentiment en France ait été
différent, quand M. Lloyd George commença à abandonner ce que le traité garantissait à la France. Je

dis M. Lloyd George, parce qu'aux conférences successives il n'a jamais hésité à tirer le meilleur parti de deux faits : sa position prédominante comme unique survivant politique des auteurs du traité ; et le désir de la France de préserver l'Alliance et peut-être d'obtenir quelque compensation pour le secours conditionnel promis par le traité et qui échoua en raison de la défection américaine.

Dans maints discours à la Chambre des Communes M. Lloyd George s'est exprimé avec sympathie sur la position actuelle de la France et ses craintes pour l'avenir. Mais, quel que soit l'effet qu'il produise au Parlement, il n'en impose plus sur ce sujet ni à la France ni à l'Allemagne, car ces pays savent tous les deux que son attitude aux conférences des Alliés et ses paroles publiques sont souvent en absolue contradiction.

M. Poincaré écrivit en novembre 1920 que le désir d'un certain groupe politique en Angleterre de cultiver une amitié avec l'Allemagne ne constituait pas une raison suffisante pour prendre dans la poche de la France les cadeaux qu'il voulait faire à Berlin. L'ancien Président de la République suggéra avec ironie, mais avec assez d'à-propos, que, si l'Angleterre voulait faire des présents à l'Allemagne, elle pourrait lui rendre sa part de la marine marchande allemande et quelques-unes de ses anciennes colonies. Il reconnut que la Grande-Bretagne avait droit à la compensation reçue, mais protesta que les pertes de la France étaient telles qu'elles lui donnaient au moins le droit d'obtenir ce que le traité lui garantissait [1].

---

1. *Les pertes des différents Alliés furent :*

Morts sur le champ de bataille.

Russie	1.700.000
France	1.364.000
Grande-Bretagne	754.000
Italie	496.000

Total des morts (au combat, par suite de blessures et maladies) :

États-Unis	115.000

Écrivant six mois après, en mai 1920, le général de Castelnau était en harmonie avec le sentiment prédominant en France, lorsqu'il exprima les mêmes opinions dans un langage également précis :

« Nos Alliés ne peuvent manquer de reconnaître la modération de nos demandes comparées aux avantages qu'ils ont acquis par l'Armistice du 11 novembre et par le traité de Versailles. Par ces accords, l'Angleterre a augmenté, ou plutôt détruit à son profit, non la fortune territoriale _de l'Allemagne (dont elle ne se souciait guère) mais la redoutable fortune maritime de l'Empire allemand dont les flottes menaçaient hardiment les destinées politiques, industrielles et commerciales du Royaume Uni.

L'Angleterre obtint aussi des mandats fructueux qui agrandirent l'étendue de ses anciennes possessions coloniales et lui permit naturellement d'envisager avec sérénité la valeur toujours croissante des territoires riches en pétrole. La France, de son côté, borne ses modestes ambitions à la saisie temporaire d'une sécurité tangible, politique et substantielle, sauvegardant la réparation de ses ruines menacées par les subterfuges

Pourcentage des morts par rapport à la population :

France	3,8
Grande-Bretagne	1,35
Italie	1,24
États-Unis	0,10

Frais évalués en milliards de francs :

Grande-Bretagne	190
États-Unis	160
France	143
Russie	92
Italie	65

Ces chiffres sont extraits de *War with Germany* par le colonel Léonard P. Ayres, de l'armée des États-Unis. Ils sont cités et adoptés par M. André Tardieu dans son livre *La Paix*. Ils ne diffèrent sous aucun rapport matériel des chiffres officiels disponibles. M. Mermeix donne 680.000 et 1.398.000 pour les pertes respectives en morts et disparus de la Grande-Bretagne et de la France et il déclare que ce dernier chiffre est officiel. *(Foch et les armées d'Occident,* p. 119.)

et les ruses d'une Allemagne qui fut écoutée avec beaucoup trop de complaisance. Le pays est désabusé et fatigué des conférences, protocoles, accords, notifications de manquements, dont les noms ronflants ont jusqu'à présent masqué le vide désolant. »

Les exposés de M. Poincaré et du général de Castelnau font vigoureusement ressortir le point qui est trop souvent ignoré ou perdu de vue lorsque les prétentions françaises sont discutées en Angleterre. Il ne s'agit pas d'une France protestant que le traité lui accorde moins qu'à ses Alliés. En réalité, chaque pays semble croire que le résultat de la Conférence de la Paix fut à son propre désavantage relatif, ce qui est en soi-même un indice salutaire et un témoignage de la justice du traité. Mais la position adoptée par la France aujourd'hui est la suivante : « Quels qu'aient été nos espoirs, nous ne nous plaignons pas du traité de Versailles. Nous l'avons accepté quand nous l'avons signé. Tout ce que nous demandons est que nous soyons payés d'après cet accord, — payés exactement comme vous avez déjà été payés, — que les stipulations qui se trouvent être en notre faveur soient exécutées comme le furent les stipulations qui étaient en votre faveur. Nous ne voulons rien de plus que ce que le traité nous donne. Nous n'accepterons pas moins[1]. »

M. Lloyd George irrita encore d'une autre façon l'opinion publique en France, soit en s'arrogeant pour lui-même ou en assumant pour la Grande-Bretagne une position à laquelle il n'avait aucun droit comme premier ministre et pour laquelle son pays n'avait aucun désir. M. Lloyd George a coutume de s'ériger comme arbitre entre la France et l'Allemagne. Il oublie entièrement que, selon l'esprit du traité, l'Angleterre et la France doivent être des Alliées pour obtenir son exécution, autant qu'elles l'étaient en faisant la guerre qui conduisit à ce traité. On peut facilement imaginer la

---

1. Le général de Castelnau, dans *L'Echo de Paris* du 11 mai 1921.

fougueuse indignation de M. Lloyd George si, par
exemple, M. Briand avait eu l'occasion (qu'il aurait
été assez mal avisé de saisir) de parler à la Chambre
des Députés, exhortant l'Angleterre à la patience et la
modération quant à l'acquisition des colonies et des vais-
seaux allemands que le traité lui donna, et s'érigeant
en homme qui (son propre pays ayant déjà été largement satisfait) voudrait être équitable entre l'Angleterre et l'Allemagne. Cependant ce fut exactement le
langage tenu par M. Lloyd George le 5 mai 1921, lorsqu'il fit connaître à la Chambre des Communes le résultat de la Conférence de Londres ; et, quelques semaines
plus tard, il parla sur le même ton, des désordres en
Pologne, épisode sur lequel je reviendrai pas la suite.
Certainement cette attitude est en quelque sorte particulière à M. Lloyd George ; mais, lorsque les Français
en sont exaspérés, ils peuvent bien regretter d'avoir été
si prompts à exiler de la vie publique M. Clemenceau,
de l'avoir empêché de participer davantage à l'exécution du traité qui était en grande partie son œuvre.
M. Lloyd George aurait agi différemment, s'il avait été
mis en présence de la résolution arrêtée, de la patience
et, par moments, de l'ironie sardonique de M. Clemenceau.

Mais il est intéressant d'examiner ce qu'est en réalité
l'opinion publique en Angleterre pour ce qui regarde
l'exécution du traité.

En premier lieu, le public est mal renseigné : en partie
à cause de sa propre indifférence et en partie à cause des
omissions du gouvernement. En une occasion, à la
Conférence de la Paix, le porte-parole de M. Lloyd
George protesta contre l'occupation du Rhin disant,
entre autres choses, que le public anglais ne compren-
drait pas la nécessité de cette action. M. Tardieu répliqua très pertinemment : « Vous dites que le public
anglais ne comprend pas cette question. C'est l'affaire
du Gouvernement anglais de la faire comprendre au
pays. La nation anglaise ne comprenait pas plus en

1914 la nécessité de la conscription. La guerre lui a appris bien des choses. »

En second lieu, l'opinion publique en Angleterre est absolument opposée à toute participation à un plan, à une entreprise visant l'agrandissement territorial de la France : en partie à cause de la charge qui serait imposée au contribuable, mais, par-dessus tout, parce que le pays espère éviter une nouvelle guerre, au moins pour cette génération.

Uniquement dans le but de rendre mon argument plus clair, je déclare ici que je suis, sans restriction, d'accord avec ce sentiment.

La position prise par le *Manchester Guardian* et le *Daily News* (dont mon avis diffère entièrement) est au moins compréhensible et logique. Ces journaux crurent depuis le début que le traité était impérialiste, sous certains rapports injuste, et se sont toujours plus ou moins opposés à l'exécution d'un grand nombre de ses conditions.

Or, le Premier Ministre n'a jamais dit qu'il considérait le traité comme injuste ; au contraire, il l'a carrément déclaré juste. Il lui est donc impossible d'alléguer la même excuse. Cependant, quelques jours après la réunion de San Remo, M. Millerand me dit que M. Lloyd George était devenu blême quand il accusa la France d'avoir des desseins territoriaux, parce qu'elle avait occupé Francfort, et, l'année suivante, il demandait à M. Briand de faire à une agence de la presse un rapport par lequel il consignait qu'il n'avait pas de telles intentions.

Tout ce que la France a jamais demandé est l'accomplissement du traité. Il se peut que M. Lloyd George trouve ces démonstrations utiles pour se concilier une certaine section politique qu'il ne désire pas se rendre hostile. Mais il n'a certainement jamais pu indiquer une seule occasion où la France ait cherché à outrepasser les conditions du traité.

Au moment de l'incident de Francfort en 1920, la

seule fois où son gouvernement (ou, tout au moins, son secrétaire M. Philip Kerr, il est difficile de dire jusqu'où Lord Curzon fut responsable) fut assez mal conseillé pour en faire l'essai. M. Bonar Law (comme on l'a dit dans un chapitre précédent) se vit forcé de demander qu'il ne fût pas contraint de donner une explication complète sur la conduite du gouvernement dans un certain rapport à la Presse.

De pareils efforts insidieux ont été faits pour convaincre le public : premièrement, que la France ne travaillait pas, comme tout pays doit maintenant travailler, à son propre salut, et, deuxièmement, qu'elle ne s'imposait pas suffisamment de taxes.

Il est facile de réfuter ces deux allégations.

Depuis 1919, — depuis la conclusion de la guerre où elle eut 1.364.000 hommes tués, 740.000 mutilés et 3.000.000 blessés, une guerre qui accrut sa dette de 35 à 221 milliards —, la France a dépensé, sans assistance du dehors et sans l'aide du paiement par l'Allemagne, 25 milliards sur le travail de reconstruction, et a ramené aux régions dévastées 75 pour cent de la population chassée par l'invasion allemande ; elle a réparé ses chemins de fer, 52 pour cent de ses routes et 84 pour cent de ses canaux, mis sur pied 26 pour cent de ses usines détruites, soumis de nouveau à la culture 68 pour cent de son sol dévasté, réouvert finalement 99 pour cent de ses écoles.

L'imposition de taxes est purement une question intérieure. Cela n'a rien à faire avec l'exécution du traité de Versailles.

D'après le traité, certaines compensations furent garanties à la France. Elles furent garanties sans réserve. Il n'y eut aucune restriction selon laquelle les stipulations touchant la France ne seraient efficaces que si elle s'imposait aussi lourdement que le jugerait convenable l'Angleterre, — ou tout autre pays.

Ce point étant compris, on peut ajouter que, si la France ne se taxe pas assez, elle-même en souffrira finalement. Les impôts français, actuellement surtout les impôts directs, sont beaucoup moins sévères que ceux qui existent en Angleterre. Mais cela ne dit pas toute l'affaire. Je ne tiens pas compte du fait qu'un pays qui a non seulement été pendant quelques années en partie possession de l'envahisseur, mais encore qui a été dépouillé à dessein par cet envahisseur, appartient à une catégorie spéciale quant aux impôts. Car il y a une autre raison, une raison plus profondément enracinée, qui rend une lourde imposition directe presque impossible en France.

Je me rappelle une conversation avec M. Jean Dupuy quelques mois avant sa mort. M. Dupuy était un homme politique pratique dans le meilleur sens du terme et un homme d'affaires avisé. Il déclara qu'il ne voyait pas au juste comment la France pourrait surmonter ses difficultés financières, qu'il n'apercevait aucun débouché à ce qu'il appelait un cercle vicieux et qu'il désespérerait, sans sa conviction inébranlable que son pays devait inévitablement triompher, que la France ne pouvait être écrasée.

Je mis sur le tapis le sujet de l'imposition directe. M. Dupuy fit remarquer qu'il serait difficile de percevoir un impôt très lourd sur le revenu n'importe où en France et impossible dans les campagnes, que c'était un impôt tellement contraire à la tradition (plus importante en France qu'en Angleterre), que son paiement serait systématiquement éludé.

La riposte évidente est que la conscription était contraire aux traditions anglaises. Mais il y a une énorme différence entre des mesures prises en temps de guerre et des décrets qui opèrent en temps de paix.

Finalement, je suis convaincu que l'opinion publique en Angleterre n'est pas favorable à l'idée que la Grande-Bretagne tire des avantages du traité et empêche par quelque obstacle que la France n'obtienne ce que le traité lui garantit. La vérité en cette affaire est devenue si compliquée par suite des diverses conférences,

qui ont été le signal d'une nuée d'annonces officielles
ou semi-officielles, que le pays est loin d'être fixé sur
le point actuel de la question. Mais si cette question
était clairement posée, — devons-nous prendre notre
part et ne pas aider la France à obtenir la sienne, —
la réponse serait indubitablement négative. Il existe
la plus grande aversion contre toute nouvelle guerre.
Mais le pays est aussi uni à la France pour l'exécution
du traité qu'il l'était pour combattre l'ennemi.

Et aucune position de cette sorte n'est ouvertement
adoptée par le *Manchester Guardian* et le *Daily News*.
Leur opposition, comme il a été dit, se manifeste plutôt
contre le traité dans l'ensemble.

Le seul journal qui prétend aujourd'hui que l'Angleterre devrait prendre ce qu'elle peut et laisser la
France s'en tirer de son mieux, est le *Daily Express*.
C'est l'organe de Lord Beaverbrook, de tout temps l'un
des ennemis les plus insidieux de la France. L'on pourrait citer de nombreux exemples. Il suffit d'en rapporter
un des plus récents. Après la Conférence de Londres,
en mai 1921, le *Daily Express* blâma M. Lloyd George
d'avoir permis à la France d'imposer ses opinions, et
ajouta que la politique du gouvernement devrait s'inspirer uniquement des intérêts de l'Angleterre.

Mais, après tout, la France ne s'en rapporte pas
tellement à l'opinion publique anglaise qu'au Premier
Ministre anglais qui fit le traité, avec cette opinion
publique en vue, en répétant toujours que lui seul
la comprenait, en en tenant toujours compte, en protestant toujours qu'il fallait la prendre en considération.

En conséquence, l'opinion française est que, depuis
que le traité fut signé, M. Lloyd George a subordonné les intérêts de la France aux exigences de sa
propre situation politique. Malheureusement la conduite
du Premier Ministre à la Conférence de la Paix aussi
bien que son attitude par la suite ont donné lieu à ce
soupçon.

Il serait injuste de juger M. Lloyd George uniquement d'après les vues des témoins français. Mais nous avons le témoignage de M. Robert Lansing, secrétaire d'État américain et aussi l'un des plénipotentiaires à la conférence. Faisant allusion à la façon dont M. Lloyd George exigea que certaines de ses promesses électorales fussent incluses dans le traité, il poursuit :

« Il était, en outre, résolu à obtenir la cession des principales colonies allemandes en Afrique et des Iles allemandes dans le Pacifique, au sud de l'Équateur ; le contrôle de la Mésopotamie, un protectorat sur l'Égypte, et un protectorat sur la Perse, si les affaires de la Perse devaient être réglées par la Conférence, la destruction de la puissance maritime allemande et l'élimination de la marine marchande allemande, rivale de la Grande-Bretagne pour le commerce mondial. Le premier Ministre anglais adhéra avec ténacité à ces aspirations précises et essentiellement concrètes et égoïstes de son pays et, par sa façon habile de manœuvrer, put obtenir satisfaction sur presque tous les points. Mais il semblait croire qu'une fois ces buts atteints les décisions concernant les autres questions avaient relativement peu d'importance, à moins d'intéresser directement la Grande-Bretagne et que c'était une perte inutile de temps et d'énergie de les étudier attentivement. »

Le récit impartial de M. Lansing prouve encore une fois que M. Lloyd George mérite la reconnaissance de son pays. Il ne négligea aucune occasion de lui procurer ce qu'il croyait être juste.

Mais, d'un autre côté, si un observateur américain croyait que M. Lloyd George ne s'inquiétait de rien, sauf d'obtenir ce qu'il voulait pour son pays, il n'est pas surprenant que les Français ayant les mêmes occasions d'observation soient arrivés à la conclusion que, si leurs prétentions à la Conférence laissaient le premier ministre anglais indifférent, il ne serait guère possible de compter sur lui pour obtenir l'exécution du traité en faveur de leur pays une fois que le sien aurait été effectivement payé.

Ce qui est arrivé depuis a fortifié cette conviction : la destruction de la flotte allemande, la dispersion de la marine marchande allemande, la possession des colonies allemandes, sur tous les points qui furent son principal souci, M. Lloyd George à la Conférence de la Grande-Bretagne a obtenu pleine satisfaction. Mais, à l'égard des stipulations du traité garantissant à la France les choses auxquelles pour sa part elle attachait le plus d'importance, — le désarmement et le paiement des réparations — l'Allemagne a depuis longtemps été en défaut. Et M. Lloyd George n'a pas non plus été un ami ferme et conséquent qui soutînt la France dans ses efforts pour obtenir l'exécution du traité. L'on reconnaît que ses déclarations parlementaires laissent peu à désirer, mais on estime que ses actes aux moments décisifs n'ont pas été conformes à ses discours.

Sans avoir recours à aucune des critiques extrêmes (et parfois injustes) contre M. Lloyd George, j'en citerai deux qui sont de sources modérées. M. André Tardieu qui, d'un bout à l'autre de son livre, est scrupuleusement juste envers M. Lloyd George, dit :

« Aucun Français n'oublie et n'oubliera le rôle immense que la Grande-Bretagne a joué dans la guerre et le rôle immense de son Premier Ministre. Mais aucun Français non plus ne se résignera à souscrire à la façon dont M. Lloyd George a conçu l'exécution de la paix. Passionnément amoureux des solutions rapides, impatient des longs efforts, M. Lloyd George s'est laissé prendre en 1920 aux formules de moindre énergie qu'il avait répudiées en 1919. De ce fait, l'Angleterre est apparue à la France comme moins soucieuse que celle-ci d'imposer à l'Allemagne le respect de ses devoirs. Trop d'Anglais ont oublié que leur pays, si magnifiquement qu'il ait travaillé pour la victoire, n'a été ni envahi, ni saccagé. Trop d'Anglais ont méconnu qu'à la France saignante et ruinée autre chose était dû que le conseil quotidien de renoncer à son droit. L'immense majorité du peuple britannique, ni, j'en ai l'assurance, M. Lloyd George lui-même n'ont varié dans leurs sentiments de loyale fraternité à l'égard du peuple français. Mais tant de gens ont affirmé que la France seule retarde l'avènement de la paix en réclamant l'exécution d'un traité qui lie les vainqueurs entre eux, comme les vaincus par rapport aux vainqueurs ; si peu ont expliqué notre inéluctable nécessité d'obtenir réparation sous peine de plier pour un demi-siècle sous le faix injuste d'une charge écrasante que l'équivoque orale dressée entre les deux pays a irrité les nerfs et troublé les esprits. Réduit à ses éléments de base, le problème est simple. Si les chefs responsables de la politique britannique infligeant un démenti aux engagements souscrits par eux en 1919 pensent que les clauses de réparations sont inexécutables, ils avaient, en conseillant à la France de réduire une revendication sanctionnée par leur signature, le devoir de lui offrir des compensations financières en leur pouvoir et la garantie du minimum auquel ils la pressaient de se résigner. Ils ne l'ont point fait [1]. »

Et le *Temps*, après avoir exprimé l'opinion que l'attitude de M. Lloyd George envers la France aurait un effet permanent sur l'Entente, revint sur ce sujet quelques jours après (6 mai 1921) en disant : « Le discours fait hier par M. Lloyd George ne suffira pas à effacer l'impression produite en France par la décision de Londres, même si le Premier Ministre anglais a parlé à la Chambre des Communes ainsi que l'on eût aimé à l'entendre parler pendant les séances du Conseil Suprême. »

La France est aujourd'hui convaincue que M. Lloyd George a deux voix. Ce sentiment ne fut aucunement diminué par la Conférence de Londres en mai 1921. On reconnut que tout ce qui avait été obtenu était

1. *La Paix*, p. 494.

plutôt dû à la fermeté de M. Briand qu'à la sincérité ou à l'obligeance de M. Lloyd George. Du reste, on considéra le résultat effectif de la Conférence comme très satisfaisant. Il est vrai que l'arrangement semblait être meilleur que le plan fait à Paris par rapport au montant des premiers paiements. Mais un élément d'incertitude fut introduit en prenant les importations allemandes comme base de calcul. D'ailleurs et comme un accord entre les alliés eux-mêmes, on estima qu'il y avait là une amélioration sur les efforts précédents.

Mais, quand ces arguments et tous les autres en faveur du dernier ultimatum furent admis, il restait toujours le fait que le seul résultat pourrait n'être qu'une autre promesse de la part de l'Allemagne. On ne désirait pas en France que l'Allemagne le rejetât. Mais on ne se faisait pas d'illusion sur la vraie valeur de l'acceptation. On comprit que cela signifiait une nouvelle signature allemande, cela peut-être et rien de plus ; et que la signature de mai 1921 pourrait, à l'épreuve, n'avoir pas plus de valeur pratique que la signature allemande de juin 1919[1]. Ce n'était pas un signe encourageant qu'une grande partie de la Presse allemande favorisât une acceptation en alléguant qu'une occasion pourrait ainsi se présenter pour discuter sur divers points. Le fait que le Gouvernement allemand aurait à garantir l'exécution du traité « sans conditions ou réserves » semblait ne rien signifier pour ces journaux. En outre, ils exprimaient l'espoir qu'avant l'exécution complète il y aurait peut-être des divergences d'opinion entre l'Angleterre et la France dont l'Allemagne profiterait.

Après la Conférence de Londres, M. Poincaré écrivit que M. Briand avait eu à lutter contre un préjugé de la part de certains alliés de la France qui triompha de tout ; et qu'en conséquence, non seulement un nouveau

---

1. Ceci a été justifié par maintes choses arrivées depuis que ces mots furent écrits.

délai avait été accordé, mais que les conditions présentées à l'Allemagne avaient été atténuées de diverses façons. En outre il allégua que ce fut sous la contrainte de ces Gouvernements que la Commission des Réparations, qu'on avait fait venir de Paris à Londres pendant la Conférence, retira la demande préalablement faite pour le milliard de marks d'or déposé au Reichsbank [1].

De plus, le caractère du discours de M. Lloyd George à la Chambre des Communes, le 13 mai 1921, relativement aux désordres de Silésie, eut l'effet malencontreux mais naturel de créer l'impression qu'il était enclin à se préoccuper plus des infractions au traité, quand l'Allemagne y perdait, que quand elles étaient commises aux dépens de la France.

Le Premier Ministre anglais parla avec solennité de la nécessité d'observer le traité de Versailles. Le commentaire français fut que c'était regrettable qu'il n'eût pas toujours critiqué avec autant de sévérité et d'empressement les fautes de l'Allemagne, plus graves et plus clairement prouvées que celles dont le Gouvernement polonais était accusé.

En effet, les développements qui suivirent montrèrent qu'en cette occasion ni les déclarations de M. Lloyd George sur les événements actuels ni son résumé de l'histoire de la Pologne ne supporteraient un examen très rigoureux.

Ce fut, toutefois, plus difficile de prendre au sérieux la suite de son discours. Car le Premier Ministre se mit à tracer un portrait de l'Allemagne dans l'avenir, refusant d'accomplir ses obligations et fondant son refus

1. Que l'allégation spécifique de M. Poincaré soit exacte ou non, il est indéniable que la Conférence de Londres démontra publiquement ce que l'on savait depuis longtemps dans certains milieux : que la Commission des Réparations avait été privée de toute indépendance et était employée ou ignorée selon que le désirait, de temps à autre, la majorité des alliés. On se souviendra que M. Poincaré lui-même démissionna de la présidence de cette Commission, lorsqu'il comprit qu'il servirait son pays plus utilement d'une autre façon.

sur l'exemple de la Pologne qui avait impunément défié
le traité. De là, selon M. Lloyd George, la nécessité
impérieuse de contraindre immédiatement la Pologne
à se conformer à ses conditions.

Il serait difficile de donner un meilleur exemple d'argument renversé. Est-ce que M. Lloyd George n'a
jamais été frappé par le fait que, si la Pologne éludait
le traité de Versailles, (ce qui n'a pas encore été prouvé),
ce pourrait bien être parce qu'on avait permis à l'Allemagne d'ignorer ce même traité pendant bien des mois.
Il suffira de faire allusion aux troupes maintenues en
Bavière et ailleurs après des sommations répétées.

L'explosion regrettable du premier ministre ne passa
pas sans une prompte riposte. Ceux qui en lurent le
compte-rendu un matin et qui connaissaient M. Briand
comprirent que M. Lloyd George entendrait certainement un franc parler en réponse. En effet, cette après-
midi même, M. Briand fit aux correspondants de la
Presse étrangère qui vinrent le voir au Quai d'Orsay,
une déclaration tout aussi mordante et mieux fondée
sur les faits que celle de M. Lloyd George. Après avoir
mis en doute la précision historique [1] du premier
ministre, M. Briand avertit l'Allemagne avec une
frappante sévérité que tout ce qu'elle entreprendrait
dans la Silésie serait un risque de guerre avec la France,
et, finalement, il dit sans aucune ambiguïté qu'il n'appartenait pas à M. Lloyd George de se charger de décider ces questions tout seul : « Nous sommes de grands
pays qui peuvent parler en se regardant en face.
Aucun de nous n'a le droit de donner des ordres aux
autres. Le Premier Ministre anglais ne peut prendre à
lui tout seul l'initiative d'autoriser les troupes allemandes à pénétrer dans la Haute-Silésie. »

En résumé, M. Briand fit comprendre à M. Lloyd

---

1. Le premier ministre polonais, M. Witas, parlant à la Diète le 19 mai
1921, nia encore plus rudement l'exactitude des connaissances historiques
de M. Lloyd George et le renvoya au volume 25, page 90, de l'*Encyclopædia
Britannica*, un ouvrage anglais à consulter.

George que la France n'acceptait pas le rôle d'un brillant second. En parlant ainsi, il apaisa en même temps les sentiments outragés de ses compatriotes et dirigea aussi de nouveau l'opinion publique anglaise sur le point d'où M. Lloyd George l'avait détournée (le point qui est, j'ose le croire, certainement le plus important, si l'on considère les rapports actuels entre les deux pays) : que la France ne voulait que ce dont la Grande-Bretagne avait déjà bénéficié, — l'exécution du traité de Versailles.

Dans toutes ces circonstances, — en vue de ce qui est arrivé dans le passé et de l'atmosphère créée dans le présent, — l'opinion publique française aurait de beaucoup préféré avoir une sécurité solide qui, cette fois, aurait pu lier l'Allemagne à ses engagements.

Ce n'est pas de sa faute, si M. Briand revint à Paris les mains vides. Sur cette question M. Lloyd George ne céda pas un point. Néanmoins, la conférence de Londres peut être estimée avoir fait un pas dans la bonne direction ; mais c'est un pas dont le résultat final dépendait principalement de la politique poursuivie par Downing Street.

Malheureusement, on a su depuis qu'un parti politique au moins en Allemagne retira son opposition à l'acceptation de ces conditions (et sans doute aussi à leur accomplissement) en raison d'assurances données par l'entremise de l'Ambassadeur d'Angleterre. Herr Stresemann, le chef du Parti Populaire (dont Hugo Stinnes est l'organe essentiel), qui rivalise avec Herr Wirth pour devenir Chancelier, soumit par l'entremise de l'Ambassade d'Angleterre plusieurs questions auxquelles il désirait voir M. Lloyd George répondre lui-même. Selon sa propre version de cette transaction [1], ni Herr Stresemann ni son parti ne considéraient la réponse faite par Lord d'Abernon, donnant son im-

1. Dans une lettre au *Deutsche Allgemeine Zeitung*, citée dans *Le Temps* le 1ᵉʳ août 1921.

pression personnelle à l'égard des questions, comme suffisante pour modifier leur attitude vis-à-vis de l'ultimatum ; mais, le jour après qu'il eut été accepté, « une réponse officielle » arriva qui fut communiquée par Lord d'Abernon à Herr Stresemann. Cette réponse du «Gouvernement anglais» fut jugée satisfaisante quant au retrait des sanctions et suffisante relativement à la Haute-Silésie et aux autres points en question.

Lorsque l'histoire de ce procédé extraordinaire fut tout d'abord mise en circulation, un communiqué officiel fut publié pour démentir qu'il y eût le moindre fondement à l'assertion que le premier ministre avait eu des communications particulières avec Herr Stresemann ou avec quelque homme d'État allemand sur la question de la Haute-Silésie. Ceci était vrai à la lettre. Mais la publication manquait d'amplitude. Car pour la mentalité ordinaire, un homme d'État allemand qui remet une liste de questions à l'ambassade d'Angleterre, en demandant qu'elles soient transmises au premier ministre anglais pour qu'il y réponde et à qui dans la suite une réponse est donnée par l'ambassadeur d'Angleterre, réponse que celui-ci a reçue et déclare avoir reçue de Downing Street, a bien le droit de dire que la réponse vient du premier ministre. Il est, d'ailleurs, significatif qu'après que Herr Stresemann eut publié des faits exacts, comme on l'a raconté ci-dessus, il n'y eut aucun nouveau démenti officiel, ou même d'explication. Le fait incontesté et incontestable est que M. Lloyd George ou son Ministère, (s'il préfère se mettre à couvert derrière cette barrière), a fait une communication officielle indépendante au chef d'un parti politique allemand sur une question concernant tous les Alliés et spécialement la France. Les questions et les réponses furent comme suit :

Question : L'acceptation des conditions des Alliés par l'Allemagne comportera-t-elle l'annulation des sanctions imposées en mars dernier après la Conférence de Londres ?

Réponse : Les sanctions imposées, le 8 mars, surtout celles impliquant l'occupation de Düsseldorff, Duisburg, Ruhrort et l'établissement d'une barrière de douane sur le Rhin, devraient, d'après l'opinion du gouvernement de Sa Majesté, être annulées, dans le cas où les demandés des Alliés seraient acceptées. Le Gouvernement de Sa Majesté communique son opinion sur cette question au Gouvernement français.

Question : Le Gouvernement de Sa Majesté peut-il donner une assurance qu'il ne permettra aucune solution des questions de la Haute-Silésie autre que celle fondée sur le rapport déjà fait par le représentant anglais de la Commission du Plébiscite ?

Réponse : Le Gouvernement allemand peut compter sur le désir du Gouvernement de Sa Majesté d'accorder toute son attention aux importants intérêts de l'Allemagne en cause ; et, bien qu'il ne soit pas possible, avant une consultation avec les Alliés de la Grande-Bretagne, de donner une assurance dans le sens désiré, le Gouvernement allemand peut être certain que le Gouvernement de Sa Majesté insistera pour une solution équitable sur le principe de l'exécution stricte et impartiale du traité de Versailles.

C'était à ce moment même que M. Lloyd George soutenait que la France ne devrait pas envoyer une autre division dans la Haute-Silésie (pour assurer la sécurité des troupes qu'elle y avait déjà) sans un accord antérieur avec la Grande-Bretagne .On a pertinemment demandé s'il était plus grave d'envoyer quelques milliers d'hommes en Haute-Silésie, ce qui ne pouvait toucher les intérêts anglais, ou de promettre à l'Allemagne une abrogation des sanctions, causant peut-être ainsi un grand tort aux intérêts français et à la sécurité de la France.

Écartant toute question de fidélité aux engagements du pays, je me propose maintenant d'examiner l'effet des opinions de M. Lloyd George au point de vue de savoir si cela est ou non dans l'intérêt de la Grande-

Bretagne, — indépendamment de toute autre considération. Lorsque je dis la politique de M. Lloyd George, je parle de ce qu'il a réellement fait et non de ce qu'il a dit ; car je suis obligé de convenir avec les hommes d'État français que, sur ce sujet, les actes et les paroles du Premier Ministre ne sont pas toujours conciliables.

Depuis un an, au plus, M. Lloyd George a inconsciemment fait tout son possible pour prouver que Caillaux était bon prophète. Caillaux maintint constamment qu'un conflit avec l'Allemagne serait désastreux pour la France, car, même si elle était victorieuse, grâce au secours anglais, ce serait l'Angleterre qui en retirerait le plus de profit, tandis que la France aurait à supporter la plus grande charge.

Ce que M. Caillaux prédit, il y a bien des années, est exactement ce que beaucoup de Français déclarent être arrivé aujourd'hui. D'ailleurs, les plus empressés à faire de telles déclarations ne sont pas des journalistes que M. Lloyd George imagine être prévenus contre lui, ce ne sont pas des auteurs violents de la Presse et ce ne sont pas des adversaires invétérés de M. Clemenceau qui dénoncent les résultats du traité, parce que ce fut en partie son œuvre ; mais ce sont des hommes qui ont supporté les mêmes charges officielles que M. Lloyd George, qui sont trop patriotes pour être animés d'un sentiment personnel quelconque et qui, enfin, n'ont certainement aucune sympathie traditionnelle pour M. Caillaux. La liste comprend M. Poincaré, qui fut Président de la République pendant toute la guerre ; M. André Tardieu, qui fut le collègue de M. Lloyd George à la Conférence de la Paix ; M. Barthou et le Général de Castelnau, pour récapituler seulement les noms de ceux dont j'ai textuellement cité les paroles.

Poincaré, Tardieu, Barthou et Castelnau s'arrêtent court dans leurs plaintes. Mais d'autres qui les entendent vont plus loin et disent : « Eh bien ! après tout, Caillaux avait raison. »

En 1920, M. Lloyd George fut prévenu que M. Barthou se proposait de parler à la Chambre des Députés en attaquant sa politique (et, en fait, il advint que M. Barthou parla le même jour où le premier Ministre fit un discours conciliatoire à la Chambre des Communes) et il lui fut dit, je crois, en même temps, que dans un milieu politique français d'une haute autorité on murmurait que « Si Lloyd George veut se tourner vers Berlin, nous ferions mieux d'y arriver avant lui [1]. »

A mon avis, cela est une exagération de tout ce qui pourrait arriver. Mais il est certain que la politique de M. Lloyd George commence à engendrer un parti qui croit sincèrement que la France retire peu, ou même ne retire rien, de l'Entente. Il n'est pas question de la grande importance attribuée à un accord étroit et à une coopération étroite avec la Grande-Bretagne. C'est, en effet, justement parce qu'on espérait tant de ces rapports que la déception est si amère. On sait que Clemenceau a dit : « En échange des deux traités, j'ai réduit la période (de l'occupation du pays rhénan) que j'avais d'abord demandée », et que, dans le résultat, la France n'obtint pas la garantie. On sait aussi que la Grande-Bretagne est déjà entrée en possession de la plupart des avantages ou compensations qui lui revenaient d'après le traité. On sait que la France ne peut même pas dépendre de l'appui moral absolu et entier du Gouvernement de M. Lloyd George pour obtenir l'exécution des stipulations qui la concernent le plus essentiellement.

L'on a dit que les Anglais sont portés à oublier qu'ils sont aussi des Européens. Dans les générations précédentes cela pouvait être une erreur. Aujourd'hui c'est presque un crime. Car avec la nouvelle méthode de faire la guerre et le développement des engins de guerre

---

1. Depuis que ces lignes ont été écrites, M. Loucheur, le plus pratique et l'un des plus capables parmi les hommes d'État français, suivit le chemin indiqué, quand il négocia directement avec feu Herr Rathenau.

(développement qui continue à progresser), l'Angleterre, en cas de conflit, possède maintenant bien peu d'avantages à être une île, en en gardant tous les désavantages et, notamment, celui d'une île qui ne peut s'alimenter.

Les conditions dans lesquelles une invasion serait possible est un sujet tentant mais interdit à ceux qui ne peuvent professer une compétence dans les spéculations militaires. Il y a peu de soldats, toutefois, qui différeront d'avis sur cette idée que la situation serait périlleuse si Calais, Boulogne et les autres ports de la Manche se trouvaient aux mains de l'ennemi.

Toute politique d'isolement, loin d'être « splendide » serait également fatale à ce pays et désastreuse pour la cause de la paix en Europe.

Quand le général Smuts émit dernièrement cette suggestion, le *Times* fit remarquer qu'il n'existait aucune tradition politique telle que le général Smuts l'imaginait ; et qu'au contraire, depuis le temps des Tudors jusqu'à nos jours la Grande-Bretagne a été forcée de prendre une part active aux affaires de l'Europe à la seule fin d'assurer sa propre sécurité.

Pour les raisons déjà établies, cette nécessité, aujourd'hui, se fait plus vivement sentir que jamais ; d'autre part la façon dans laquelle nous avons autrefois participé aux arrangements du Continent (en aidant temporairement une Puissance contre une autre, une telle assistance variant entre un appui moral et le paiement de subsides, selon que les circonstances l'exigeaient) n'est aujourd'hui ni faisable ni en harmonie avec l'esprit de l'époque.

John Bright a dénommé un jour la politique de bascule un plan gigantesque pour le bénéfice à l'extérieur de l'aristocratie de la Grande-Bretagne. Il n'y a maintenant ni demande ni place pour une politique de ce genre.

Ce qui est plus important et ce que désire davantage l'opinion publique en Angleterre est une sécurité quelconque contre une guerre. Cela encore ne peut être obtenu que par une alliance avec un pays qui a des ports à une distance limitée de l'Angleterre. Deux pays seulement entrent dans cette catégorie : la France et l'Allemagne.

Si M. Lloyd George croit sincèrement que la France a des idées d'expansion territoriale, il a raison de repousser l'idée d'une union [1] plus étroite. Cela voudrait peut-être dire une guerre d'agression et la Grande-Bretagne est presque unanimement opposée à toute participation à des conflits de ce genre.

Mais il faut dire en passant que même cette conviction ne relèverait pas M. Lloyd George de l'obligation de veiller à ce que la France obtînt justice dans l'exécution du traité.

Si le premier ministre croit qu'une alliance avec la France pourrait compromettre le pays, il doit alors chercher ailleurs. Il ne peut que se tourner vers l'Allemagne. Tandis que s'il ne le fait pas à temps, plus tard un essai de ce côté pourrait être vain.

Aujourd'hui, de telles paroles semblent fantaisistes, mais l'aspect des affaires étrangères change de face rapidement et l'erreur fondamentale des hommes d'État au pouvoir depuis les jours de la Grèce jusqu'à notre époque a été de croire que le présent devait toujours continuer. Par exemple, qui aurait dit en 1900 que le Japon, un pays où, 50 ans auparavant, aucun étranger n'avait le droit de pénétrer, serait aujourd'hui, comme conséquence de la guerre, une des quatre grandes Puissances du monde ?

Qui aurait dit, il y a dix ans, que la Pologne, ce royaume mort depuis deux siècles, serait une entité nationale en 1920 ?

Si de tels exemples n'arrivent pas à convaincre M. Lloyd George qu'il est difficile d'entrevoir l'avenir des affaires étrangères, que ce qui paraît chimérique aujourd'hui peut devenir un fait accompli demain, il pourrait se souvenir de la déclaration qu'il fit lui-même

---

1. Écrit 6 mois avant la Conférence de Cannes.

en janvier 1914, que l'idée de la possibilité d'une guerre avec l'Allemagne était absurde et que la paix du monde était tellement assurée que la puissance de la marine anglaise devrait être réduite sans plus de retard.

M. Tardieu a posé — en y répondant — cette question : est-il ou non trop tard pour réparer les fautes commises depuis la signature du traité de Versailles ? Naturellement et justement il envisage la question du point de vue d'un Français patriote. Il endosse sans doute ce que M. de Freycinet dit dans ses *Souvenirs* : « La sécurité d'un peuple ne doit pas reposer sur la bonne volonté des autres, mais sur les précautions qu'il prend par ses armements et ses alliances. » En considérant la chose de l'autre côté de la Manche, je suis convaincu que la prospérité de la Grande-Bretagne dépend de la prompte exécution du traité et de la conclusion d'une alliance défensive avec la France.

M. Charles Schwab, un ami constant des Alliés depuis le premier jour d'août 1914, et l'une des plus grandes autorités économiques aux États-Unis, dit en parlant dernièrement à la Chambre de Commerce de New-York : « Je reviens justement d'Europe et j'arrive avec une admiration renouvelée pour le courage, l'entreprise et la détermination déployés par la France, l'Angleterre, la Belgique et l'Italie. Ces nations ont été prodigieuses comme Alliées pendant la guerre et sont merveilleuses en affrontant les tâches de la paix ; mais il y a une pensée par-dessus toutes les autres qui m'a frappé en Europe, c'est que l'Allemagne s'est remise au travail comme nulle autre nation en Europe ne l'a fait.

Convaincu comme je le suis que la puissance et la prospérité d'une nation dépendent de l'efficacité de son travail, je fus quelque peu bouleversé en considérant cette pensée. Est-il possible qu'après avoir gagné la guerre, nous, les nations alliées, ayant tout entre les mains, permettions à l'Allemagne de gagner la paix par suite des efforts de son travail ?

L'Allemagne peut aujourd'hui faire entrer un tonneau d'acier en Angleterre à 20 dollars moins cher que cela ne coûte à l'Angleterre pour le fabriquer. L'Allemagne vend aujourd'hui des outils pneumatiques à Détroit où autrefois nous les fabriquions et d'où nous les expédions en Allemagne pour y être vendus à meilleur marché qu'elle ne pouvait le faire en les fabriquant. La différence est uniquement une question de labeur [1]. »

Chaque fois qu'il est évident que la Grande-Bretagne et la France ne sont pas absolument d'accord dans leur détermination de contraindre l'Allemagne à faire honneur à sa signature ; chaque fois que M. Lloyd George s'érige publiquement en arbitre ; chaque fois que la Presse de Berlin a lieu de croire que la France ne peut pas persuader l'Angleterre de l'assister à astreindre l'Allemagne à exécuter le traité, — la supériorité commerciale signalée par M. Schwab se confirme et se renforce ; et l'Allemagne est encouragée à éluder ses obligations.

La seule politique qui soit sûre pour la Grande-Bretagne est une solide alliance défensive. Si M. Lloyd George affaiblit l'entente avec la France, les probabilités sont qu'il conduit son pays à un sort qui effacera pour la postérité les grands services qu'il a rendus pendant la guerre [2]. L'opportunisme peut parfois être temporairement profitable dans la politique de parti. Mais dans la direction des affaires étrangères cela ne peut que créer de la confusion et engendrer de la malveillance. Dans ce domaine une politique arrêtée est essentielle et aucune parade sporadique de manipulations adroites ne peut inspirer le même degré de confiance ou assurer la même mesure de sécurité. Par malheur, on ne peut nier qu'actuellement, au lieu d'aller vers une entente plus étroite et plus positive avec la France, M. Lloyd George

1. Mais la question du change joue un grand rôle à ce sujet.
2. J'ai admis qu'à défaut d'une alliance avec la France la politique la plus logique et à la fin la plus sûre serait une alliance avec l'Allemagne, mais je ne désire pas considérer plus loin cette perspective.

contribue à la dégénération, si ce n'est à la dissolution de l'Entente.

Il y a quelques mois, le *Times* énonça que les véritables résultats de la guerre dépendaient absolument de la cordialité et de l'intimité de nos rapports avec la France, qu'un accord officiel ne suffisait pas : il fallait une amitié, pénétrant hommes et femmes, de toutes les classes et conditions dans chaque pays.

En outre, ce qui est nécessaire à la sécurité de l'Angleterre, à la paix de l'Europe, à l'avenir immédiat de la civilisation, c'est d'avoir une parfaite alliance défensive entre les deux pays.

Victor Hugo, en parlant d'une conférence de la paix écrivit un jour : « Le Congrès, c'est l'Angleterre serrant la main à la France, c'est l'Amérique serrant la main à l'Europe. » Cela est également vrai aujourd'hui et, dans les circonstances actuelles, il appartient au Gouvernement anglais de faire le premier pas.

TABLE DES MATIÈRES

Abbeville. — Imprimerie F. PAILLART.